칠|순|기|념|이|형|원|의|제|2|수|상|록

아름다운 동행

제2집

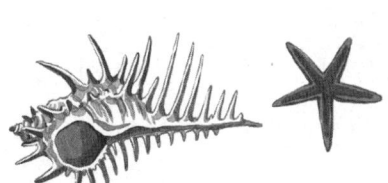

| 이형원 지음 |

쿰란출판사

| 서문 |

    제1집 《사랑과 만남으로 이루어가는 교육》을 내면서 '이다음에 칠순이 되면 한 권 더 내어 보자' 하는 생각을 가지게 되었습니다. 이 마음이 '나에게 한 약속을 지켜내자'는 의지력과 열정을 발동시켰습니다. 하지만 때로는 무거운 짐으로, 부담감으로 발목을 잡았습니다. 그러나 글을 쓰는 순간만큼은 마음이 참 편안하고 시간 가는 줄 모르고 앉아 있을 수 있었습니다.

    '내가 왜 이러지?' 하면서도 나 자신과 대화하면서, 차를 타고 가면서, 일을 하다가, 아내의 병상 옆에서 문득 생각이 나면 글을 썼습니다. 최근에는 외출할 때 장녀에게 선물 받은 노트북을 들고 다니면서 글을 썼습니다. 앞으로도 기력이 허락하는 한, 나의 마음을 글로 담아서 사랑하는 가족들과 친지들, 그리고 제자들에게 전하고 싶습니다.

사랑하는 친구에게 책을 한 권 더 낸다고 하니 "요새 사람들은 책을 잘 안 읽어. 그것은 너의 집착이야! 접는 것이 좋겠어"라고 했습니다. 그 말에 공감을 하고 글쓰기를 멈추고 고민하던 중에 2015년 6월 13일 오전 11시 30분 밭에서 일을 하면서 FM 92.1을 듣고 있었습니다. 그때 '긍정적으로 생각하기'라는 코너를 진행하던 아나운서가 말하길, 볼테르에게 짓궂은 독자가 이렇게 물었다고 합니다. "선생님의 책을 보지도 않고 태워버린다면 어떻게 생각하겠습니까?" 그러자 볼테르가 대답했습니다. "괜찮습니다. 책을 태우는 그 연기는 군밤을 굽는 것 같아서 그 향이 더 멀리 날아갈 것입니다." 그 말에 용기를 얻어서 다시 글을 쓰기 시작했습니다.

제1집이 정년퇴직을 하면서, 교육현장에서 고락을 함께하면서 살아간 사람들과 제자들에게 책을 한 권씩 선물로 드리기 위한 책이었다면, 제2집은 인생을 내려놓아야 하는 시기에, 삶의 현장에서 조금 더 깊이 고민하면서 희망을 가지고 살아온 이야기들을 모았습니다. 이 책을 읽으면서 한 사람이라도 공감하는 사람이 있다면 저는 그것으로 족합니다.

　목차는 제1집을 근간으로 하여, 교육, 신앙, 이웃 사랑과 평화, 나와 가족, 내일을 향한 꿈으로 구분하여 작성하면서 단 한 번뿐인 소중한 삶에 대한 끊임없는 자기 성찰과 새로운 변화의 모색, 함께 살아가는 사람들에게 필요한 사랑과 정의, 용서와 평화, 헌신과 열정 등을 기초로 글을 쓰려고 했습니다.

제2집을 내면서 평소에 존경하는 분이나 사랑하는 친구에게 추천의 글을 한 번 부탁해 볼까 생각하다가 끝내는 용기가 나지 않아서 혼자 쓰는 것으로 자족했습니다.

책이 나오기까지 세심하게 안내를 해준 쿰란출판사 오완 과장님과 이형규 사장님께 감사를 드립니다. 그리고 어려운 항암치료 중에도 조용히 지켜보면서 사랑의 눈길로 성원해 준 아내를 그리워하면서 이 책을 띄워 보냅니다.

2016년 9월

이형원

서문 • 2

제1장 거고(居高)동산의 교육활동

아름다운 동행 • 12
교육의 표상으로 삼은 김교신 선생님 • 19
교육이념 • 24
실무책임자의 역할 • 29
학생 중심의 수준별 이동수업 • 39
따뜻한 격려의 말 • 45
정년 퇴임사 • 53
누구나 빛나는 별을 지니고 있습니다 • 62
농구대회 • 66
사랑으로 함께하는 자녀교육 • 70
십 리를 더 가는 사랑 • 78
아니, 지각을 다 하다니 • 82
생애교육 • 86

제2장 신앙은 삶으로 말한다

무한 사랑 • 94
성문 밖으로 나가라 • 99

우리가 두려워해야 할 것은 안개다 · **103**
거고교회 기도문 · **106**
미즈노 겐조 시인의 《내 은혜가 네게 족하다》 · **109**
어떤 경우에도 하던 일은 멈추지 않는다 · **114**
사랑은 모든 것을 아름답게 만든다 · **120**
배턴 터치 · **124**
문제 해결의 출발점은 회개다 · **128**
삶의 무게 · **135**
기도 · **140**
주님은 살아 계신 하나님의 아들 그리스도입니다 · **147**

제3장 이웃 사랑과 평화

위기의 순간에 빛이 난다 · **166**
그래도 희망을 가진다 · **172**
예를 갖춤 · **177**
일하는 사람의 기본단위는 10년 · **181**
최고의 가치는 정직 · **186**
약속 위반 · **190**
사람이 너무 못되게 굴면 벌을 받는다 · **196**

완벽한 사람의 치명적인 허점 · **199**
하늘 아래 첫 찻집 · **204**
일상에서의 화합과 평화 · **207**
사랑은 나눌수록 커진다 · **214**
사랑의 눈길 · **219**
우리는 잠시 위임을 받아서 일하는 사람 · **224**
삶의 지혜 · **227**
산정에 머무는 시간은 짧다 · **232**
행복지수 · **236**

제4장 살아온 행복과 내일에 대한 소망
<나와 가족 이야기>

삶이 유산이다 · **244**
캄캄한 밤에 별을 본다 · **250**
쌍무지개 · **255**
하나로 이어 주는 가족여행 · **260**
ALL-STOP · **266**
공유 · **272**
어제와 오늘, 그리고 내일 · **278**

저녁 노을이 아름다운 것은 그 여백 때문이다 · **283**
배려 · **289**
몸이 건강해야 일을 할 수 있다 · **294**
발걸음이 인생을 바꾼다 · **301**
나의 사랑, 나의 가족 · **305**
한 걸음 더 나아간다 · **310**
나는 아버지의 아들입니다 · **314**
나는 괜찮다 · **320**
인생은 선택의 연속이다 · **325**

제5장 내일을 향한 단상

교통사고 방지 · **332**
함께 걸어가야 멀리 갈 수 있다 · **336**
꽃기린의 생명력 · **339**
원점에 홀로 서서 · **342**
우리 거창의 지향점 · **345**
깊은 수렁에서 하늘의 별을 본다 · **351**

〈2015년 12월 28일 오후 4시〉

겨울답지 않은 오늘은 참 포근한 날씨였습니다. 악성 암으로 기력이 다 소진된 아내의 힘없는 팔을 만지며, 흐린 눈을 마주 보면서 "여보. 지금은 우리가 이별해야 할 때가 되어 가지만, 하늘나라에서 다시 만나기를 소망하면서 살아가야 하오. 그래서 우리는 주님 안에서 언제나 희망이랍니다."

제1장
거고(居高)동산의 교육활동

- 아름다운 동행
- 교육의 표상으로 삼은 김교신 선생님
- 교육이념
- 실무책임자의 역할
- 학생 중심의 수준별 이동수업
- 따뜻한 격려의 말
- 정년 퇴임사
- 누구나 빛나는 별을 지니고 있습니다
- 농구대회
- 사랑으로 함께하는 자녀교육
- 십 리를 더 가는 사랑
- 아니, 지각을 다 하다니
- 생애교육

2015년 8월 3일

　이 세상에 완전한 사람은 아무도 없다. 성경 고린도전서 10장 12절에 "서 있다고 생각하는 사람은 넘어지지 않도록 조심하십시오"라는 말씀이 있다. 우리는 겸허한 자세로 '무엇을 하면서 어떻게 사는 것이 가치 있는 삶, 사람답게 사는 삶일까?'를 끊임없이 되물어 보면서 자신을 바로 세워 나가야 한다. 더욱 값지고 행복한 삶을 이루어 나가기 위해서는 너와 내가 분리될 수 없고, 다른 사람과 협력하여 살아갈 때 상승작용을 일으킨다. 우리는 그 어떤 사람도 혼자의 노력으로 살아갈 수 없는 사회적 존재다. 우주의 모든 존재들은 절대적인 관계로 맺어져 있고, 사람들은 이 관계 속에서 맺어지는 만남을 통해 함께 걸어가야 제대로 된 삶을 살아갈 수 있다.

　성경 로마서 8장 28절에도 "하나님을 사랑하는 사람들, 곧 하나님의 뜻대로 부르심을 받은 사람들에게는, 모든 일이 서로 협력해서 선을 이룬다는 것을 우리는 압니다"라고 하였다. 우리는 서로를 인정하고 신뢰하면서 소통하고, 사랑하면서 너와 내가 뜻을 같이 하고, 믿음을 같이하는 사람들과 일체감을 가지고 일을 해 나갈 때 위대한 힘을 발휘한다. 우리가 진정으로 사랑하는 한 사람, 같은 뜻을 가지고 일을 하는 사람을 만난다는 것은 그와 함께 온 우주를 보는 것이고, 기적을 이루어 가는 축복의 길이 된다.

이 세상에서 행복한 사람은 어떤 사람일까? 서로의 마음을 주고받으며 신뢰할 수 있는 사람과 함께 살아갈 이유와 분명한 목적을 가지고 자기의 전 생애를 걸어서 일의 성사와 관계없이 하고 싶은 일을 부단히 해 나가는 사람들이다. 우리의 지극한 정성과 사랑으로 지구의 한 귀퉁이라도 변화와 밝음을 이끌어 내고, 나와 함께 사는 사람들이 어제보다는 살기가 나아져서 허리를 펼 수가 있고, 서로 사랑하면서 평화롭게 사는 세상을 이루어 간다면, 우리가 바로 천국을 소유한 것이다. 함께 이루어 가던 값진 일들이 스승과 제자, 선배와 후배, 선임자와 후임자, 친구와 친구, 아버지와 아들 사이로 자연스럽게 이어지고, 후대에 잘 전달될 수 있다면 이보다 더 좋을 수가 없을 것이다.

우리는 진정으로 어떤 사람, 어떤 모습으로 살아가기를 원하는가?

나는 너무나 인간적인 예수님을 흠모한다. 예수님은 제자인 요한을 변화 산상에도 데리고 가실 만큼 신뢰하고 사랑하셨다. 예수님이 붙잡혀서 십자가에 못 박혔을 때 다른 제자들은 다 도망갔지만, 사도 요한은 끝까지 자리를 지켰다. 요한복음 19장 26-27절을 보면, 예수님께서는 십자가에서 처참하게 죽어 가고 있는 아들을 지켜보고 있는 어머니 마리아에게, "어머니, 이 사람이 어머니의 아들입니다" 하고 말씀하시고, 곁에 있는 사랑하는 제자 요한에게, "자, 이분이 네 어머니시다"라고 부탁의 말씀을 하셨다. 그때부터 요한은 마리아를 자기 집에 모셨다.

사후에 어머니를 부탁하는 예수님의 이 한마디에 조금도 주저함이 없이 모든 상황을 받아들이는 제자의 모습은 인간적으로 참 아름답기 그지없다. 절체절명의 위급한 순간에 "내가 너를 제자로 삼은 것은 참 행운이었다. 이제 내 가족을 부탁한다"라고 말했을 때, "염려하지 마십시오. 제가 지켜드리겠습니다"라는 말을 들으면서 편안히 눈을 감을 수 있다면, 세상을 참 잘 산 사람이다. 사사로운 것에서부터 중요한 것에 이르기까지 서로 부탁을 주고받으면서 평생을 함께 살아가는 사람을 동반자 관계, 즉 멘토라고 한다.

사도 바울(주후 10-67년)은 길리기아 다소에서 태어난 유대인으로 이방인의 전도자였고, 그리스도교의 기초를 굳히는 데 위대한 역할을 한 신학자였다. 주후 48년에 바울이 1차 전도여행을 할 때, 루스드라에서 디모데(주후 17-80년)를 만난 것은 운명적인 사건이었다. 이 만남으로 예수 그리스도를 영접하게 된 디모데는 자신에게 새 생명을 불어 넣어준 영적인 아버지인 바울을 극진히 사랑하며, 스승의 뒤를 이어가게 된다. 바울은 디모데를 믿음으로 단련시키고, 귀하고 신실한 아들로 여기면서 밤낮으로 기도할 때마다 그를 기억하면서 하나님께 감사를 드렸다. 또한 그와 함께 소아시아, 헬라, 마게도냐, 로마 등지로 순회 전도를 하였다. 디모데는 어려움에 처할 때마다 바울이 보내준 서신을 통해 위로와 가르침을 받고 신앙의 길을 갈 수 있었다. 고독한 사도의 길을 가는 바울도 디모데가 곁에 있음으로 해서 마음에 큰 위로를 받았고, 그에게 사사로운 부탁까지 하게 된다. 디모데 4장 9-13절을 보면, "그대는 속히 나에게로 오십시오……그대가 올 때에, 내가 드로아에 있는 가보의 집에 두고 온 외투를 가져오고, 또 책들은 양피지에 쓴 것을 가져오십시오"(새번역)라고 한다. 디모데는 바울과 믿음 안에서 성령의 끈으로 하나로 묶여 하나님의 쓰임 받는 전도자로 함께 순교자의 길을 걸었다.

혼자서 이 세상을 살아가기엔 너무 어렵고 힘이 든다. 어디에서 무슨 일을 하든지 나와 같은 뜻을 가지고 함께 일할 수 있는 사람이 있다면, 이보다 더 좋을 수가 없다. 내가 지금 하고 있는 일이 제대로 하고 있는 일인지 진심으로 충고해 주고, 나의 부족한 면을 채워 주면서 길을 안내해 주고, 힘이 되어 주는 사람이 곁에 있다면, 나의 무거워진 다리는 한결 가벼워질 것이다. 자신이 부족한 사람이라서 혼자서는 결단코 살아갈 수 없다고 뼈저리게 느끼게 될 때 함께 일하는 친구에게 "이런 경우에 내가 어떻게 하면 좋겠는가?"라고 묻게 된다. 그럴 때 그 어떤 사사로운 감정을 떠나서 "내 생각에는 이렇게 하는 것이 좋지 않을까?"라고 자기의 생각을 여과 없이 말해 주는 친구가 있다면 고맙게 여기면서 겸허하게 수용하게 된다. "친구야, 지금 나 혼자서는 도저히 어떻게 할 수가 없어. 나 좀 도와줘" 할 때 "그래, 알았어" 하면서 즉각 필요한 사항을 구체적으로 도와주는 사람이 있다면 참 행복할 것이다.

오늘날 거창고등학회의 초석을 다지신 분은 전영창 교장선생님

(1917년생, 전북 무주)과 원경선 이사장님(1914년생, 평남 중화)이시다. 두 분은 나이도 다르고, 출생지도 다르고, 성장배경이나 성격도 서로 다르다. 두 분 모두 거창이 생소한데, 교육을 통한 농촌 지역의 복음화를 위해서 1956년에 만나서 바늘과 실의 역할을 하면서 참 아름다운 동행자의 모습을 보이셨다. 그 어려웠던 1960년대와 1970년대의 험난한 파고를 조금도 흔들림 없이 "여호와를 경외하는 것이 지식의 근본"임을 건학이념으로 학교를 일구어 이 땅에 빛과 소금의 역할을 다하는 참된 일꾼을 길러내는 일에 삶의 전부를 걸었다.

갑작스럽게 전영창 교장선생님께서 소천(1976. 5. 20)하시자 거창고등학교 8회 동기생이자 평생지기인 도재원 선생님과 전성은 선생님이 뒤를 이어서 교육의 이념을 잘 실천해 나가도록 원경선 이사장님이 2006년까지 거창고등학회를 지켜주셨다. 역할 분담으로 도재원 교장선생님은 주로 학교 내부의 일을, 전성은 교장선생님은 학교 외부의 일을 맡아 오면서 학교를 바로 세워 나가셨다. 두 사람은 믿음 안에서 한 형제 이상으로 지내며 학교 일이면 밤이고 낮이고 가리지 않고 함께 길을 걸어가셨다.

거창고등학교에 김영삼 대통령께서 다녀가시고, 농촌교육의 롤모델로 알려지면서 두 분은 외부로 강연을 많이 나가게 되고, 학교를 방문하는 사람들도 많아지고, 농어촌 자율학교로 지정받기 위한 이론적인 뒷받침을 하기 위해 서류와 교육과정을 운영하는 데 체계적인 시스템을 갖출 필요성이 있었다. 나는 인성 교육과 자율성 교육에 관련된 여러 가지 교육활동과 학생 생활지도, 노작교육에 관한 이론적인 근거와 실제로 행하고 있는 것을 정리하고, 김선봉 선생님은 창의성 교육과 교육과정 운영, 수준별 이동수업, 정신

교육활동 등을 작성했다. 참 훌륭하셨던 도재원 교장선생님과 전성은 교장선생님이 정년퇴직을 하고, 김선봉 교장선생님은 거창고등학교를, 나는 샛별중학교를 책임지게 되면서 샛별초등학교 주중식 교장선생님과 세 사람이 월별로, 사안이 있을 때는 수시로 만나서 교육 현안에 대한 이야기, 일상에 관한 이야기들을 나누면서 우리 학회의 건학이념이 잘 이어지도록 노력했다.

　학교를 정년퇴직하고 나서 나는 유기농법으로 밭농사를 짓기로 이내 정했다. 그러나 마냥 농사만 지을 수 없어서 내가 무슨 운동을 할 것인지를 고민해 오던 차에 도재원 교장선생님께서 "이 교장에게는 파크골프가 맞을 것 같아" 하시며 한번 해 보라고 권유하셨다. 다리를 다쳐서 뛰지 못하는 나의 처지를 고려해서 파크골프를 소개해 주신 도 교장선생님께 감사를 드린다. 필드에 나가서 매일 치지는 못하지만, 내게 딱 맞는 운동인 것 같아서 사람들과 어울려서 즐겁게 운동을 하고 있다.

　하루는 밭에서 일을 하고 있는데, 퇴직을 한 김선봉 교장선생님이 오디오 세트를 가지고 와서 농장 컨테이너 방에 설치해 주었다. 음악을 들으면서 일을 하면 좋을 것 같다는 김 교장선생님의 깊은 생각에서였다. 아주 소리가 잘 나는 외제 중고품으로, 음악에 대한 나의 귀를 열어 주는 계기가 되었다. 여태껏 나는 음악을 들으면서 학교 업무를 보거나 집에서 책을 읽으면 집중이 잘되지 않아서 아예 음악 듣는 것 자체를 하지 않았다. 그러나 이제 밭에서 일을 하면서 듣는 FM(92.1) 라디오와 가끔 음반으로 듣는 클래식 음악이 이렇게 정서를 안정시키고, 감성을 풍부하게 하여 생활에 활기를 띠게 하는지 미처 몰랐다. 이제는 주변 사람들과 어울려서 가끔 음악회도 간다. 새로운 삶의 지평을 열어준 김 교장선생님이 참 고맙다.

　전성은 교장선생님은 고등학교 은사님으로 33년을 함께 근무했고, 지금도 거고교회에서 특별한 경우가 아니면 2주에 한 번씩 말씀을 듣는다. 사회적 책임과 소명, 사랑과 정의, 역사의식과 평화의 삶을 살아가도록 늘 일깨워주신다. 나는 거창고등학교에서 전영창 교장선생님과 원경선 선생님의 가르침을 받는 동시에 신앙의 길을 소개받았고, 그 길을 가려고 지금도 노력하고 있다. 김 교장선생님과 내가 정년퇴직을 하고 나서부터 거고교회에 1시간 전에 나와서 예배 진행에 필요한 마이크 장치, 정리 정돈, 냉난방으로 온도 조절, 내부와 외부 청소를 한다. 이 일이 끝나고 나면, 10~30분 동안 학교 뒤편에 있는 동천 저수지를 한두 바퀴 산책한다. 뜻 맞는 사람들이 함께 일을 한다는 것이 얼마나 행복한 일인지 모른다.

교육의 표상으로 삼은
김교신 선생님

2015년 5월 10일

　우리의 삶은 선택에 의해서 가꾸어지고 다듬어져서 한 인격체가 형성된다. 그 선택은 한 가지로 끝나는 것이 아니라 서로 관계를 맺으면서 연이어져 큰 줄기를 이루게 된다. 나는 거창고등학교에서 전영창 교장선생님과 원경선 이사장님을 만남으로 신앙인이 되었고, 교육의 길을 걷게 되면서 교육을 통한 사회적 책임감도 갖게 되었다. 이분들 곁에서 생활해 가면서 훌륭한 삶을 살아가신 분들을 소개받기도 하고 책을 통해서 만날 수도 있었다. 나는 먼발치에서 보고 느끼는 것만으로 끝나는 것이 아니라 '나의 삶에서 어떻게 실천하면서 살아낼 수 있을까?'를 고민하면서 생을 마감하는 순간까지 노력하려고 한다.

　내가 교육현장(1974.3 - 2009.8)에 있으면서 표상으로 삼으면서 생활해 나가려고 애를 쓴 사람은 나의 스승이면서 함께 생활을 했던 전영창 교장선생님, 땅콩박사 조지 워싱턴 카버 박사(두 분은 《사랑과 만남으로 이루어가는 교육》에서 소개), 그리고 김교신 선생님이다.

김교신 선생님(1901.4 - 1945.4)은 함경남도 함흥에서 태어나서 함흥농업학교, 동경고등사범학교(영문과에서 지리·박물과)를 졸업하고, 서울 양정고등보통학교에서 10년간 평교사로 근무하면서 〈성서조선〉을 주필로 책임편집을 맡아서 발행했다. 1942년 3월 30일 제158호의 "조와(弔蝸)"라는 글이 발단이 되어 1년간 서대문 형무소에서 옥고를 치르셨고, 창씨개명을 끝까지 거부하셨으며, 출옥 후 흥남 일본 질소비료회사에 입사하여 강제로 재징용당한 5천 명의 한국 노무자들의 복리를 위해 교육, 주택, 대우 등의 처우 개선에 노력하다가 공장 내에서 발생한 발진티푸스에 걸린 동포들을 치료하다가 감염되어서 해방을 불과 몇 달 앞두고 급사하셨다.

그는 매일 새벽 4시경에 정릉계곡에 가서 기도와 찬송을 한 후 냉수마찰을 하여 얼굴을 거울같이 반들반들 빛나게 해서 학생들에게 '빤빤이'라는 별명을 얻기도 하고, 사리를 냉철하게 파헤치며 엄정하게 처리하여 '양 칼'이라는 별명을 받기도 했다. 시험 때 부정을 하는 학생을 발견하고는 그런 학생의 앞날을 한탄하여 그 자리에서 퍽퍽 울기도 하셨고, 육척 거구로 아이들 앞에 위엄 있게 행동하시면서도 라디오로 심청전을 듣고는 퍽퍽 울었다고 했다. 시골에서 올라와 외롭고 기가 죽은 학생에게 "너의 고향 사람이 우리나라에서 제일 근면하다"라고 말하면서 용기를 주시기도 하셨다. 그가 쓴 일기 곳곳에 그의 빛나는 정신이 담겨 있다

1936년 11월 13일 금 맑음

오전 중에 수업을 3시간 하고, 정신훈련 주간의 최종행사로 교외 마라톤 대회, 홍제동 모래사장에서부터 구파발까지 왕복 70리 반을 전 교생과 함께 뛰다. 찬바람에 북한산 연봉을 바라보며 뛰는 즐거운 맛은 비길 데 없었다. 5백 수십 명 생도 중에서 병자와 유고자를 제외한 전부가 참가, 도중 낙오자 다수, 완전히 결승까지 온 302명 중에 22위로 결승점에 도착했다. 7,8년 만에 처음 뛴 것으로는 괜찮은 성적이라 자족하고, 장거리 선수의 본산지인 양정 생도들과 뛰어서 낙오 안 한 것만 다행이다. 귀댁하여 마늘 두 이랑을 심으면서 병상의 우인을 기억하다. 이 마늘이 엄동설한을 견디어 명춘에 얼음을 뚫고 자라나는 힘을 주시는 이가 오랜 병상의 우인들에게 회춘의 능력을 주옵시기를, 밤엔 야학 지원회의, 목성, 금성이 서천에 나란히.

손기정의 마라톤 코치의 한 사람으로 동경 예선까지 따라간 사람이 다름 아닌 김교신이었음을 우리는 주목해야 한다. 손기정 씨의 회고담에 의하면, 이 예선에서 중간지점부터는 선두가 되었는데, 그때 선도차에 탄 김교신의 눈에서 눈물이 흐르고, 손기정이 연도의 사람은 보지 않고 오로지 이 스승의 눈물만 바라보며 뛰어 드디어 우승했다는 것이다. 손기정은 다음과 같이 스승을 추모하고 있다.

"나는 지금까지 선생님만큼 크시고 참다우신 교육자 그리고 애국을 여러 면으로 스스로 실천하신 분은 본 일이 없다. 참으로 선생님은 크신 분 같다."

1936년 10월 19일, 월, 맑음

호출장을 가지고 동대문 경찰서에 가서 10월호 출판 허가를 받고 등교. 마라톤의 패자 손기정의 환영회를 남보다 먼저 하려고 각 신문사들이 별별 비열한 수단 방법으로 경쟁하여 각기 각양으로 대대적 환영.

선생의 심정으로 보면, 마라톤 우승은 하나님이 이 민족을 버리지 않으시고 한국을 고무하여 주신 일이기에, 경건하고 감사한 마음으로 기도드리고 끝날 일이지, 마치 그것이 자랑인 양 떠들어 될 일이 아니었던 것이다. 이렇게 온 나라가 떠들썩거리고 있을 때에도 손기정을 키워 낸 그는 그런 환영회에 참석하지도 않고 수업을 평상시와 같이 하였으며, 집에 와서는 〈성서조선〉 원고를 밤새워 집필하였다.

1945년 4월
발진티푸스 발병 후 7일 만에 돌아가심. 안경득 의사와 병상에서 대화

"안 의사, 나 언제 퇴원하여 공장으로 갈 수 있습니까? 나 40 평생에 처음으로 공장에서 민족을 내 체온 속에서 만나 보았소. 이 백성은 참 착한 백성입니다. 그리고 불쌍한 민족입니다. 그들에게는 말이나 빵보다도 따뜻한 사랑이 더 필요합니다. 이제 누가 그들을 불쌍한 무리로 만들었냐고 묻기 전에, 이제 누가 그들을 도와줄 수 있느냐가 더 급한 문제로 되었습니다. 안 의사, 나와 함께 가서 일합시다. 추수할 때가 왔으나 일꾼이 없습니다. 꼭 갑시다."

나는 김교신 선생님의 철저하게 자기 내면의 삶을 다스린 청교도적인 생활, 학생 개개인에 대한 구체적인 사랑과 열정, 사제동행의 정신을 실천하려고 노력했다. 교육은 이론이나 학문에 대한 지식을 전달하는 것도 소중하지만, 그보다 인격적인 감화와 따뜻한 마음에서 전해지는 영혼의 울림이 더 중요하다고 생각하기 때문이다. 그는 단순한 교육자를 뛰어넘어서, 촌음을 아껴가면서 민족의 혼을 일깨우는 일에 헌신하다가 너무나 안타깝게도 단명하셨다.

우리에게 진정으로 용감한 투사가 있다면 자기가 하고 있는 일을 통해서 보다 나은 세상, 사람들이 행복한 세상을 이루기 위해서 언제나 꿈을 꾸면서 비바람이 몰아쳐도 결코 포기하지 않으면서, 한자리에서 끈질기게 버티어 내면서 일하는 사람이다. 자기는 다만 길을 내고 다리를 놓아서 땅을 일구어서 씨를 뿌리고, 한 씨알로 땅에 묻혀서 죽는 것이다. 자신의 몸으로 값비싼 대가를 지불하지 않으면 이루어지는 것이 아무것도 없다. 이름도 없이, 빛도 없이 자기가 하는 일에 혼신의 힘을 다 쏟는 사람을 '시대의 영웅'이라고 나는 부르고 싶다.

올 겨울은 유난히도 추웠다. 강원도 대관령에서 주문한 씨감자를 심고, 그 위에 비닐을 덮었는데도 올라오는 새순이 얼어 죽은 것이 있었다. 싹이 나지 않는 곳을 확인해서 다시 심기 위해서 땅을 파는데 놀라운 사실을 발견했다. 흙을 걷어 내면서 새순이 올라오는 것들이 보였는데, 심은 씨감자가 완전히 썩어서 흐물흐물한 상태에서 순이 돌아 나오는 것이었다. 씨감자가 땅 밑에 그대로 있으면서 새싹을 내는 법은 없다. 오늘 내가 해야 할 일에 전심전력해서 자신을 완전히 소멸시켜야 후일에 새로운 것이 만들어지는 것이다.

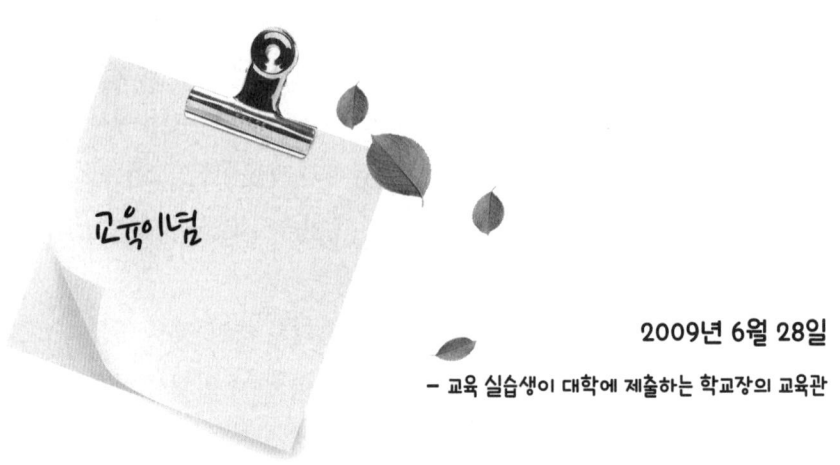

2009년 6월 28일
- 교육 실습생이 대학에 제출하는 학교장의 교육관

　단위 학교에 있어서 가장 중요한 것은 학교의 나아갈 방향, 곧 교육의 이념입니다.
　교육의 이념이 분명하게 서 있으면, 학교는 생명력이 있고 튼튼하게 자리매김하게 된다고 생각합니다. 이것은 구성원의 주체성을 확립하는 가장 중요한 요소입니다. 우리 거창고등학회(샛별초등학교, 샛별중학교, 거창고등학교)의 건학이념은 "하나님을 두려워하며 섬기는 것이 지식의 근본이다"입니다. 기독교 신앙을 바탕으로 한 민주시민을 양성하는 데 그 목표를 두고 있습니다. 학생 중심의 교육에 충실하면서 학생들로 하여금 이 사회의 작은 곳을 비추는 등불과 소금의 역할을 다 하도록 안내하는 것입니다. 우리 학회의 교육의 근간은 인간의 존엄성에 두고 있습니다.

* 한 학생의 생명은 온 천하보다 귀하다.
* 한 학생도 실족시켜서는 안 되고, 포기해서도 안 된다.

교사는 예수님의 사랑과 정의에 의한 방법으로 이를 이루어가야 하는 것입니다.
* 하나님의 의를 살려서 이 땅에 정의를 실현한다.
* 나를 바쳐서 너를 살리는 십자가의 사랑과 희생이다.

이를 실현하기 위한 구체적인 방법은 다음과 같습니다.
첫째, 만남의 교육입니다.
나를 만남으로 인해서 한 학생이 힘과 용기를 얻어서 밝은 삶으로 나아갈 수 있다면 그것은 교사로서의 가장 보람 있는 일이 될 것입니다. 나의 의도된 주관적인 가치관보다는 사랑에 의한 본질적인 접근이 필요합니다. 우리는 겸허한 자세로 단지 씨를 뿌리는 역할을 할 뿐이지 그 결과에 연연해서는 안 됩니다. 학생과의 만남에서 구체성을 띤 개별적인 만남이 있을 때 기억에 남고, 변화를 기대할 수 있습니다. 시간과 장소에 구애됨이 없는 자연스러운 만남이 이루어질 때 상호 교감이 이루어져서 의사소통이 되고, 교사와 학생 간에 일체감을 이룰 수 있습니다. 교육현장을 중시하는 곳에 신선함과 생명력이 넘칩니다.
둘째, 자율성에 바탕을 둔 창의성 교육입니다.
학생들은 새로운 것에 대한 호기심과 변화에 대한 욕구가 매우 강합니다. 교사는 학생들의 정서를 이해하고 신속하게 대처해 나가면서 사고를 전환하여 앞장서서 안내를 해야 합니다. 학생들에 대한 지나친 간섭과 통제는 학생들을 위축시키고 수동적으로 만듭니다. 지나친 자율은 방종과 이기적인 학생으로 만듭니다. 학생들이 스스로 경험하고 체득하게 함으로써 창의적인 사고와 활기 넘치는 생활을 하게 됩니다. 우리 학교는 창의성 교육을 하기 위해서 연간 교육활동으로 행사와 학습을 조절하고 있습니다. 학습활동을 집중적으로 하는 긴장과 함께 이완의 기회를 제공하고 활기를 더하는 행사를 적절히 조화시켜서 심리적으로 안정을 가져오게 됩니다.

1학기 동안에는 4월의 예술제, 5월의 중간고사, 6월의 야영캠프, 7월의 기말시험으로 연결됩니다. 2학기 동안에는 9월의 반별 연극제, 10월의 중간고사, 11월의 동아리 발표회, 12월의 학년말 시험으로 연결됩니다.

셋째, 학생 개인마다 소질과 적성이 다르다는 확고한 인식을 갖는 것입니다.

대상 학생, 학년, 성별, 개인에 따라서 지도방법이 달라야 합니다. 어떻게 하면 개별성을 가진 학생들을 구체적으로 지도할까를 늘 고민하면서 생활해야 합니다. 학생 개인에게 모든 가능성을 다 열어 놓는 허용의 자세로, 지속적인 관심과 사랑에 의한 접근으로 끝까지 지도를 해야지 결코 포기해서는 안 됩니다.

교육은 결국 사람이 하는 것입니다. 교사 한 사람의 역할이 얼마나 중요한지 모릅니다. 교사는 교육 전문가로서 지속적인 자기 개발과 연수로 자기가 가르치는 교과목을 통해, 즉 자신이 하는 일로 말하고, 승부를 걸어야 합니다. 앞장서서 길을 열어가야 합니다. 학생들에게 떠밀리거나 뒤처지게 되면 교육을 할 수가 없습니다. 자기 교과와 업무에 대한 새로운 방법과 창의적 개발, 학생들의 정서와 심리상태를 이해하여 교육에 임해야 합니다. 왜냐하면 교직원은 경력과 함께 반복적으로 일해야 하지만, 학생들은 생애에 단 한 번 선생님을 만나기 때문입니다. 재학하는 동안이 그 학생의 생애 전부가 됩니다. 최대한 시행착오를 방지하기 위해서 계획하고, 실천하고, 평가를 통해서 다음을 대비해야 합니다.

이 학원의 고 전영창 교장선생님을 모두가 잊지 못하고 그리워하는 것은 그분에 대한 개인적인 추억을 다 가지고 있기 때문입니다. 학생에게서 교사에 대한 믿음과 추억이 사라진다면 그것은 죽은 것이나 다름이 없습니다. 그들에게 우리가 기억으로 남는 것이 있다면, 내 삶으로 학생을 사랑한 것만 남습니다.

교사는 그 시대를 사는 역사의식을 가지고 있어야 합니다. 지금 이 시대가 요구하는 것은 무엇입니까?
* 함께 더불어 살아가는 평화와 공존, 환경교육입니다.
* 민주시민으로서 기본적으로 지켜야 할 도덕성 교육입니다.
* 미래를 개척해 나가는 능력을 제공하는 교육입니다.

저는 교육현장에서 선생님들에게 학생을 지도하는 데 있어서 늘 부탁하는 것이 있습니다.
- 마음에 상처를 주지 않도록 함께 가는 교육이어야 합니다.
- 체벌보다는 지극한 정성으로 깨닫게 하는 교육이어야 합니다.
- 학생들의 자존심을 상하게 하는 말을 해서는 안 됩니다.
- 냉정함과 객관성의 견지에서 학생들을 차별해서는 안 됩니다.
- 신뢰성을 확보하는 데 가장 중요한 요소는 언행일치입니다.

- 가장 좋은 교육방법은 사랑에 근거한 사제동행입니다.

그리고 첫 교단에 섰을 때의 순수성과 열정, 긴장감을 놓지 않아야 합니다.

교사로서의 역할에서 중요한 것은 무엇입니까?
- 한 직장 안에서 되풀이되는 정체성을 극복하기 위하여 언제나 긍정적이고, 적극적인 자세를 갖는 것이 중요합니다.
- 각자의 모습을 그대로 인정하고, 존중하고, 과정과 절차를 중시하는 합리적인 사고를 가지는 것이 중요합니다.
- 고귀한 이상을 실현하는 데는 동일한 생각을 가진 집단일 때 힘이 있습니다. 교육이념을 실천해 나갈 책임감과 주체성을 가지고 '내가 해야 할 일이 무엇일까?'를 언제나 생각하면서 사는 적극적인 자세를 가져야 합니다.

2004년 7월 18일

 앞에 나서는 사람과 뒤에서 준비를 하면서 도와주는 사람 모두가 소중하다. 더 중요하고, 덜 중요한 사람은 없다. 진정성을 가지고 자기의 역할을 제대로 하면서 서로가 일체감을 이룰 때 그 진가가 발휘된다. 그러나 일반적으로 사람들은 앞에 나서는 사람이 더 중요하고 큰일을 한다고 말하고, 앞에 나서는 사람이 잘하도록 무대 뒤에서 도와주고, 준비하는 사람의 존재 가치는 묻히게 마련이다. 앞에 나서는 사람이 화려한 조명을 받으면서 박수갈채를 받을 때, 무대 뒤에 있는 사람은 땀을 흘리면서 그들을 뒷받침해 주어야 한다. 관중과 무대 위의 사람들이 다 떠난 뒤에도 무대 뒤의 사람은 남아서 온갖 잡동사니 일들을 챙겨서 보관도 해야 하고, 다음 무대를 위해서 준비와 계획을 세워야 한다. 무대 뒤에 있는 사람이 어쩌다 실수라도 한 번 하는 날이면 변명할 여지도 없이 그 비난의 화살이 소나기처럼 퍼부어진다. 참으로 겸허하게 자신의 위치를 냉철하게 깨닫고, 마음으로 용납하면서 누가 뭐라고 해도 자기의 길을 가는 사람은 참 행복한 사람이다. 어떻게 생각하면 이런 깨달음과 행동은 천부적인 것이고. 자신의 운명인지도 모른다.

우리가 사람들에게 제대로 인정을 받지 못하면 서운한 감정도 생기고 좌절감을 느끼게 되지만, 우리는 이 땅이 아니라 하늘에 소망을 두어야 한다. 그분에게서 "네가 착하고 작은 일에 충성을 했다"라는 말씀을 들으면 되는 것이지, 사람들에게 보상을 받거나 환호를 받지 않아도 된다.

하나님께서는 자기의 형상대로 사람을 창조하시고, 각 사람마다 그들만이 잘할 수 있는 능력과 소질을 주셨다. 마태복음 25장 15-30절을 보면, 하나님께서 주신 능력이 어떤 사람은 다섯 달란트, 어떤 사람은 두 달란트, 또 어떤 사람은 한 달란트가 되는 경우가 있다. 주인이 나중에 돌아와서 셈을 할 때에 다섯 달란트를 남긴 사람이나, 두 달란트를 남긴 사람이나 똑같이 "잘했다. 착하고 신실한 종아! 네가 적은 일에 신실하였으니 이제 내가 많은 일을 네게 맡기겠다. 와서 주인과 함께 기쁨을 누려라"고 말씀하셨다.

세상 사람들은 주어진 능력이 크고 작음에 따라서 그 공적을 논할지 몰라도 하나님은 자기의 능력을 한껏 발휘한 그 사람들을 동등하게 보시고 상금을 공평하게 부여해 주신다. 그런데 한 달란트 받은 사람처럼 주인을 굳은 분이라 생각하여 심지 않은 데서 거두고, 뿌리지 않은 데서 모으시는 줄로 알고, 아무 일도 하지 않은 사람에게는 그 한 달란트를 빼앗아서 열 달란트 가진 사람에게 주면서 바깥 어두운 데로 내쫓을 것이라고 말씀하셨다.

나는 무대 위의 사람이기보다는 무대 뒤의 사람이라고 생각하면서 학교생활을 했다. 학교를 책임지고 있는 교장선생님이 "기독교 신앙을 바탕으로 하는 민주시민 양성"이라는 교육이념을 향해서 큰 그림을 그리고 방향을 결정해 놓으면, 나는 실무책임자로서 선생님들과 함께 그 구체적인 실천방안을 계획하고 이루어가는 역할을 주로 했다. 학교장이 학교의 실상을 정확하게 알고, 바른 판단을 해서 결정을 할 수 있도록 사실 그대로, 정직하게 보고를 하도록 노력했다. 때로는 동작이 뜨고 이것저것 생각하다가 상황파악을 제때에 하지 못해 '답답하다'는 소리를 들었지만, 늘 부족하다고 생각하면서 한눈팔지 않고, 한 걸음 더 뛰고, 맨 뒤에 남아서 일의 뒤처리를 했다.

그러나 선생님들이 협의를 해서 결정한 사항이 지켜지지 않거나, '학생 중심의 교육'에서 지나치게 이론과 논리를 앞세우면서 자기의 할 일을 하지 않거나, 너무 지나쳐서 사람의 도리나 경우에 어긋나거나, 과정과 절차가 무시된 결정이 한없이 공허하게 느껴져 마음속으로 '이것은 아니다'라는 생각이 들면, 어느 누구든지 이해가 되고, 납득이 될 때까지 대응을 하면서 이성을 잃을 만큼 큰 소리를 쳤다. 그러다가 나중에 내가 지나쳤거나 잘못한 경우는 하나님 앞에서 회개하면서 당사자에게 최대한으로 빨리 잘못했다고 사과를 했다. 그러나 이미 쏟아진 물은 주워 담을 수 없는 것처럼 상처를 입은 사람의 마음을 되돌릴 수는 없다. 먼 훗날 '학생을 위한 우리의 교육'이라는 이름 앞에서 서로의 진정성이 용납되기를 바랄 뿐이다.

　나는 우리 학교의 교육활동에 대해 밖으로 나가서 강연을 하거나 외부의 무슨 직책을 겸하면서 교육활동을 할 수도 없었고, 그럴 만한 실력도, 사람도 되지 못했다. 1974년 교단에 설 때부터 2009년 8월 말에 정년퇴직을 할 때까지 학교 부근을 떠나지 않고 살면서 교육현장에 전념하려고 발버둥을 쳤다. 그냥 학교가 좋아서, 학생들이 좋아서 왔다갔다했다. 앞으로도 학교 부근에 살면서 '거고동산'을 마음으로 성원하다가 생을 마감하려고 한다.

　1980년 제5공화국 초에 신군부에서 민심 수습책의 하나로 일반 사회인들과 마찬가지로 일선 고등학교에서도 '문제가 있는 학생들'을 학교별로 할당을 해서 명단을 제출하라는 공문이 왔다. 창원에 있는 군 시설 내에 설치된 '삼청교육대'의 위탁 교육시설로 학생들을 보내면 순화시켜서 학교로 돌려보낸다는 것이었다.

　거창고등학교에서는 비장한 각오로 보내지 않기로 하고 명단을 제출하지 않았다. 도재원 교감선생님께서 도 교육청에 가서 단호하게 말씀을 드렸다. "학생의 교육은 교육전문가인 교사가 책임을 지고 가르쳐야지 군에 위탁해서 가르치려고 하는 것은 학생을 포기하는 것과 다름이 없고, 우리 학교에는 위탁교육을 받을 만한 대상자가 없다."

　그 후 대상 학생 명단을 제출하지 않은 여파로 도 교육청에서 특별감사가 나와서 일주일간 추적감사까지 받았다. 나는 학생부장으로서 생활지도를 하고 있는 자료를 가지고 구체적으로 설명을 했다. "3월에 학생들이 입학하고 나면 담임선생님들이 개별상담을 하고, 그 기초자료를 가지고 가정방문을 하면서 학생들의 실태를 파악하고 나서 선생님들이 모여서 결과 협의회를 가지고 개별학생에 대한 대책을 세운다. 그리고 수시로 면담한 내용들을 누가기록부에 3년간 작성하면서 학생들의 생활지도를 하고 있다. 우리 학교는 시골에 있는 소규모 학교로 학생들 대부분이 생활관에서 생활하면서 가족처럼 잘 지내기 때문에 문제 있는 학생들이 발생하지 않는다. 학교생활을 활기차게 하기 위해서 계절별, 학기별로 행사(봄 예술제, 1박 2일의 전교생 야영캠프, 가을합창·연극제, 특별활동 발표회, 신앙집회)를 통한 자율성 교육과 인격교육을 통해서 실력 향상을 동시에 이루어가는 전인교육을 하고 있다."

이 풍랑이 지나고 나서도 일선 중학교로 "거창고등학교에 여학생들을 보내지 말라"는 통보를 해서 우리 선생님들은 일과를 마치고 가가호호 방문하면서 우리 학교의 교육활동을 소개하며 "우리는 여학생을 모집합니다"라고 홍보를 해서 인원수를 채우기도 했다.

1991년도에 샛별중학교 교감으로 있을 때였다. 겨울방학을 앞두고 전성은 교장선생님께서 찾으셔서 교장실로 가니 "이 교감, 우리 선생님들이 끊임없이 연구를 하고 전문성을 확보해야 학생들을 잘 가르치고 지도할 수 있다고 생각한다. 자기의 전공분야나 교육에 관한 것을 공부해서 1년 단위로 소논문집을 만들어서 서로 공유하면서 공부를 하면 좋지 않겠나?"라고 하셨다. 나는 전적으로 공감했지만, 선생님들에게는 부담이 되겠다는 생각이 들었다.

다음날 나름대로 소논문집의 필요성과 당위성을 선생님들께 말씀을 드렸더니, 취지는 좋은 줄 알았지만 역시 난색(難色)을 표했다. 나는 그 이듬해에도 선생님들께 같은 취지로 말씀을 드렸지만 큰 진전은 없었다. 3년째 되는 해는 더욱 진지하게 우리에게 필요한 사항이라는 것을 역설(力說)하니 서로가 공감하고 소논문을 만들기로 의견을 모았다. 물론 내가 제일 먼저 특별활동으로 '작물 기르기반' 운영과 실태를 바탕으로 정서순화에 관한 연구보고서를 작성했다. 그동안 아무 말씀도 하지 않고 지켜만 보고 있었던 교장선생님께 상황을 말씀드리면서 인사말씀을 써달라고 부탁을 드리니 바로 다음날 원고를 작성해서 주셨다. 이렇게 해서 1994년 말에 제1집이 나오고, 제9집까지 나오다가 내가 고등학교 교감으로 가는 바람에 중단되었다는 이야기를 나중에 들었다.

나는 실무책임자로 일해 왔기에 교장이 되었을 때 마음속으로 다짐을 했다. '선생님들이 힘과 역량을 최대한 발휘해서 학생들을 잘 교육할 수 있도록 내가 책임을 지고 뒷받침해야지.' 2005년 3월에 샛별중학교 교장으로 임명을 받고 나서 학교를 운영하기 위해서 근 한 달 가까이 학교 예산과 지출에 관한 자료를 분석했다. 학생들의 교육활동을 위해서 학교장이 실질적으로 집행할 수 있는 금액이 3,700만 원 정도였다.

이 금액으로는 교육활동을 위한 시설확충은 할 수 없는 형편이었다. 그런데다가 장애인 학생들이 지원을 해 와서 이들을 위한 교육시설이 필요했다. 나는 거창 교육청으로, 도 교육청으로, 거창 군청으로 가서 담당자와 책임자를 여러 번 만나 그 지원에 대한 당위성을 말씀드렸다. 교육에 대한 나의 진정성에 공감하고, 장애 학생들을 위한 특별교실과 3층 옥상의 빈 공간을 한 칸 늘려서 교실 증축을 하여 가사실로 활용했다. 그리고 현대화된 도서실 사업과 '아름다운 학교 가꾸기 사업'의 일환으로 시골학교의 강당 리모델

링 사업에 응모해서 우리 학교가 선정되어 강당을 멋있는 모습으로 갖추었다.

　나는 개인적으로 다른 사람에게 부담을 주거나 피해를 주기보다는 내가 부담하려고 노력하는 편이다. 그러나 공적인 돈을 푹푹 쓰는 헤픈 사람도, 함부로 막 쓰는 사람도 아니다. 여러 사람들과 관련된 돈은 몇 십 원을 가지고도 따지고, 착오가 나면 밤늦게라도 밝혀야 직성이 풀린다.

　중학교 교장으로서 내가 할 수 있는 큰 일 중에 하나는 가정형편이 어려운 학생들에게 용기를 주면서 실질적으로 도움을 주는 일이었다. 내가 거창고등학교에 다닐 때 전영창 교장선생님께서 미국에 있는 친구들에게 가난한 학생들을 위한 장학금을 요청하기 위해서 근로 장학생에게 카드도 그리게 하고, 교육활동의 사진첩을 보내면서 애를 쓰셨던 모습이 생각났다. 궁리 끝에 지금까지 나와 관계를 맺으면서 지내온 친구들, 학교 동기생들과 지인들에게 사정을 말씀드려서 후원금을 받아서 지원하는 길을 모색했다. 나는 정성을 다해서 편지를 보냈다.

　사랑하는 *** 님께
　그동안 안녕하셨습니까?
　오랜 장마 뒤에 맑은 날이어서 무덥기는 하지만 햇볕이 반갑기도 합니다.
　이런 날씨로 인하여 작물들은 무럭무럭 잘 자라납니다.
　평소에 우리 학교 교육에 깊은 관심을 가지고 성원해 주셔서 감사합니다.

샛별중학교 교장으로 부임하면서 학생 중심의 교육활동을 펴 나가려고 노력하고 있습니다. 이제 한 학기를 마무리하면서 오는 2학기를 준비하고 있습니다.

하고 계시는 일에 열정과 헌신으로 역량을 발휘하셔서 사회에 공헌하실 뿐만 아니라, 후배들에게 좋은 귀감이 되어 오시는 ＊＊＊님께 존경과 신뢰를 보냅니다.

제가 학교 살림을 맡아서 운영하다 보니 일상적으로 지출되는 경비를 제하고 나면, 학생들의 교육활동에 필요한 경비로 지출되는 것은 빠듯한 편입니다. 교육에 지장이 없도록 우선순위를 정해서 한 가지씩 해결해 나가고 있습니다.

샛별중학교에서 학생들과 함께 생활하다 보니 가정형편이 어려운 학생들이 참 많다는 사실을 체감하고 있습니다. 전교생 210명(남학생 98명, 여학생 112명)을 14명의 교원이 가르치고 있습니다. 샛별초등학교와 거창고등학교 학생들은 지원을 받아서 선발하지만, 우리 중학교는 거창 교육청에서 두 학급(남·여)의 인원을 무시험에 의한 추첨으로 배정을 받습니다. 신학기 초(3월 17-30일)에는 학생들의 실태를 파악하기 위해서 각 반의 담임선생님들이 전 학생을 대상으로 가정방문을 하고, 그 결과 협의회를 가졌습니다. 담임선생님들이 직접 파악한 결과를 보면, 결손가정과 생활이 어려운 학생들이 39명 (1학년 12명, 2학년 14명, 3학년 13명)이나 됩니다. 이 중에서 15명은 교육비 특별회계로 지원을 받지만, 사회가 불안정하여 도시에서 이혼을 하고 농촌의 할아버지와 할머니에게 맡겨진 아이들, 부모님의 생계유지가 어려워 학교를 다니기에 어려운 학생들은 사각지대에 놓여 있습니다. 이런 학생들에게는 별도로 지원할 길을 열어가야 할 상황입니다.

초등학교나 고등학교의 경우는 동문회도 활성화되어 있고, 장학금 후원자도 비교적 많은 편인데, 중학교는 역사도 짧고, 지원해 주시는 분도 없는 편입니다. 그리고 학교의 원칙상 재학 중인 학생의 학부모들로부터는 일체의 성금을 접수하지 않습니다. 신체적으로나 정신적으로 이제 막 성장하려고 하는 이 시기에 어려움을 겪고 있는 학생들이 내일에 대한 꿈을 펼쳐나갈 수 있도록 용기와 힘을 불어넣어 주셨으면 하는 간절한 마음으로 이 글을 올리게 되었습니다. 여러 가지로 어려우시겠지만, 후원금을 지원해 주시면 참으로 감사하겠습니다.

* 학생 생활에 필요한 장학금 모금 안내 *
 1. 모금 내역: 학기별 1구좌 기준: 100,000원
 2. 접수 장소: 경남은행 계좌 ****** 샛별중학교 장학회

늘 건강하시고, 하시는 일마다 주님의 축복이 함께하시기를 바랍니다.
2005년 7월 20일
샛별중학교 이형원 올림

참으로 고맙게도 정년퇴직할 때까지 매 학기당 15명 내외의 사람들에게서 400만 원 정도의 후원금을 받아서 학생들에게 장학금으로 지급하고, 연말이 되면 그 결과와 함께 감사의 편지를 보냈다. 지금도 기억하기로는 대기업의 임원이나 회장, 높은 직책을 가지거나 돈이 많은 사람들이 후원금을 보내오기보다는 일상에서 평

범하게 살면서 진정으로 학생들을 염려하는 분들이 대부분이었다. 돈이 많고, 여유가 있다고 장학금을 보내는 것은 아니었다.

나도 이런 사실을 깨닫고는 매달 10만원씩 후원금으로 냈고, 정년을 하고 나올 때는 그동안 직책수당을 적금으로 모은 1,000만 원을 장애인을 위한 시설 지원비로 교감선생님께서 사용하도록 의뢰하고, 행정실장에게 조용히 전달하고 나왔다.

4년 6개월 동안 교장으로 재임하면서 책상 위에 교장 명패를 두지 않았고. 하루 일과를 시작하기 전에 책상 밑에서 먼저 하나님께 기도를 드렸다. 교장실로 찾아오는 사람들에게는 반갑고, 고마운 마음으로 누구나 마주 앉아서 말씀을 들으면서 협의를 하고, 결정을 했다. 제한된 방에 혼자 있기보다는 학생들과 어울려 뛰놀고 작업하는 것이 훨씬 즐거웠고 마음이 편했다.

학생 중심의 수준별 이동수업

2008년 5월 23일

 새 정부가 들어서면서 '학교 자율화' 바람이 거세게 일고 있다. 일선 교육현장에서 이것을 마다할 학교는 별로 없을 것이다. 행정기관은 그야말로 학교에서 꼭 필요한 것을 지원하는 체제를 확립하여 우선순위에 따라서 제때에 제공하고, 학교는 단위 학교장의 책임하에 학생 중심의 교육활동을 펴나가면 얼마나 좋겠는가?

 이렇게 되면 학교장은 단위 학교의 교육에 대한 자율성과 책무성을 동시에 가지게 되고, 학생의 교육 이념을 어디에 초점을 두고 어떻게 교육하느냐에 따라서 큰 차이를 가져온다. 그 중에서 학생 개인을 '우열'(優劣)의 개념으로 볼 것인가 아니면 '개인차'로 볼 것인가, 교육 활동에서 '과정'을 중요시할 것인가 '결과'를 중요시할 것인가에 따라서 방향이 다를 수 있다. 나는 진정한 교육은 개인차에 의

한 교육이고, 결과보다는 과정이 중요시되어야 한다고 생각한다.

1. 수준별 이동수업의 필요성

학생은 개인차가 있다. 어떤 학생은 한 가지를 가르쳐 주면 세 가지 이상을 응용하는 학생이 있는가 하면, 한 가지를 반복해서 가르쳐도 잘 이해하지 못하는 학생도 있다. 과학에 관심이 많은 학생이 있는가 하면, 문학에 관심이 많은 학생도 있다. 무용을 잘하는 학생이 있는가 하면, 악기를 잘 다루는 학생이 있다. 달리기를 잘하는 학생이 있는가 하면, 씨름을 잘하는 학생도 있다. 학생들을 앞에서 잘 이끌어가는 학생이 있는가 하면, 말없이 뒤에서 궂은일을 도맡아 하는 학생도 있다.

개인차가 있다는 것은 서로가 다르다는 뜻이지 다른 사람보다 우월하거나 열등하다는 뜻은 결코 아니다. 각자가 가지고 있는 적성과 소질, 특기가 다 다르고 이것을 개발하는 데 개인차가 있을 뿐이다. 우리의 최대 과제는 학생들 속에 내재되어 있는 잠재 능력을 최대한으로 개발하도록 돕는 데 있다.

학생들을 수업시간에 능동적으로 참여시키려면, 그 학생이 이해할 수 있는 방법이나 수준에 맞는 수업을 진행해야 한다. 수준별 이동수업은 학생의 개인차를 고려한 학습자 중심의 이동수업이다. 학교에서 수준별 이동수업이 성공하려면, 학생들을 진정으로 사랑하는 데서 출발해야 한다. 학교에서는 심화반의 학생들보다도 기초를 필요로 하는 학생들에게 더 중점을 두고 교사의 배치, 이동의 기회 제공, 적정한 인원수 배치, 수업의 질적 재고(再考) 등에 노력과 정성을 보여주어야 한다. 그리하여 학생이나 학부모들에게 개인의 차이, 능력의 차이가 우열이 아니라 다양성이며, 진정한 평등임을 깨닫게 함으로써 충분한 공감대가 형성되어야 한다.

2. 운영의 방향

(1) 분위기 조성
학생들이 차별을 받지 않는다는 것을 정서적으로, 실질적으로 체감하게 해야 한다.
(2) 분반과 재배정
① 수준에 따른 분반이 객관적 자료에 의해서 공정하게 되도록 해야 한다.
② 재배정은 학기 단위로 하고, 가능하면 학생들의 희망도 들어주고, 학습 결과에 따라서 수시로 교체가 가능하도록 반의 이동이 열려 있어야 한다.
③ 중학교의 경우 학습목표에 도달하지 못한 학생은 특별 보충과정을 통해 보충학습의 기회를 제공한다.
(3) 개설 과목
1) 중학교
① 심화반과 보충반의 2개 반으로 한다.
② 학년별 대상 교과 - 1학년: 영어, 2학년: 영어 · 수학, 3학년: 영어 · 수학 · 국어
2) 고등학교
① 형태: 2 ~ 4단계

- 2단계: 심화반, 보충반
　　- 4단계: 심화반, 보충반(1, 2반), 기본반
　② 방법
　　- 1학년: 반편성고사를 통해서 편성하며, 미리 내준 과제물에서 문제를 출제해서 평가한다.
　　- 2, 3학년: 전 학년도에 지도한 교사가 평가한 것을 종합해서 반 편성을 한다.
　(4) 교사 배정
　　교과목별로 교과 협의회에서 정하고, 학교장이 승인한다.
　(5) 교재 및 지도안: 다음 중에서 교과 담당교사들이 협의하여 정한다.
　① 같은 교재로 진도는 같이, 깊이는 다르게, 보충문제로 차별화한다.
　② 교재도 다르고, 지도안도 다르게 한다.
　(6) 평가
　① 중학교: 수준별 수업은 실시하나 평가는 기본학습 중심으로 한다.
　② 고등학교: 우리나라 교육의 문제점 중 하나는 선발 위주로 학생을 뽑는 일이다. 선발에는 공정성과 객관성이 요구된다. 이것 때문에 객관식으로, 교과서 내로 제한해 왔다. 그러나 자율과 창의성을 요구하는 새로운 시대에 부응하려면 교육과정도 개편되어야 한다. 그래서 평가도 교과서 내에서 숫자나 문자 몇 개를 바꾸어서 출제하는 수준을 빨리 탈피해야 한다. 가르친 범위 내에서 기본개념을 물어보는 문제를 만들거나 기존의 문제를 토대로 연구하고

변형해서 출제하여 평가가 이루어져야 한다.

3. 성과

수준별 이동수업을 받는 학생들은 확실하게 실력이 향상된다.

내가 거창고등학교에 다니던 때(1963-1965: 한 학년이 두 학급)에도 영어와 수학의 수준별 이동수업이 있었고, 샛별중학교도 개교(1981년) 이래로 실시하고 있다. 농촌에 있는 학교에서 자기들이 원하는 고등학교로, 대학교로 진학해서 꿈을 펼쳐 나가는 탄탄한 실력의 밑거름이 된 것은 바로 이 수준별 이동수업의 영향이 크다.

4. 발전적 과제

1) 수준별 이동수업에 참여하는 교사는 매시간 교재의 내용을 그 반의 눈높이에 맞추어서 다르게 가르쳐야 하기 때문에 교재 준비에 많은 시간이 필요하므로 다른 업무는 줄여주는 것을 고려해야 한다.

2) 교과 담당교사는 어느 학년, 어느 반을 맡아도 구애됨 없이 가르칠 수 있는 실력을 갖추고 있어야 한다. 어느 한 곳이 막히면 전체의 균형이 깨지므로 자기 성찰과 끊임없는 연구가 요구된다.

3) 학생들은 겸허한 마음으로 자기 자신을 바로 보면서 열심히 배우고, 학교에서는 서로가 서로를 이해하면서 열심히 공부하는 분위기를 갖추도록 노력해야 한다.

4) 소규모 사립학교는 수준별 이동수업에 필요한 해당 과목의

교사를 정원 구성상 2명 확보하는 것이 어렵다. 그리고 농촌에서는 학년별, 시간별로 분산되어 있고, 수업시간 수가 적어서 외부강사를 초빙하기도 여의치 않다. 지난 3월 26일 교육감께서 거창 교육청을 방문하셨을 때 다음과 같이 건의사항을 말씀드렸다.

① 수준별 이동수업에 필요한 과목(영어, 수학)에도 부전공 자격연수의 기회를 주시기를 바랍니다.

② 담당교사에 대한 수업 능력은 단위학교에서 가장 잘 알고 있습니다. 교육과정을 효율적으로 운영하기 위해서 유사 교과 담당교사에게 수준별 이동수업의 교과를 가르칠 수 있도록 학교장에게 재량권을 허용해 주시기를 바랍니다.

따뜻한 격려의 말

2015년 3월 12일

말 속에는 그 사람의 영혼과 인격이 깃들어 있다. 무심코 한마디 하는 것 같아도 마음속에 내재되어 있는 것이 말을 통해서 겉으로 드러난다.

누가복음 6장 45절을 보면 "선한 사람은 그 마음속에 갈무리해 놓은 선 더미에서 선을 내고, 악한 사람은 그 마음속에 갈무리해 놓은 악 더미에서 악한 것을 낸다. 마음에 가득 찬 것을 입으로 말하는 법이다"라는 말씀이 있다.

나는 평생 동안 말에 대해서 고민하면서 살아간다. 검은 것은 검다고 말하고, 흰 것은 희다고 말을 해야 하는데, 이것이 얼마나 실천하기 어려운 일인가? 때로는 살아온 인생의 모든 것을 걸고 내려놓을 것은 내려놓고, 새롭게 출발할 것은 각오해야 하고, 눈물을 머금고라도 하고 싶은 것을 단념하면서 말을 해야 할 때가 있기 때문이다. 다른 사람이 진정성을 가지고 나에게 부탁을 해 올 때나 내면으로부터 깊은 양심과 주님의 음성으로 부탁의 말씀을 나에게 들려주실 때는 "예, 그렇게 하겠습니다"라고 말하면서 곧바로 실천에 옮겨야 하고, 그 누가 부탁을 해와도 지금까지 살아온 내 삶과 우리 가족의 명예를 걸고 '이것은 할 수 없다'고 판단되면, "아니요, 그렇게 할 수 없습니다"라고 분명하게 말해야 한다. 이렇게 하는 것이 결국에는 서로에게 좋은 것이다. 특히 다른 사람의 보증을 설 때 나의 한계 상황을 벗어났다고 판단되면 하지 말아야 한다.

성경 잠언 25장 18절에 "거짓말로 이웃에게 불리한 증언을 하는 사람은 망치요, 칼이요, 뾰쪽한 화살이다"라고 하였다.

야고보서 5장 12절에도 "나의 형제자매 여러분, 무엇보다도 맹세하지 마십시오. 하늘이나 땅이나 그 밖에 무엇을 두고도 맹세하지 마십시오. 다만, '예' 해야 할 경우에는 오직 '예'라고만 말하고, '아니오' 해야 할 경우에는 오직 '아니오'라고만 하십시오. 그렇게 해야 여러분은 심판을 받지 않을 것입니다"라고 하였다.

나는 대가족으로 살아오면서 여러 가지 일들을 많이 겪어 왔고, 학교에서도 실무책임자로서 오랫동안 선생님들과 함께 생활해 오면서 나름대로 한 가지 분명하게 선이 잡힌 것이 있다. 나의 이기심과 편의성을 내려놓고 전체를 보면서 가족, 학생, 이웃을 염두에 두고 결정하면 마음이 편하고, 일하는 자체도 신이 났다. 이미 길은 제시되었는데 역주행하면서 나에게 유리한 것을 찾아 이리 빼고, 저리 빼면서 결정을 하고 일처리를 하면 언젠가는 여러 사람들에게 더 큰 어려움으로 닥쳐왔다.

말을 해야 할 때는 하지 않고, 말하지 않고 참아야 할 때는 불쑥 말을 해서 후회하고 반성할 때가 너무 많았다. 상대방이 말을 할 때 무슨 반응을 보이면서 제때에 이것저것 재지 않고 분명하게 나의 의사를 밝혀서 실천해야 하는데, 미루다 보면 다른 사람들을 맥 빠지게 한다. 그러다가 시기를 놓치면 자기 자신에게는 유리할지 몰라도 전체로 보면 그만큼 탄력을 잃게 만든다.

돌이켜 생각해 보면, 내가 35년 동안 학생들과 함께 생활했던 기간은 참 행복한 시간들이었다. 이제 그들은 다 성장해서 사회 곳곳에서 활동하고 있는데, 내가 그들과 함께 생활했던 동안에 나의 그릇된 행동으로 깊은 상처를 남긴 일들은 없었는지, 내가 무심코 한 말이나 화를 참지 못하고 내뱉은 말로 인하여 가슴에 멍이 들어 밤잠을 설치고 있지는 않는지 두렵기만 하다. 나의 사랑하는 제자들에게 했던 말들은 어떻게 다시 주워 담을 수도, 돌이킬 수도 없다. 이제부터라도 나와 함께 생활하고 있는 사람들에게 진정으로, 사랑에 가득 찬 따뜻한 마음으로 용기를 주고 위로가 되는 말을 하려고 애써 노력하면, 그 죄를 용서받는 길이 될 수 있을까?

상대방의 마음을 상하지 않고 부드럽게 정제된 말로 잘 설명해 주면 대부분의 사람들은 충분히 이해를 하고 수긍한다. 아무리 하고 싶은 말이 많아도 상대를 헤아려 주면서 따뜻한 격려의 말을 해 주면 사람을 천 리 만 리로 움직이게 한다.

거창고등학교로 와서 생활한 지 3년이 지난 토요일 오후였다. 시내에 볼일이 있어서 지나가는 길에 중학교 때 은사님의 사모님께서 잠깐 안부를 묻고 이야기를 하는 가운데 "전 교장선생님께서 이 선생을 학교의 보배라고 말씀하셔"라고 하셨다.

나는 전영창 교장선생님을 스승으로 3년, 모교에 와서 은사님으로 3년간 모시고 생활했다. 이때는 개인적으로 참 어려운 시기였다. 내가 1974년에 거창고등학교에 와서 근무를 시작하던 그해 10월에 아버지가 암으로 돌아가시고, 야간 자율학습 감독을 하면서 정신없이 학교와 집을 오가면서 생활하던 때였다. 한 번도 교장선생님께 직접적으로 꾸중이나 칭찬의 말씀을 들은 적이 없었다. 그러나 간접적으로 들은 이 격려의 말씀이 "너는 정말로 학교에 필요한 사람이 되어야 한다", "참으로 학교에 누가 되는 사람으로 살아서는 안 된다"는 말씀으로 나에게 살아남아서 최우선 순위로 나의 근무지인 '거창고등학교와 샛별중학교'를 두고 생활해 왔다.

나의 서재에 교장선생님의 사진을 걸어놓고, 학교를 나온 지금도 그분을 추모하면서 나 스스로를 되돌아보고 있다. 그러면서 못다 한 일들을 반성하며 모교를 위해서 기도드리고 있다. 아직도 나는 멀었지만, 말로써 죄를 짓지 않고, 상대방에게 깊은 상처를 주지 않는 말을 하기를 소망해 보면서 살아간다. 나는 학교에 있을 때도, 밖에 나와서도, 현재의 상황에서 언제나 희망적이고, 가능성을 열어 주는 긍정적인 말을 하려고 노력한다. 비극적이고, 희망이 무너져내리는 말들은 사람을 맥빠지게 하고, 우울하게 만들어서 깊은 수렁으로 빠지게 한다. 생기가 넘치고, 언제나 가능성을 열어두면서 이야기를 하는 사람을 만나면 '아! 그렇구나. 다시 시작해 봐야지' 하는 자신감을 갖게 된다. '지금이 꽉 막혔다고 생각해? 아니야. 새로운 출발점에 서 있는 거야! 너와 항상 함께하시는 주님이 계시잖니? 주님께 간구해. 이루어주실 거야.'

때로는 내가 한 일들이나 가족들을 자랑하고 싶은 충동이 들 때도 있다. 이런 이야기를 듣는 상대방은 슬픈 일로 눈물을 삼키면서 친구들과 마주앉아 있을 수도 있고, 가정문제로 어떻게 표현할 수 없는 어려움에 직면해 있을 수 있다. 그럴 때 그렇게 늘어놓는 이야기들은 공허하게 들려오기 때문에 가급적이면 하지 않는 것이 좋다.

잠언 13장 3절에 "말을 조심하는 사람은 자신의 생명을 보존하지만, 입을 함부로 여는 사람은 자신을 파멸시킨다"라는 말씀이 있다.

내가 하는 말에 친구들과 이웃, 직장의 동료, 그리고 나의 가족들은 얼마나 신뢰성을 가지고 있을까? 신뢰성은 하루아침에 이루어지는 것도 아니고, 돈을 주고도 살 수 없는 자신의 자업자득인 것이다. 말은 번지르르하게 하면서 자기는 손가락 하나 움직이지 않고 있지는 않는지 늘 되물어 보아야 한다.

성경 잠언 12장 18-19절에 "함부로 말하는 사람의 말은 비수 같아도, 지혜로운 사람의 말은 아픈 곳을 낫게 하는 약이다. 진실한 말은 영원히 남지만, 거짓말은 한순간만 통할 뿐이다. 악을 꾀하는 사람의 마음에는 속임수가 들어 있지만, 평화를 꾀하는 사람에게는 기쁨이 있다"라고 하였다.

야고보서 3장 8-9절에서도 "사람의 혀를 길들일 수 있는 사람은 아무도 없습니다. 혀는 걷잡을 수 없는 악이며, 죽음에 이르게 하는 독으로 가득 차 있습니다. 우리는 이 혀로 주님이신 아버지를 찬양하기도 하고, 또 이 혀로 하나님 형상대로 지음을 받은 사람들을 저주하기도 합니다"라고 하였다.

사람들을 뒤에 세워놓고 난도질하거나 서운해하면서 욕하지 않았는가? 다른 사람들은 매도하고 질타하면서 내게 싫은 말이나 충고를 한 사람의 말은 조금도 받아들이지 않고, 다 지나갔는데도 기회 있을 때마다 두고두고 되씹지는 않는가? 용서를 하지 못하는 사람은 용서받을 수 없다. 결국은 자신이 불행해지는 것이다. 솔직 담백하게 나를 다 드러내 놓고, 참으로 다른 사람이 나를 비난할 때도, 칭찬할 때도 전혀 동요됨이 없이 겸허한 마음으로 받아들일 수 없을까?

조금 부족하고 마음에 차지 않더라도 언제나 가능성을 열어두면서 사랑이 가득 찬 마음으로 감싸안고, 그를 애정 어린 마음으로 지켜보면서 함께 길을 가야 진정한 이웃이 된다.

자기의 공은 뒤로 숨기고, 다른 사람에게 공을 돌리면서 수고한 것을 위로해 주고 격려해 주면, 모든 사람들에게 아름다운 모습으로 오래 기억이 남는다.

정년퇴직을 하고 나서 거창고등학교 8회 도재원 교장선생님, 홍콩에 계시면서 가끔 거창에 오시는 9회 전중광 선배님, 그리고 몇 분이 중심이 되어 '노년기에 들어선 60세 이상 된 동문들이 외지에서 거창을 찾아와서 현지에 있는 동문들과 만남의 장을 마련하고, 산행을 통해서 건강과 우의를 다지면서 모교의 발전에도 기여하자'는 취지로 '거고오비산악회'가 결성되었다.

첫 산행으로 2011년 2월 16일 거창 지역 동문들을 중심으로 8명이 의상봉을 다녀왔다. 처음에는 계절별(3개월)로 다녀오다가 조성식 선생님(18회)이 산행 대장을 맡고 나서부터 친목도 다지고, 산행이 제대로 이루어지자면 적어도 2개월에 한 번씩은 해야 된다면서 2014년 1월부터는 2개월에 한 번씩 진행해 오고 있다. 매회마다 10~18명은 참석하고 있다. 지난 2015년 2월 23일 청암사 인현왕후

길을 다녀오는 날 정기총회가 열렸고, 8회 도재원 회장님의 뒤를 이어 11회 박영수 회장님으로, 13회 백광석 부회장님, 15회 신재철 총무님으로 선임되셨다. 나는 당일 집사람의 병원 진료관계로 참석하지 못해서 백광석 감사에게 회계보고와 진행을 부탁했다. 총회를 마치고 전임 도재원 회장님께서 "그동안 우리 회의 발전을 위해서 수고한 이형원 총무에게 박수를 한번 치자"라고 말씀하셨다고 한다. 4년 동안 우리에게 길을 열고 기초를 세워주셨던 분은 회장님과 부회장님이시고, 나는 실무책임자로 산행지가 결정된 것을 회원들에게 안내하고 회무처리를 한 것뿐인데 과분한 칭찬의 말씀을 뒤에서 들었다.

상대방의 이야기를 소중히 여기면서 귀담아 잘 듣고, 생기가 넘쳐나고, 함께 있는 사람들의 심금을 울려서 공감대를 형성하는 사람이 있다. 그런가 하면 대안이 없는 비판과 비난을 일삼고, 다른 사람에 대한 입장과 배려는 무시한 채 자기가 한 말은 다 옳고, 다른 사람의 말은 다 틀렸다는 식으로 자기의 이론만 늘어놓는 사람도 있다. 그런 사람들과는 한 자리에 오래 있기가 싫어진다.

에베소서 4장 29절에 "나쁜 말은 입 밖에 내지 말고, 덕을 세우는 데에 필요한 말이 있으면 적절한 때에 해서 듣는 사람에게 은혜가 되게 하십시오"라고 하였다.

야고보서 3장 2절에서도 "우리는 다 실수를 많이 저지릅니다. 누구든지 말에 실수가 없는 사람은 온몸을 다스릴 수 있는 온전한 사람입니다"라고 하였다.

말하기가 어렵다고 해서 사람들이 서로 말을 하지 않고 지낸다면, 갑갑해서 어떻게 살아갈 수 있을까? 서로 말을 주고받으면서 의사소통을 하고, 공감을 하기도 하고, 또 반대를 하면 서로 대안을 찾으며 살아가야 한다. 찬성만 있고 반대는 없는 사회, 반대만 있고 아무것도 찬성이 없는 사회는 정녕 병이 든 사회이다. 언제나 누구를 만나든 백지 상태로 마음 문을 활짝 열어놓고 겸허하게 대화하면서 풀어가는 사회가 건강한 사회다.

때로는 할 말이 있어도 가슴에 품고 무덤까지 가야 할 말이 있다. 아무 말 없이 내가 지고 가야 모든 것이 끝나고 그렇게 소멸되어야 평화를 이루기 때문이다.

예수님께서 우리에게 최종적으로 하신 당부의 말씀도 "내가 너희를 사랑한 것같이, 너희들도 서로 사랑하라"는 말씀이었다. 진정으로 사람을 사랑하지 않고 하는 말은 허공에 두고 울리는 꽹과리에 불과하다.

정년 퇴임사

2009년 8월 29일 오전 11시

  토요일에 귀중한 시간을 내주셔서 저의 퇴임예배에 참석해 주신 여러분께 진심으로 감사를 드립니다. 우리 학생들과 함께 교육을 할 수 있도록 그동안 성원해 주신 여러분께 감사를 드리면서 새로운 삶을 시작하는 저에게 격려와 용기를 부탁드리고 싶어서 이 자리를 마련하게 되었는데, 제가 무리를 하고 있다는 생각이 들어서 송구스럽습니다. 여러분의 너그러운 마음으로 이해를 부탁드립니다.

  제가 1963년에 거창고등학교에 입학하게 된 것은 저의 인생에 큰 행운이었습니다. 사랑하는 친구 전성우와 이영균의 권유로 이곳으로 오게 되었는데, 이곳에 와서 전영창 교장선생님의 말씀을 듣고 나서 예수님을 믿고 생활하게 된 것은 하나님의 은혜였습니다.

  대학을 졸업하고 나서 1973년에 혜성여중에서 처음으로 교단에 서게 되었고, 이듬해인 1974년부터 모교인 거창고등학교에서 15년간을, 우리 샛별중학교에서 20년간을 학생들과 함께 생활하다가 오늘 정년퇴임을 하게 되었으니, 제가 일할 수 있는 때의 전부를 죽전동산에서 보낸 셈입니다. 이곳에서 학생들과 함께 생활할 수 있었던 것이 얼마나 감사한 일인지 모릅니다.

저를 아는 분들은 제가 얼마나 운동을 좋아하고 소질이 있는지를 잘 아실 것입니다. 축구는 거창초등학교 때 대표선수였고, 배구는 중학교 때 거창군 대표로 전위 사이드 주전 선수였습니다. 이웃 고등학교에서 3년 동안 회비를 면제해 주는 특기 장학생으로 오라고 제의까지 했었습니다.

제가 1979년에 덕봉재단과 거창고등학교 선생님들 간에 친선축구를 하다가 오른쪽 무릎을 다친 이래로 계속 고장이 나서 지금까지 양쪽 다리를 6번이나 수술을 받았습니다. 그리고 1981년도 첫 수술과정에서 만성 C형 간염을 앓고 있다는 사실도 알았습니다. 30년 가까이 간염을 앓아 오면서 만성 C형 간염 치료를 위해서 인터페론과 페가시스를 3년에 걸쳐서 맞은 이후로 지금은 간염 활동이 정지된 상태입니다. 운동을 좋아하는 사람이 무릎과 다리가 아프고, 간염으로 몸에 무리가 되어 꼼짝달싹도 할 수 없게 된 것이 얼마나 큰 고통인지 아실 것입니다. 저는 가끔 테니스를 치는 사람들이 너무 부러워서 혼자 운 적도 있습니다. 아픈 사실 자체를 잊고 배구를 하다가 4년 전에 왼쪽 무릎의 연골이 파열되어서 지난 7월 20일에 서울대병원 성상철 원장님께 또 수술을 받았습니다.

어느 때부터인가 저는 이런 생각을 가지게 되었습니다. '내가 운동을 좋아하고, 몸이 정상적이었다면, 사방을 뛰어다니면서 얼마나 날뛰고 기고만장했을까?' 하나님께서는 저를 특별히 사랑하셔서 "너는 이 상태로가 좋아!" 하시면서 이 죽전동산에서 학교와 집을 오가면서 생활하도록 꽁꽁 묶어두셨나 봅니다. 걸어 다닐 수 있고, 생명을 지니고 있는 것 자체를 감사하면서 살아가고, 특별한 취미도 없이 정신을 가다듬고 학생들과 함께 생활하도록 하셨습니다. 저를 사랑하시는 주님의 은혜이자 축복입니다. 이런 저의 모습이기에 아픈 사람들의 마음을 헤아리게 되고 그 고충도 알게 되었습니다. 예술제 때 다친 학생들을 보면 '얼마나 답답할까?', '아이쿠, 한 달은 가겠구나!' 하며 속히 회복하기를 마음으로 간절히 기도드립니다.

성장기에 저의 집안은 매우 형편이 어렵고 식구가 많아서 복잡한 생활을 해왔습니다. 부모님께서 시장 노전에서 채소장사를 하시면서 저희 열네 식구가 생활했고, 아버지께서 후두암으로 제가 스물일곱 살 때 돌아가셔서 어머니와 함께 생활을 하다가 어머니마저 1988년에 중풍으로 쓰러지셨습니다. 그 후 저는 많은 동생들과 애환(哀歡)을 함께해 왔습니다.

저의 아들과 딸, 조카와 생질을 합하면 25명이나 됩니다. 저의 집안이 아무리 어려워도, 복잡하고 힘이 들어도 저의 부모님께서 살아가셨던 모습을 생각하면서 밝고 긍정적으로 생활하려고 노력했습니다. 그럴 때마다 하나님께서 힘을 주시고, 길을 열어 주시고, 인도해 주셨습니다. 저는 학교에 나오면 오히려 더 마음이 편하고 힘이 났습니다. 학생들을 보면 그저 즐겁고 신이 났습니다. 환경이 어렵거나 가정이 복잡한 학생들을 보면, 그들의 편에 서서 안타까워하면서 '어떻게 하면 구김살 없이 나래를 펴서 학교생활을 하게 할까?'를 생각하면서 선생님들과 함께 머리를 맞대고 그 해결방안을 찾으려고 노력했습니다.

저를 오랫동안 지켜본 분들은 제가 성질이 급해서 실수가 많고, 모가 난 사람임을 아실 것입니다. 어떤 문제점이 생기면 조급증이 있어서 안절부절못하면서도 말이나 동작이 느려서 답답하고 뒷북치는 일이 많았습니다. 그런가 하면 어느 순간에 '이것은 아니다' 하는 생각이 들면, 자신을 주체하지 못하고 이성을 잃고 막무가내로 날뛰었습니다. 정작 해야 할 일은 하지 않고, 해서는 안 되는 일을 해서 물의를 많이 일으켰습니다.

지금 돌이켜 생각해 보면, 제가 부족하고, 모자라서 학생들과 동료 교직원들, 사랑하는 제자들과 많은 사람들에게 지울 수 없는 상처를 주고 잘못한 일들이 엄습해 옵니다. 이 자리를 빌려서 진심으로 용서를 빕니다.

저에게 있어서 35년간의 죽전동산에서의 생활은 저의 신앙이고 삶이었습니다. 제가 생활하는 교육현장에 집중해서 열심히 생활하면 하나님께서 다른 일들도 풀어 주시고, 마음이 흐트러지고 눈길이 학생에게서 멀어져서 딴 곳에 가 있으면 다른 일들도 뒤엉켜 버렸음을 고백합니다.

이런 저에게 하나님께서는 변함없는 사랑으로 새로운 기회를 주셨습니다. 2006년 12월에 특수학급이 전혀 없는 우리 학교에서 교육을 받기 위해서 장애를 가진 학생 3명이 지원해 왔습니다. 저는 걱정이 되면서 난감해하기도 했지만, 주님께서 저에게 이렇게 말씀하시는 것을 들었습니다.

"이형원, 네가 학생을 사랑한다고 입버릇처럼 말해 왔지? 이 학생들과 함께 교육을 처음부터 다시 시작해 봐! 너에게 주는 마지막

기회야!"

"사학(私學)에서 장애학생들과 함께 기독교 정신을 바탕으로 하는 통합교육의 새로운 대안의 길을 열어가라!"고 하시는 주님의 부탁 말씀으로 다가왔습니다.

저는 우리 선생님들과 머리를 맞대고 고민하면서 문제를 협의하고, 특수학교를 방문하고 공부하면서 그 문제를 한 가지씩 풀어 나갔습니다. 교육청 관계자와 거창 군청군 의회 관계자들을 만나서 부탁의 말씀을 드리면 우리의 진정성을 이해해 주시고 길을 열어 주셨습니다.

2007년에 특수학급 승인을 받고, 이 학생들이 생활할 수 있는 시설들이 보완되었습니다. 우리 학교 교육을 이해해 주시고, 아낌없이 지원을 해주신 관계자 여러분께 진심으로 감사를 드립니다. 우리 학생들이 몸이 불편한 학생들과 함께 야영캠프도 가고, 밥도 타다 주고, 3층에 있는 강당까지 휠체어를 들어 올리는 모습을 보면서 "그래, 너희들이 어른들의 아버지야! 세상은 이렇게 함께 더불어 사는 것이야!" 하며 뿌듯해하기도 했습니다.

저는 중학교 생활이 인생에 있어서 얼마나 중요한지를 학부모에게도, 학생들에게도, 우리 선생님들에게도 기회가 닿는 대로 강조했습니다. 중학교 3년 동안에 학문적 기초가 이루어지고 사람의 됨됨이 곧 인격이 형성되기 때문입니다.

사랑하는 샛별인 여러분!

여러분이 이 사회의 주역이 될 시대는 지금보다 훨씬 더 고도의 전문성을 요구할 것입니다. 여러분만이 할 수 있는 실력을 제대로 갖추지 않으면 생활해 나가기가 어려울 것입니다. 참으로 열심히 공부하고 생활해서 실력을 쌓아 나가기를 바랍니다.

그러면 우리 사회는 지금보다 훨씬 더 투명해지고 밝아질 것입니다. 도덕적으로 깨끗하지 않으면 발 붙일 곳이 없어질 것입니다.

우선은 불의가 이기는 것 같아도 진리를 능가할 수는 없습니다. 어둠이 빛을 이길 수가 없습니다. 정직하고 신실한 삶을 살아가기를 바랍니다. 온 힘을 다해서 열심히 공부하고, 긍지와 자부심을 가지고 여러분이 꿈꾸는 것을 이루어가시기 바랍니다.

지금까지 제가 생활한 것을 뒤돌아보면, 하나님께서는 내가 진정으로 원하는 것을 하나님께 간구하면서 노력하면 길을 열어 주셨습니다. 결코 주저앉거나 포기하지 마십시오. 저는 이 학원에서 생활하는 동안에, 제가 믿고 따르는 예수님을 여러분에게 소개하려고 노력했습니다. 그러나 한없이 부족했음을 고백합니다. 지금 이 순간에도 여러분에게 간절히 말씀드리는 것은 예수님을 믿고 따르는 것이 참된 생명의 길이요, 사랑의 길이요, 진리의 길이라는 것입니다. 하나님께서는 우리의 눈물을 닦아 주시고, 넘어져서 신음할 때에 우리를 일으켜 주시며, 우리의 간구를 들어주시면서 세상 끝날까지 우리와 함께하시겠다고 말씀하셨습니다. 하나님은 말씀을 지키시는 참으로 신실한 분이십니다. 샛별동산에서 생활하는 동안에 예수님을 믿고 나가기를 간절히 바랍니다. 우리 인생의 행복이 바로 예수님을 믿는 믿음에서 나오기 때문입니다.

교육은 참으로 어려운 길이고, 정답이 없습니다. 유일한 대안이 있다면 학생을 진정으로 사랑하는 마음으로 진실되고 겸허한 자세로 그들과 함께 가는 것이라고 생각합니다. '지금 시대, 역사 앞에서 학생들에게 참으로 필요한 것이 무엇일까?'를 끊임없이 고뇌

하고 연구하면서 함께 지혜를 모아서 손을 잡고 이루어가는 것입니다. 교육은 이루어가는 과정이고, 결과는 우리의 몫이 아닙니다. 교사의 몫은 씨앗을 정성껏 뿌리고 잘 자라도록 땅을 북돋아 주고 돌보는 일입니다. 그 결과는 우리의 몫이 아닙니다. 하나님의 몫이고, 학생 자신의 것입니다. 성급하게 그 결과를 기대하기에 얼마나 부작용이 많이 일어나고 있습니까?

학교에서 학생들이 신나고 행복해야 교사가 행복합니다. 내가 학생을 교육하는 것만이 아니라, 우리가 그들 속에서 배우고 그들에게 필요한 것을 채워 주어야 합니다.

교사는 참으로 귀한 직분입니다. 학생들이 성장해 가는 모습을 보는 자체만으로도 얼마나 신비로운 일인지 모릅니다. 그들 속에 담겨진 보물을 찾아서 갈고 닦아 나가도록 길을 여는 사명감으로 생활해야 할 것입니다. 젊을 때는 열정을 앞세워서 혈기로 교육을 하다 보니 실수와 시행착오를 많이 겪었고, 나이가 들어서는 이것저것 앞뒤로 생각하다 보니 정말로 필요한 일들을 하지 못하고 놓쳐버리고 후회하는 일들이 많았습니다. 이제 조금 가닥을 잡아가다 보니 어느덧 매듭을 지어야 할 때가 되었습니다.

친구들이나 주변 사람들이 "나가면 뭐 할 거야?"라고 묻습니다. 퇴직을 의미하는 'Retire'는 새로운 옷을 차려입고, 다시 출발하는 것이라고 그 의미를 부여하고 싶습니다. 그동안 저는 많은 사람들로부터 깊은 관심과 과분한 사랑을 받았습니다. 예수님을 믿고, 주님께서 지금까지 인도해 주셨음을 믿고 감사를 드립니다. 저는 많은 분들에게 진 사랑의 빚을 갚기 위해서 다시 일을 시작하려고 합니다. 이 은혜에 보답하기 위해서라도 소일하고 싶지는 않습니다. 저는 오늘 생명을 지니고 있음이 얼마나 감사한 일인지 체감하고 있습니다. 일하기 위해서 건강이 필요한 것이지, 건강을 지키기 위해서 살지는 않으려고 합니다. 하나님께서 부르시는 날까지, 기력이 쇠진할 때까지 저를 자연스럽게 순리로 받아들이면서 제가 할 수 있는 한, 저를 필요로 하는 일이 있다면 최선을 다하겠습니다.

여러분을 기도로써 돕겠습니다. 35년 동안 오고간 죽전동산의 세 학교와 우리 거창을 위해 기도하겠습니다. 남과 북이 손잡고 다시 하나로 통일되기를, 이 세상이 전쟁과 기근, 질병으로부터 해방되어 평화롭게 살아가기를 기도하겠습니다.

저는 앞으로 350평 되는 텃밭에서 유기농법으로 농사짓는 일을 하려고 합니다. 그동안 못다 한 공부도 하고 싶습니다. 특히 상담 심리학을 공부해서, 학교에서 안정을 찾지 못하고 방황하고 있는 학생들과 노령에 병과 생활의 어려움을 겪고 있는 분들에게 작은 도움이 되어 드리고 싶습니다.

제가 예수님을 믿게 되었으니 어떤 형태로든 복음을 전하는 일을 돕겠습니다. 이 죽전동산에서 생활하는 동안에 참으로 고맙게도 좋은 분들을 많이 만나서 사랑과 신뢰로 함께 생활할 수 있어서 행복했습니다. 때로는 마음이 괴로워서 밤잠을 설치기도 했고, 일을 제대로 못해서 안타까워했지만, 그렇게 고민하는 삶 자체가 행복이었습니다. 퇴직한다고 하니까 문을 살며시 열면서 편지를 전해 준 학생들, "이제 아프지 마셔요", "저를 기억해 주셔요" 하면서 애교를 부린 학생들에게 감사합니다.

부족한 점이 많아도 신뢰와 사랑으로 함께 생활해 온 동료 교직원 여러분! 참으로 고맙습니다. 제가 어려운 일이 있어서 말씀을 드리면 "이 교장이 지금 할 일은 기도뿐이야" 하시며 성원과 함께 지켜보아 주신 도재원 이사장님과 학교법인 이사회 여러분께 감사를 드립니다. 오늘 이 자리에 참석하신 여러분과 저의 뒤에서 말없이 성원해 주신 여러분들, 참으로 고맙습니다.

여러분! 행복하십시오. 여러분의 가정에 주님의 사랑과 평화가 늘 함께하시기를 바랍니다.

거창고 제27회(1979학년도 졸업) 졸업생들과 함께

누구나 빛나는 별을 지니고 있습니다

2013년 11월 5일

　우리는 이 세상에 단 한 번 왔다가 떠나갑니다. 처음으로 되돌려서 다시 시작할 수도 없습니다. 어제와 오늘, 그리고 내일이 서로 연결되면서 언제나 생방송으로 진행됩니다. 인생에서 핵심적으로 중요한 시기를 생각해 본다면, 앞날의 삶을 준비해 나가야 할 청소년기의 학교생활일 것입니다. 가르치는 사람과 배우는 사람이 혼연일치가 되어 한 학생에게 내재되어 있는 자기만이 잘할 수 있는 빛나는 진주, 별을 찾아내고 개발해 나가도록 하는 것입니다. 교사에게 있어서 가장 보람 있는 일은 가르치는 제자들에게 자기가 살아가는 동안에 정말 잘하고, 좋아하는 일을 하면서 인생을 행복하게 살아갈 수 있도록 길을 안내해 주는 것입니다.

　우리가 잘못을 저지르는 것 중의 하나는 부족한 것을 채워 나가고, 잘못한 것들을 고쳐 나가면서 성장해 가는 학생을 자기의 가치 기준에 맞추어서 이 세상을 다 주고도 살 수 없는 고귀한 사람의 보고를 단정지어서 차단시키는 것입니다. 성질이 급하다고 해서, 동작이 조금 느리다고 해서, 시키는 대로 잘 하지 않는다고 해서, 의기소침하여 말을 잘 하지 않는다고 해서 선입관을 가지고 학생에게 선을 그어서는 절대로 안 됩니다. 아무리 마음 상하는 일이 있어도 우리가 지켜 나가야 할 것은 한 영혼에 깃든 무한한 잠재성과 가능성을 바라보면서 그들 앞에 겸허한 마음으로 인내하면서 조력자로, 안내자로서의 역할을 다해 나가는 것입니다. 곧 진정으로 학생을 사랑하는 것이 최선의 길이 됩니다.

몇 년 전, 샛별중학교에서 근무할 때 가르친 우주아 졸업생(1990년 2월 졸업)이 귀국 독주회를 갖는다는 포스터가 거창고등학교 게시판에도 나붙었습니다. 반갑기도 하고, 성원하는 마음으로 아내와 함께 가서 듣기로 했습니다. 저는 이런저런 이유로 정시에 시작하지 않는 행사는 출발부터 삐걱거린다는 선입관을 가지고 있었는데 예고된 것처럼 저녁 7시 30분 정각에 시작되었습니다. 연주가 진행되면서 '와! 이렇게 많이 변했구나' 하는 생각이 독주회 내내 저의 마음속을 떠나지 않았습니다. 졸업을 한 지 12년, 길다고 생각하면 길지만 그렇게 오래되지 않았는데, 한 음악가의 모습으로 저의 앞에 자리하고 있었습니다. 학교 다닐 때는 키가 자그마해서 늘 앞자리에 앉아 있는 조용한 학생으로 크게 드러나지 않았습니다. 신앙의 가정에서 자라서 피아노를 좀 친다는 생각은 가지고 있었으나, 귀국 독주회를 할 만큼 이렇게 성장했으리라고는 상상을 하지 못했습니다.

샛별중학교를 졸업하고 고모님이 계시는 미국으로 건너가서 음악 수업을 받았다고 합니다. Lower Moreland High School을 졸업하고, Manhattan School of Music 학부와 대학원 석사과정을 졸업했습니다. 그동안 Usla Ingolffon, Marc Silverman, Zenon Fishbein 교수로부터 사사를 받았고, 미국 내에서 여러 번에 걸친 입상 경력과 연주회를 가졌으며, 카네기 홀에서 독주회가 예정되어 있다고 했습니다. 특히 Zenon Fishbein 지도교수는 우주아를 소개하기를 "가장 섬세한 감각을 지닌 피아니스트로서 세심한 터치와 매력적인 감정 표현을 만들어낸다"라고 하였습니다. 허세나 기교가 없이 순수한 신앙을 가진 아름다운 마음에서 우러나오는 연주는 저에게 큰 감명을 주었습니다. 연주회가 끝나고 나서 반갑게 손을 잡으니 "선생님, 그동안 안녕하셨어요?" 하면서 인사를 했습니다. 저는 진심으로 더욱 좋은 피아니스트가 되기를 바라면서 그의 가족과 함께 기념사진도 찍었습니다.

집에 와서 저는 교직에 있다는 자체가 때로는 무서운 죄를 지을 수 있다는 생각을 했습니다. 교실에서 혹은 학교에서 1시간, 1년, 2년, 3년을 함께 생활하면서 한 학생의 생애 전체를 다 본 것처럼 이러니저러니 스스럼없이 단정을 짓고, 선을 그으면서 말해버립니다. 지금의 한 학생의 모습은 10년, 30년 뒤의 모습과는 분명히 다릅니다. 지금의 행동이 내 마음에 차지 않는다고 해서 내일의 그를 속단하면서 선을 그으면 그에게는 평생 지울 수 없는 상처로 남게 됩니다. 다만 우리가 해야 할 일은 한 학생을 세심한 관심과 정성으로 무한한 가능성을 지닌 '한 사람'으로 바라보면서 그만이 지닌 소질을 찾아서 바르게 성장해 나갈 수 있도록 최선을 다해 돕는 일입니다.

　지금 우리 앞에서 생활하고 있는 학생의 모습 속에서, 내일 우뚝 서 있을 그의 모습을 그리면서 오늘을 아름답게 사는 것입니다.

　어제 사랑하는 제자의 피아노 독주회는 잠자는 나를 일깨워 주었습니다. "지금 보는 학생의 모습으로, 평생을 절대로 단언(斷言)하지 말아라."

1999년 6월 21일

아림신문사 주최 중·고교 농구대회가 6월 19-20일에 있었다. 학생들이 농구를 좋아해서 매년 출전하였다. 올해로 6번을 출전하였지만 여태껏 한 게임도 이겨 본 일이 없다. 한 학급인 우리 학교가 읍내 4-5학급인 다른 학교를 당해내기가 어렵다. 상대편 학교들은 실내 체육관이 있어서 당일 시합하는 장소에서의 감각이 우리보다 훨씬 뛰어나다. 우리는 운동장에서 연습을 하기 때문에 실제 상황과는 다르다. 그런데다가 읍내의 학교는 2,3학년을 별도로 단일팀으로 만들어서 경기를 하지만, 면 지구에 있는 학교는 학급당 인원수가 적어서 2-3학년을 혼합팀으로 만들어서 읍내 2학년 팀과 시합을 하기로 되어 있다. 결국 이래저래 우리 학교만 어렵게 되었다. 남학생과 여학생이 각각 한 학급씩인 우리 학교는 2학년 팀과

3학년 팀으로 나누어서 단일팀으로 출전해야 한다.

　올해는 학생들의 사기도 있고 해서 한 경기만이라도 이겨 봤으면 하는 마음으로 응원을 하러 갔다. 첫 경기가 12시 45분에 시작된 웅양중학교 2, 3학년 혼합팀과 우리 학교 2학년과의 시합이었다. 온 힘을 다했지만 이길 수가 없었다. 중학생들의 신체적 조건은 1년이 굉장한 차이가 나타나는데, 기량은 있어도 체력에서 역부족이었다. 나는 풀이 죽어 나오는 선수들에게 저쪽에는 2학년이 1명이고 모두 3학년 선수들이라고 하니 내년에 이기면 된다고 위로를 하였다.

　다음으로 오후 3시 40분에 3학년 경기가 대성중학교와 시작되었다. 신체적 조건이 비슷한 학생도 있었지만, 4학급에서 선발되어 나온 상대 선수들에 비하여 왠지 우리가 왜소해 보였다. 운동을 좋아하는 내가 피부로 느끼는 직감이었다. 사실 그대로 맞았다. 항상 우리가 선제골로 시작하여 시간이 가면 힘이 부치는 상황으로 전개되어 나갔다. 전반전에도 뒤져 있다가, 후반 7분을 남겨두고는 9대 19로 차이가 벌어지고 있었다. "올해도 한 게임도 이기지 못하나 보다" 하는 자조섞인 소리가 입에서 나왔다. 상대팀도 자기들이 이길 것을 직감했는지 주전으로 뛰던 선수들을 다 빼고, 후보 선수들로 교체해서 뛰는 여유를 부렸다.

　그런데 여기에 걸맞게 우리 쪽에서 가속도가 붙었다. 먼 곳에서 패스를 해 온 공을 득점으로 성공시켰다. 이어서 주전으로 뛰던 선수 중에 한 학생이 힘에 부쳐서 빠지고, 벤치에서 기다리고 있던 변갑식이 들어갔다. 들어가자마자 패스를 받아서 먼 거리에서 공을 던져서 3점짜리 슛을 성공시켰다. 패색이 짙어서 그냥 지켜만 보고 있던 우리 응원단도 열광하기 시작했다. 꺼져 가던 불씨가 되살아나는 것이 내 눈에도 희망으로 보이기 시작했다.

그런 분위기를 느낀 상대팀도 선수를 다시 주전으로 교체해서 들어갔는데 시간이 얼마 남지 않아 당황한 나머지 팀워크가 잘되지 않았다. 그런 사이에 우리는 2점, 2점을 추가하여 드디어 18대 19로 추격하였다. 30초를 남겨두고 우리가 한 골을 더 넣어서 20대 19로 역전시켰다. 심판의 호각소리가 났다. 너무 열중한 나머지 끝난 소리도 듣지 못하고 상대팀이 계속 달려가 한 골을 넣었지만 허사였다. 정말 감동적이었다. 우리는 그렇게 해서 처음으로 한 경기를 이겼다. 너무 좋아서 눈물을 흘리는 학생들도 있었다.

다음날은 3학년 남학생의 결승전이 열리고 처음으로 여학생 농구대회에 출전하는 날이다. 갑작스럽게 둘째 매제가 출혈이 심하여 구급차로 대구 경북대학교 병원으로 이송하는데 같이 가는 바람에 응원을 하지 못하고 그날의 상황만 들었다. 여학생 농구는 이웃 혜성여중과 우리 두 팀만이 나와서 우승을 가리게 되었다. 처음으로 농구공을 만져 보는 아이들을 임채선 체육 선생님이 "우리 한번 해보자" 하면서 정규 수업을 마치고 열심히 지도하였다. 소문을 들으니 혜성여중의 1학년 여학생 한 명은 제주도에서 전학을 왔는데 전부터 농구를 잘한다고 들었다. 그리고 매년 우승을 해온 학교이다. 그런데 예상을 뒤엎고 우리가 이겼다고 한다. 작전을 잘 세운 데다가 우리가 고르게 잘해서 우승을 하였다고 한다. 3학년 남학생은 거창중학교와 근소한 차이로 져서 준우승을 하였다고 한다.

그다음 월요일 날 3학년 사회 수업을 시작하기 전에 학생들에게 이런 이야기를 했다. "우리의 인생도 농구 시합과 유사한 점이 있다. 지금은 참 어려운 상황이라서 '안 되겠구나' 하는 생각이 들 때가 있는데, 사실은 그때가 바로 새로운 출발점이 될 수 있다는 것이다. 끝까지 최선을 다하면 길이 열리게 되어 있다. 결과가 나타나지 않아도 좋다. 열심히 하는 그 자체가 중요하기 때문이다. 무슨 일이나 내가 다른 사람보다 낫다고 하는 자만심에 빠져서는 안 된다. 그렇게 우쭐대는 순간이 패배로 들어가는 첫걸음이 된다. 농구에서 본 것처럼 경기가 끝날 때까지 온 힘을 다해야 한다. 어떻게 보면 운동이나 다른 모든 것에 있어서도 상대팀과 경기를 하지만 사실은 나 자신과 그리고 우리 팀과 경기를 한다고도 할 수 있다."

교실 안의 수업 이상으로 사회 현장에서 학생들이 운동경기나 다른 활동들을 통해서 스스로 배울 수 있는 기회가 많다. 교사들이 학생들이 활동하는 곳을 찾아가서 함께하는 것은 학생들에게 수업 이상으로 격려와 힘이 되고, 그들이 잘하는 것과 부족한 것을 잘 알 수 있는 계기가 된다. 정규 일과가 끝난 토요일 오후에 학생들과 함께 앉아서 손뼉을 치면서 응원을 하는 최희자 선생님과 원어민 영어교사인 에미 선생님의 모습이 참 좋아 보인다. 직접 농구를 지도한 임채선 선생님, 운동선수와 응원을 한 학생들, 그 열기 속에서 또 다른 세계를 본다. 수업을 다 마치고, 6월의 땡볕 농구장에서 2,3학년 여학생들을 가르치고, 그들이 잘 배워서 이루어낸 결과이다. 그보다 더 큰 자신감과 학생들을 하나로 묶는 열기를 불어넣었다. 학생들이 활동하는 현장 속에는 언제나 그들만이 가지는 뜨거운 숨결이 있다.

2010년 12월 8일

(고제중학교 학부모 연수)

　자녀들은 부모의 사랑으로 성장합니다. 자녀들은 이 세상의 유일한 혈육으로, 부부의 사랑으로 태어난 자신의 분신입니다. 평생 동안 가슴에 품고, 울고 웃으면서 함께 살아가야 할 고귀한 아들과 딸입니다. 자녀들 또한 세상이 끝날 때까지 곁에 있으면서 진정으로 위해 줄 사람은 부모 이외에 그 어느 누구도 없습니다. 농부들의 숨결에 따라서 작물이 자라나듯, 자녀들은 부모님의 사랑과 격려로 성장해 나갑니다. 자녀교육의 절대적인 영향은 부모(90% 이상)로부터 받는다고 해도 과언이 아닙니다. 부모님의 정성어린 돌봄과 기도가 있는 한 자녀는 이탈하지 않습니다.

　21세기에 필요한 사람은 어떤 사람일까요? 지금 우리가 살고 있는 이 시대는 과학과 기술의 발달로 지역과 지역, 국가와 국가 간의 벽이 점점 허물어지고 있습니다. 놀라운 교통과 통신의 발달로 세계가 1일 생활권으로 하나의 네트워크로 연결되면서 시시각각으로 그 영향을 민감하게 주고받습니다. 사회는 더 투명해지고, 정상적인 시스템을 갖추어가면서 합리화되고 있습니다. 그래서 예전처럼 아무런 노력이나 정성을 들여서 실력을 쌓지 않고, 하루아침에 큰 요행이 일어나거나 뜬구름을 잡듯 황당무계한 일은 점차 없어지고 있습니다.

이 시대에 필요한 사람은 급변하는 정보화시대에 적응해 나가기 위해서 다른 사람의 좋은 방법을 융합하면서 자신 만의 독특한 영역(버전)을 갖추어 거친 파도를 헤쳐 나가면서 변화하고 발전해 나가는 용기 있는 사람입니다. 뿐만 아니라 고도화된 전문 분야에서 실력과 자격을 갖춘 사람으로, 배구와 농구, 축구경기에서 선수들이 거침없이 공수로 전환하면서 종횡무진 코트를 누비듯이, 다중 기능(all-round play)을 요구하고 있습니다. 그 무엇보다도 도덕적으로 깨끗하고, 신뢰를 받을 수 있는 정직한 사람으로 언제나 푸른 꿈을 가지고 패기 넘치게 일할 사람을 찾고 있습니다.

나날이 시대가 변해 가면서 우리 자녀의 행복의 기준과 가치관도 이전과는 많이 달라지고 있습니다. 자신의 소질과 재능을 최대한 발휘하면서 자기가 좋아하는 일을 즐기면서 하려고 합니다. 지능은 유전자 요인이 80%이고, 20%는 습관, 외부요인(환경)에 의해서 형성된다고 하는데, 사람들은 자기가 가지고 있는 재능을 5%도 다 쓰지 못하고 세상을 떠난다고 합니다. 20세기에 가장 위대한 과학자인 아인슈타인 박사는 "나는 재능도 없고, 똑똑한 사람도 아니다. 만약에 천재가 있다고 한다면, 그는 1%의 영감과 99%의 땀(노력)의 결과일 뿐이다. 나는 단지 열정적인 호기심을 가지고 문제를 더 오래 연구할 뿐이다"라고 했습니다. 그가 노년에 세상을 떠나면서 제자에게 고백하기를, "내가 알고 있었던 지식은 해변가의 무수한 모래알에 불과하다"라고 했습니다. 그가 평생 동안 얼마나 겸허한 자세로, 자기가 하는 일에 온 힘을 다해서 연구에 집중했는지를 알 수 있습니다.

사람은 누구나 자기만이 가지고 있는 특장(特長)과 놀라운 강점(strength)을 가지고 있습니다. 부모가 해야 할 일 중에 가장 큰 것은 우리 자녀들이 무엇에 관심을 가지고 집중하는지, 무엇에 재미를 느끼고 좋아하는지 찾아내면서 그 일을 잘해 나가도록 조언하고, 길을 열어 주도록 노력해야 합니다. 행복의 열쇠는 부모가 쥐고 있는 것이 아니라, 자신의 삶을 선택하면서 행복하게 살아갈 주체인 바로 자녀들이 가지고 있습니다. 부모가 바라는 틀을 만들어놓고, 거기에 맞추어서 데리고 간다면 나중에 후회하는 일이 발생할 것입니다. 부모가 자식이 될 수 없고, 그들의 길로 끝까지 갈 수도 없습니다. 자기를 편안한 마음으로 내려놓고, 사랑하는 마음으로 지켜보면서 자녀 스스로가 좋아하는 일을 집중력과 열정을 가지고 제대로 해 나갈 수 있도록 성원하면서 길을 열어 주어야 합니다. 이루어가는 과정을 중요하게 여기면서 결코 결과에 집착하지 마십시오. 인간의 내적인 힘(내부통제이론)을 길러서 실패하거나 넘어져도 외부의 간섭이나 도움 없이 일어서서 꿋꿋하게 앞만 보고 나가면서 정신적인 건강함을 지니도록 부모가 모범을 보여주어야 합니다.

제가 지금까지 교육현장에서 있으면서 학생들에게 절실하게 필요하다고 느낀 것은 자기 자신과 가족만을 위한 출세지향적인 사람이 아니라, 아름다운 세상을 위한 목표지향적인 삶, 보다 차원 높은 이상과 꿈을 품고 사는 것입니다. 이러한 사람은 자기 생활에 집중력을 가지고 역동적으로 개척해 나가게 됩니다. 실끈으로 연결된 연이 바람을 받아서 하늘을 향해 높이 날듯이, 이 세상에서 단 한 번밖에 살 수 없는 삶을 다른 사람을 위한 '가치 있는 삶, 고결한 삶'으로 승화, 발전시켜 나갈 때 자신뿐만 아니라 다른 사람을 행복하게 하는 것입니다.

중학생들은 청소년 초기로 인생의 주춧돌을 놓고 첫 단추를 채우는 시기입니다. 우리 몸의 허리 부분에 해당되는 400m 트랙의 커브 길입니다. 몸과 마음의 변화가 가장 큰 시기이기도 합니다. 신장과 체중이 증가하고, 제2차 성징이 나타나면서 신체적으로 급격하게 성장합니다. 정신적으로는 많은 갈등을 겪는 혼란의 시기로 이런 과정을 거쳐 가면서 사람의 됨됨이와 인격이 갖추어지기 시작합니다. 학업에 재미가 붙는 시기로 학문의 기초가 이루어지면서, 무엇에 관심이 있고 소질이 있는지 드러나게 됩니다. 학문의 길, 예체능, 기술·기능 방향 등의 기틀이 마련되기 시작합니다.

이런 중요한 시기에 부모가 모범을 보여야 자녀가 변합니다. 언제나 긍정적으로 희망을 잃지 않고 성실하게 노력하는 모습은 자녀들에게 무한한 가능성과 용기를 가지고 생활하게 합니다. 소박하고 검소하게 살아가면서 낭비 요소를 줄여 나가면 자녀들 또한 허투루 돈을 쓰지 않습니다. 장래를 계획하고 준비하면서 저축해 나가는 모습 속에서 아이들은 희망을 품고 안정적인 마음을 가지고 내일을 향해서 나아가게 됩니다.

부모가 몸과 마음이 건강해야 자녀도 건강합니다. 오랜 질병과 우환은 심리적으로 영향을 받아서 침울한 아이들로 자라게 되면서 매사에 활기가 없어집니다. 가정에 어려운 상황이 발생하면 자녀들에게 솔직하게 말해서 이해를 구하는 것이 좋습니다.

무절제한 부모의 생활은 아이들에게 곧바로 영향을 주게 됩니다. 자제력을 잃게 되면서 걷잡을 수 없는 돌발 행동들이 나타납니다. 부모님의 말과 행동이 다르면 자녀들에게 신뢰를 잃습니다. 이러한 일들은 평생 동안 잠재의식 속에 남아 있어서 자기 홀로 고민하면서 해결하려고 하기 때문에 어려운 문제들이 많이 발생하게 됩니다. 평생 학도로 책을 읽으면서 공부하는 부모님의 모습은 가장 좋은 자녀교육입니다. 어느 누구나 손에서 책을 놓을수록 삶의 내용이 빈약해지고, 성취도가 낮아지게 마련입니다.

자녀의 교육에는 지혜가 필요합니다. 아는 만큼 자녀가 보이게 됩니다. 우리와 오랫동안 곁에 있는 것 같아도 사실은 자녀와 함께하는 시간이 그렇게 길지 않습니다. 함께하는 동안 사랑의 눈길을 놓지 않아야 합니다. 진학에 대한 정보를 자녀와 함께 공유하고 필요한 사항을 구체적으로 준비해야 합니다.

* 고등학교 입학 내신 반영률, 대학교별 입시 전형의 다변화
* 자녀의 진로지도와 적성 파악(연구기관, 선생님과의 면담, 인터넷 자료 활용, 예: http://www.careernet.re.kr, http://www.work.go.kr)

자녀의 현재 상태를 냉철하고 바르게 파악하고, 지나간 어제보다는 무한한 가능성이 열려 있는 오늘, 지금을 출발점으로 잡으면서 학생의 생활 변화에 민감하고 신중하게 대처해 나가야 합니다.

* 인터넷 중독: 자기 통제 불능으로 인터넷 게임을 하지 않으면 강박관념을 느낍니다.
* 돈을 쓴 것의 흐름을 직시합니다(음주, 흡연, 게임 등).
* 우정은 중요한 활력소가 되지만 이성에게 지나치게 빠지는 것은 학업에 초점을 흐리게 하는 요인이 됩니다.
* 학원과 독서실은 학교생활의 보조 기능이지 능사는 아닙니다.

주변에 학생을 유혹하는 많은 시설들이 있고, 또 다른 어려운 문제들이 나타날 수 있습니다. 결코 방치하지 말고, 학습 내용을 확인하고, 담당 선생님과 면담을 가져야 합니다.

부모가 자녀에게 해야 할 일과 해서는 안 되는 일을 분명하게 제시하는 것이 인생을 살아가는 데 얼마나 큰 도움이 되는지 모릅니다.
자녀들로 하여금 행복하게 자기 삶을 살아가게 하려면, 밝은 낮이 있어야 하듯이 어두운 밤 또한 필요함을 인식시켜야 합니다. 어려운 일들을 한 가지씩 잘 극복해 나가도록 격려하고, 성원해야 합니다. 쓰라린 아픔을 경험하지 못하고 자란 아이들은 다른 사람의 마음을 헤아리지 못하고, 자기중심적인 사람으로 성장하게 됩니다. 자녀의 부족한 점, 감추고 싶은 점, 좌절감까지도 포용하면서 삶의 깊이를 더해 가도록 안내해야 합니다. 태풍이 불어와도 대나무는 그 마디가 쓰러지지 않도록 버텨주듯이, 거친 비바람에도 자생력을 가지고 들꽃이 자라나듯이, 그 어떤 변화에도 꿋꿋하게 성장해 나갈 수 있도록 도와주어야 합니다.
아무리 사회가 급변하고 뒤틀리는 경우가 있더라도 악이 선을 이길 수는 없습니다. 언제나 선한 마음을 가지고 진실되게 살아가도록 근원적인 마음의 밭을 깊게 일구어 나가도록 노력해야 합니다. 이렇게 살려고 노력하는 사람은 좋은 결과를 이루기 위해서 그 과정 또한 중요함을 깨닫고 정정당당하게 생활해 나가는 삶의 자세를 갖추게 됩니다.

우리 삶의 지향점은 평화와 화합으로 다 함께 행복한 삶을 살아가는 데 있습니다. 서로 의지하고 돕고 협동할 줄 모르면 모두가 함께 자멸하게 되는 시대에 살고 있습니다. 진정으로 행복한 삶은 사랑으로 서로 나누면서 사는 데 있음을 명심해야 할 것입니다.

학부모님께서 학생들에게 해서는 안 되는 일은 다른 학생과 비교하면서 열등의식을 갖게 하는 것입니다. 근원적으로 사람은 모두가 다를 뿐이지 순위는 아무런 의미가 없습니다. 비교하면서 한 단면(삶의 출발점:20%)을 보면서 단정지어서 전체의 삶을 구기게 해서는 안 되는 것입니다. 인생은 90 평생의 마라톤입니다. 전 생애를 통해 한 가지씩 점진적으로 이루어가게 해야 합니다.

윌리엄 그라써 씨는 "잔소리와 비판은 벌하는 것보다 더 큰 상처를 준다"라고 말했습니다. 실수와 상관없이 지지와 격려를 받은 소년은 다른 사람에게 감동을 전하게 됩니다. 질책보다는 등을 두드려 주고, 안아 주고, 손을 잡아 주기 등의 따뜻한 격려가 낫습니다. 충고할 일이 있으면 제때에 납득할 수 있도록 짧고, 분명하고, 부드럽게 해야 합니다.

한 사람의 독립된 인격체로 자신의 삶을 살아가게 해야지 나의 길, 나의 틀을 강요해서는 안 됩니다. 부부간의 갈등과 불화는 자녀에게 오래도록 깊은 상처로 남습니다. 서로 다른 점을 어떻게 극복하고 있는지를 잘 보여주어야 하고, 잘못을 사과하고, 용서하는 모습은 백 마디 말보다 자녀들에게 좋은 부모의 모습을 닮게 합니다.

부모님이 언제나 긍정적이고 희망적이 되시기 바랍니다. 이 시대는 삶의 질이 문제이지 굶어 죽을 만큼 어려운 세대는 아닙니다. 눈에 넣어도 아프지 않을 만큼 귀한 우리의 아들과 딸들이 최대한 자기가 하고 싶은 일을 할 수 있도록 든든한 지원자가 되면 좋겠습니다. 부부관계에서도 의사소통이 중요하듯이, 부모가 자녀가 좋은 관계를 유지하기 위해서는 진솔한 대화가 필요합니다. 자녀와 함께하는 아름다운 동행은 그 시간을 많이 가질수록 좋습니다. 여행이나 체험 활동, 등산 등은 새로운 경험을 많이 가지게 하여 눈을 뜨게 할 뿐만 아니라 자녀들과 자연스럽게 소통할 수 있는 장이 됩니다.

2011년 10월 20일

    나이가 들어가면서 맞이하는 계절의 변화는 더없이 소중하고 신비스럽기까지 합니다.
    지난 주에 거창에 있는 친구들과 단양에 있는 제비봉(721m)을 다녀왔습니다. 가을로 젖어드는 산은 참 아름다웠습니다. '언제 이곳에 다시 오겠는가?' 하는 생각이 들어서 오랫동안 마음에 담아두고 싶었습니다. 나의 존재 자체에 대한 감사의 마음과 삶의 의미를 되새겨보면서 머리카락 한 가닥도 희거나 검게 할 수 없다는 자신의 한계 상황을 겸허하게 받아들입니다. 지금이 내 생애의 전부이기에 지나온 과거에 매여서 허무감에 빠져 있거나, 오지도 않은 내일을 걱정하거나 환상에 젖어 있을 수도 없습니다. 세월은 내가 어떤 생각을 가지고, 어떻게 살아가는 것과는 상관없이 빠르게 지나가고 있습니다. 내가 주체적인 삶을 살아가면서 온 정성을 다해야 하는 것이지 그 누구를 탓하거나 원망할 수도 없습니다.

　21세기의 첨단화된 과학문명은 사람들을 더 편리하고 풍족하게 살아가게 합니다. 그러나 부의 편중은 더욱 심화되어 가고 갈수록 대립과 분쟁이 곳곳에서 끊임없이 일어나고 있습니다. 사람들의 마음속은 탐욕과 이기심으로 가득 차서 다른 사람들이 눈에 들어오지 않습니다.

　2년 전에 라오스를 간 적이 있었는데, 우리보다는 훨씬 어려운 여건 속에서 가난하게 살아가고 있었지만 그들의 모습은 우리보다 더 순박하고 평화스럽게 자기 생활에 만족하면서 살아간다는 생각이 들면서, 행복지수는 경제적인 풍요가 절대적인 기준이 될 수 없다는 사실을 생생하게 느꼈습니다.

　제가 지금까지 살아오면서 거창고등학교에서 전영창 교장선생님을 만난 것은 큰 행운이었습니다. 그분을 잊지 못하는 것은 기독교 신앙에 기초한 일관된 삶으로 늘 우리와 애환을 함께하셨기 때문입니다. 먼지 나는 운동장에서 학생들과 어울려서 씨름도 하셨고, 농장 개간을 하면서 몸소 지게를 지고 흙을 날랐으며, 톱밥 난로 옆에서 새우잠을 자면서도 우리의 새벽을 깨워서 한 자라도 더 가르치기 위해서 헌신하셨습니다. 학교를 바로 세우기 위해서 동분서주하면서 끝내는 자신의 몸도 추스르지 못하고 산화하셨습니다. "너희들은 세상의 빛이고 소금이다. 할 일 많은 이 땅의 보배들아! 큰 꿈을 가져라! 정의가 반드시 이긴다"라고 하신 말씀들은 누구나 할 수 있는 말인데도, 사람에 대한 사랑과 정성에 가득 찬 그분에게서 뿜어져 나온 말씀이기에 생명력이 있어서 우리의 마음을 뜨겁게 하여 용기와 희망을 가지고 힘차게 나아가게 했고 오늘의 삶을 살게 하였습니다.

이제는 우리가 만년 청년학도로 언제나 푸른 꿈을 꾸면서 '진정한 사랑의 삶'을 살아가야 할 때입니다. 삶의 현장에서 우리가 하는 일을 통해서 서로의 갈라진 틈을 메우고, 허물어진 성벽을 다시 쌓아서 화합과 평화의 장을 이루어가야 합니다. 눈물과 한숨을 기쁨으로 되돌려서 생기를 더해야 합니다.

그 모든 것의 출발점과 해결점은 다른 사람이 아니라 나에게 있습니다. 나 자신이 한 분야의 전문인으로 똑바로 서 있지 않으면 아무것도 할 수 없습니다.

내면의 깊은 성찰과 고뇌, '내가 지금 무엇을 하고 있지?', '어디로 가고 있는가?'에 대한 방향성을 끊임없이 점검하면서 나의 길을 뚜벅뚜벅 걸어가는 의지와 노력이 필요합니다.

진리와 정의 앞에서는 어린아이처럼 순수하고 겸허한 자세로 "예" 할 것은 "예" 하고, "아니오" 할 것은 "아니오" 하면 되는 것이지 다른 수식어는 필요없습니다.

암 판정을 받고 수술실로 들어가는 절박한 심정으로 살아가면서 오늘 내가 생을 마감할 수도 있다는 마음으로 자신을 비워내면서 자연스러움에 맡기는 지혜가 필요합니다.

사람은 완벽할 수도, 완전할 수도 없습니다. 한없이 부족한 존재로 다른 사람들과 도움을 주고받으면서 더불어 살아갈 수밖에 없습니다. 내가 홀로 서 있다고 생각하는 그 순간이 무너져내리는 순간이 됩니다. 내가 어떤 결과를 기대하면서 무엇을 하겠다고 과욕을 부리거나 분에 차서 설치게 되면 자기 모순에 빠져서 쉽게 좌절하고 손을 놓게 됩니다.

　내가 아무리 좋은 말과 선한 행동을 한다고 해도 상대방을 근원적으로 변화시킬 수 없습니다. 하나님은 사람들 누구에게나 똑같이 해가 떠오르게 하시고, 똑같이 비를 내리게 하십니다. 우리의 생이 다하도록 놓지 말아야 할 것은 하나님의 형상대로 지음을 받은 사람에 대한 신뢰와 존경심입니다. 다른 사람이 악의를 품고 나에게 해를 끼칠지라도 오직 선의와 사랑의 마음을 견지해야 합니다. 오 리를 가자고 할 때 십 리를 같이 가면서 순수한 마음으로 그를 품고 가는 사람만이 모든 문제를 해결할 수 있는 실마리를 찾게 됩니다. 이것이 어찌 쉬운 일이겠습니까? 우리 사람의 힘만으로는 도저히 불가능합니다. 그분의 도움으로, 은총으로만 가능합니다. 우리는 이런 사람을 '못난 사람', '나약한 사람'이라고 무시해 버리지만 사실은 그렇지 않습니다. 정말로 심지가 깊고 용기 있는 사람만이 십 리를 함께 갈 수 있습니다. 이다음에 우리에게 남는 유일한 것이 있다면 '사람에 대한 사랑'밖에 없습니다.

　저는 각자의 자리에서 최고의 삶을 살아가고 있는 '거고인'을 생각하면 가슴이 뜁니다. 우리 13회 동기생들도 10월 6-7일에 변산반도에서 23명이 만났습니다. 지난 이야기도 하고 합창도 했습니다. 해변가의 '마실길'도 함께 걸었습니다. 졸업한 지 50주년이 되는 칠순 잔치도 그려 보면서 그냥 좋아했습니다.

　동문 여러분! 우리가 하는 일로 삶의 의미를 찾으면서, 우리가 존재함으로 인해 세상이 보다 맑고, 밝아지기를 꿈꾸면서 사람들이 함께 사는 따뜻함이 이어지기를 소망해 봅니다. 건강하시고 사랑과 평화로 언제나 행복하시기 바랍니다.

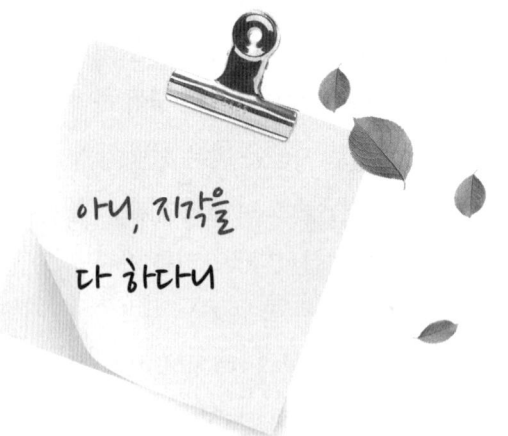

아니, 지각을 다 하다니

2005년 6월 12일

나는 학생들과 함께 모이는 시간은 어느 때든지 늦게 가 본 적이 없었다. 내 자존심이 허락되지 않는다. 내가 먼저 가서 필요한 것을 챙기고 준비한 것을 점검해야 직성이 풀리는 성격이다. 오늘은 그 고정관념이 무너졌다. 부끄러운 일인지, 아니면 그 강박관념에서 벗어나는 자유로움을 얻었는지 모른다.

샛별중학교 중등부 예배에 나오는 학생들을 중심으로 대구에 있는 우방랜드에 가기로 약속을 하고 체육공원 앞에서 8시에 모여서 출발하기로 되어 있었다. 중등부 담당교사 3명과 교감과 함께 가기로 약속하였다. 내가 8시가 되어도 도착하지 않으니 전 선생님으로부터 휴대폰으로 연락이 왔다. "교장선생님, 어떻게 된 것입니까?" "지금 바로 앞인데 차를 대고 있어. 곧 갈 거야." 헐레벌떡 도착하니 2분이 지났다. 차에 오르니 32명의 학생들과 선생님들이 내가 오기만을 기다리고 있었다. 앞에 서서 "얘들아! 늦어서 미안하다"라고 사과를 하고 나서 빈자리에 털썩 주저앉았다.

  차를 타고 가면서 이런저런 회상들이 머리를 스쳐 지나간다.

  어제 오후에는 예취기로 밭에 잡초를 베고 나서 피곤한지 몸을 뒤척이면서 잠을 설쳤다. 그런데다가 평소 같으면 일요일 아침에는 다소 여유가 있는데, 좀 일찍 가야 한다는 긴장감이 들었는지 새벽 4시 반에 일어났다가 누웠다가 하다가 6시 반에 깨었다.

  매일 성경을 읽어가는 순서대로 시편 8편을 읽고, 기도, 맨손체조 10분 가량, 그리고 풀무원 생식 한 포에 과일 몇 쪽을 먹고 나니 7시 20분이다. 양치질을 하고 간단히 세수를 하고 가면 충분했는데, 조금 서두르면 되겠구나 하는 생각으로 평소에 하던 습관의 벽을 깨지 못했다.

  나는 매일 면도를 하고 머리를 감아야 한다. 하루라도 면도를 하지 않으면 얼굴의 수염이 자라서 꺼칠꺼칠하고, 머리를 하루라도 감지 않으면 개기름이 흘러서 가뜩이나 머리숱이 적은데 착 가라앉는다. 여기에 반 곱슬머리에 비듬도 가세된다.

  다른 사람은 이런 사실을 알아도 모르는 체 넘어갈 것이고, 나의 머리에 관해서 관심 자체도 없을 것인데, 간혹 집에 오는 내 여동생들은 머리를 하루 감지 않고 지난 나를 귀신같이 잘 알아본다. "오빠, 오늘은 좀 바빴어요? 머리에 기름이 쩔었는데요." "어, 그래."

  또한 머리숱이 많이 붙어 있는 것도 아닌데, 가늘고 부드러워서 바람이 조금만 불어도 머리가 헝클어져서 난리굿이다. 그래서 한

때는 하도 신경질이 나서 머리를 빡빡 깎아버릴까 생각도 해보았으나, 그것도 어른 체면에 할 수 없는 노릇이었다.

요즘에는 마음을 고쳐먹고 매일 면도를 하고 발모 촉진과 비듬 제거를 겸한 모발샴푸를 구입해서 아침에 머리를 감고 나온다. 이것이 귀찮기는 하지만 하루를 시작하는 일과처럼 되었다.

붙어 있는 머리카락에 애착을 가져서 잘 보전할 양으로 이발소에 가서도 주인이 박박 문질러서 머리를 감겨줄까 봐 내가 직접 아주 조심스럽게 감는다. 이상하게 요사이는 머리털이 어지간하게 빠지면 내 생도 마감된다는 생각이 들어서 한 개라도 더 오래 붙어 있게 하기 위해서 용을 쓰고 있는지도 모른다.

대학 때 아주 친했던 친구의 딸이 서울에서 얼마 전에 결혼을 했는데, 참석한 친구들이 "야! 너 왜 그렇게 늙어 보이냐? 머리 염색을 하면 훨씬 젊어 보인다" 하고 이구동성으로 말했다. 사실 거울을 보면, 이마에도 눈 옆에도 주름이 너무 많다. 머리도 검은머리는 가물에 콩 나듯 있고 그나마도 흰머리로 덮여 있다. 내가 나이에 비해서 겉늙었는지 모른다. 하기야 내일 모레 환갑이 되어 가니 괜찮다고 스스로 위로를 한다.

그런데 염색 소동이 벌어졌다. 장녀를 올 1월에 결혼을 시키기 1주일 전이었다. 온 가족이 합세해서 머리 염색을 하라고 강권을 했다. 머리가 온통 희면 사진발이 안 받는다는 것이었다. 하도 고집을 피우니까 사흘 전에는 집사람이 흰머리가 많은 양 귀 옆에만 염색을 하자고 타협을 해서 못 이기는 척하고 염색약을 바르는 아내에게 머리를 맡겼다.

그런데 좀 기다렸다가 머리를 감아야 하는 모양인데, 5분 정도 기다렸다가 머리를 감으니까 제대로 염색이 되지 않은 모양이다. 결혼식 날 거울을 들여다보니, 약간 붉은 빛을 띠어서 더 이상하게 보였다. 그 후로는 흰머리 그대로다. 늙어 보인다는 말에 나도 2학기가 시작될 때는 검정으로 염색을 해보려는 참이다.

어쨌든 머리를 감고, 부랴부랴 밖으로 나오니 15분 전이었다. 이날따라 오거리의 신호 대기 시간이 왜 그렇게 길게 느껴지는지……. 신호를 위반할 수도 없어서 기다렸다가 도착한 시간이다.
이렇게 늦게 도착하니 하루 자체의 생활 리듬이 깨어진다. 어색하고 쫓기는 느낌이다.
그러나 대구에 도착하고 나서부터는 정상적으로 돌아섰다. 학생들과 함께 나무 밑에서 도착예배를 드리고, 1시에 모여서 점심을 먹고, 다시 4시에 모여서 돌아올 것을 담당선생님이 학생들에게 전달한다. 학생들은 생기 띤 얼굴로 놀이기구를 타러 달려간다. 나도 그들 틈에 끼여 물 보트도 타고, 수족관에도 갔다. 휴일이라서 그런지 젊은 부부들이 자녀들을 데리고 많이 왔다. 연인끼리도 많이 오고 우리처럼 단체로 온 사람들도 많다. 이렇게 해서 하루가 갔다.
미리 준비해서 학생들보다 먼저 가는 것을 지키는 것이 좋겠지만, 늦게 오는 사람들은 다 사연이 있음을 이해하면서 이것을 나의 결벽증으로 삼는 일은 없어야겠다.
그러나 늦는 사람이 계속 늦게 오는 이 최면에는 걸리지 않았으면 좋겠다.

2016년 5월 23일

    거창고등학교에서 1982년도 1학년 때 담임을 했던 판＊＊로부터 어제 전화가 왔다. 해를 두고 몇 차례 전화가 오지만 올해도 반가웠다. 대전 특허청에서 근무를 하고 있다. "선생님, 건강히 잘 계십니까? 저도 정년이 얼마 남지 않았습니다. 저는 3남매를 두었는데, 두 딸은 미국에서 공부를 하고 있고, 아들은 국내에서 생활하고 있습니다. 거창에 가면 꼭 찾아뵙겠습니다." 나는 이야기를 들으면서 학교 다닐 때의 모습이 주마등처럼 지나갔다. 외갓집은 죽전 동네에 있었지만, 4km 떨어진 남상에서 홀어머니 밑에서 두 자매와 함께 어렵게 생활을 하면서 학교를 다녔다. 한참 공부할 나이에 어머니의 고생하는 모습을 지켜보면서 학교생활을 하다 보니 마음의 갈등도 심했지만, 명석한 그는 대견스럽게 잘 견뎌냈다.

교육은 3-6년간을 교사와 학생이 만나서 거쳐 가는 일회성의 과정이 아니다. 교사는 한 학교에 오래 있으면, 반복적으로 해에 따라 학생들을 만나겠지만, 한 학생은 전 생애를 통해서 단 한 번 친구들을 만나고 교사도 만난다. 생활하는 동안에 쌓였던 추억들과 가슴에 남아 있던 기억들은 학교를 졸업하고 나서도 잊지 못하고 그때를 회상하면서 그리워한다.

나는 초등학교, 중학교, 고등학교를 거창에서, 대학은 진주에서, 대학원은 서울에서 졸업하면서 그때 함께 공부했던 사람들, 은사님들을 만나기도 하고, 지금도 교분을 쌓고 있다. 그중에서 가장 마음 편하게 얘기를 하면서 어려운 문제들도 허심탄회하게 대화를 나눌 수 있는 친구들은 거창고등학교를 함께 다닌 친구들이다. 내가 살아가는 데 가장 큰 영향을 받아서 지금도 나의 삶을 돌아보면서 되묻게 하는 가르침을 준 곳도, 길이 캄캄할 때 앞으로 나아갈 방향을 찾아 나가게 하는 곳도 거창고등학교이다.

'나는 내 삶의 깊이와 넓이를 더하면서 지금 제대로 된 삶을 살아가고 있는가?'

'내가 살고 있는 이 땅에서 사회적 책임감을 가지면서 어디로 가고 있는가?'

'나는 진정한 신앙인으로 사랑과 정의를 실현하기 위해서 몸부림치고 있는가?'

거창고등학교를 졸업한 지 30년(1966년 2월, 109명 졸업)이 되던 반백의 나이인 1996년 5월에 우리가 학교 다닐 때 은사님들을 모시고 모교를 방문하는 행사를 가지고, 가야산 백운계곡에 있는 가야호텔에서 1박을 하면서 그때를 회상하며 함께 즐거운 날을 보냈다.

평생 동안 스승의 가르침과 삶의 모습을 마음에 품고 '나도 저분처럼 살아가야지!' 하면서 살아간다면 이 사람은 참 행복한 사람이다. 내가 거창고등학교에서 전영창 교장선생님과 홍종만 교감선생님, 나성순 선생님과 그 외의 많은 선생님들을 만난 것은 큰 행운이었다. 전영창 교장선생님은 졸업을 한 학생들도 서울이든, 부산이든, 대구든 출장을 가거나 다른 일이 있으면 만나려고 노력했고, 도움이 필요한 학생들은 일회성이 아니라 지속적으로 관심을 가지고 해결해 주셨다. 전 교장선생님은 학생들의 이름뿐만 아니라 가정형편, 취향까지도 기억하면서 다가가셨다. 나는 대학에 다닐 때 신앙문제와 학교 다닐 때의 이상과 현실의 괴리 문제로 편지를 써서 말씀을 드리면 소상하게 답변을 해주셨고, 결혼 문제로 고민하는 나에게 "부부간에는 의사소통이 가장 중요한데, 이 선생은 신앙을 가진 사람이 좋겠어"라고 하셨다. 교장선생님은 아버지가 세상을 떠나서 멍한 상태로 있는 나에게 가장 먼저 찾아오셔서 위로와 함께 장례 절차를 말씀해 주셨다.

우리 거고 13회 동기생들은 사회로 나와서도 지역별로 만나고, 2년에 한 번씩은 전국 모임을 갖는데, 특별한 행사나 사안이 있으면 1년에 두세 번도 만난다. 우리 동기생들(남 90명, 여 19명)은 모이면 자연스럽게 파트로 조화를 이루어 합창을 한다. 여동기생들은 미리 부를 노래들을 프린트해 올 뿐만 아니라 오카리나, 하모니카, 통소 등을 준비해 오고, 신이 나면 국악에다가 춤까지 곁들인다.

그래서 내가 2014년 4월 전국 모임에서 이런 제안을 했다. "2016년은 우리의 대부분이 칠순이 되는 해로, 졸업한 지 50주년이 되는 해이기도 하고 전영창 교장선생님이 돌아가신 지 40주기가 되는 해인데, 우리가 모교를 방문해서 합창을 한번 하면 어떨까?" "한번 해 보자"는 의견도 있었지만, 특히 남자 동기생들 가운데 반대하는 사람이 더 많았다. "이 늙은 나이에 무슨 합창을 해!" "우리가 지금 특별히 하는 일도 없는데, 어떻게 빈손으로 모교를 방문해!" "전국에 흩어져 있는 우리가 어떻게 연습을 해? 창피를 당하면 어떻게 해?" 등이었다. 하지만 나는 "백발의 나이로 모교에서 우리를 되돌아보면서 다시 한 번 다짐하는 자리도 되고, 모교의 학생들에게는 훗날의 자기 모습을 그려볼 수 있는 계기도 되고, 우리의 스승이신 전영창 교장선생님의 추모예배에 참석하여 재조명해 보자"라고 하면서 나의 제안을 굽히지 않았다.

좋은 뜻, 선한 동기에서 나오면 길이 나는 법, 3번에 걸쳐서 협의한 끝에 합창을 하기로 결정(2015.10.21. 횡성푸른호수 펜션)하고, 이날 따라 아름다운 호수를 배경으로 이룬 합창은 참 좋았다. 합창 준비를 위한 집행위원으로 동기회 회장인 성기주, 여동기생 대표로 박종기가, 모교와 협의하면서 세부적인 준비를 하기 위해서 거창 대표인 백광석, 그리고 내가 지명되었다. 우리는 메시지로, 전화로 의견을 주고받으면서 안내장을 발송하여 함께 동참하기를 간곡하게 부탁하면서 합창할 친구들을 정하고, 지역별로 연습을 해서 전체로는 두 달 전인 3월 17일 오후 2시에 모교 강당에서 연습을 하고, 5월 17일 추모예배 당일에는 오전 11시에 모여서 점심은 김밥을 먹으면서 총연습을 하기로 하였다. 복장은 남자는 검정바지에 흰 와이셔츠와 나비넥타이를 매고, 여자는 검정 치마에 흰 블라우스를 입기로 하였다. 곡은 "저 높은 곳을 향하여"와 "내 영혼 지치고"(You raise me up)으로 1절과 2절을 부르기로 하였다. 곡을 프린트해서 미리 개인별로 연습을 하도록 안내문을 보내고, 학교 측과 협의를 하여 전국에서 모이는 것을 고려하여 5월 17일 오후 1시 추모예배 시간 때 합창순서를 넣어서 2곡을 부르기로 하였다.

 1차 모임 때는 14명이 오후 2시에 모여서 모교 도서관에서 연습을 하고, 위천 수승대와 월성계곡을 산책하고, 금원산 숲속의 집에서 1박을 하면서 친분을 두텁게 했다. 연습과 당일 합창 지도는 거고 음악선생님으로 계시다가 퇴임을 하고 거창합창단을 지휘하고 계신 박정애 선생님과 이탈리아에서 성악을 전공하신 황국재 님과 피아노를 전공하신 그 부인인 박수연 님께서 우리를 열성적으로 지도해 주셨다. 우리는 전영창 교장선생님의 추모예배에 참석하신 분들과 재학생들 앞에서 29명(여 11명, 남 18명)이 한마음으로 합창을 했다. KNN 방송에서도 "70세 제자들이 부른 '백발의 노래' 영원한 스승 고 전영창 교장선생님을 기리다"라는 주제로 1분 40초간 소개를 했다.

 추도예배를 마치고 서울에서 내온 대절 버스로 2학년 때 야영캠프를 1박2일로 했던 대덕 청암사를 산책하고, 무주 리조트로 와서 1박을 하고, 그 다음날은 적상산을 구경하고 거창으로 이동하여 점심을 먹고 귀가했다. 뜻깊은 행사를 하기 위해서 58명의 동기생들이 참석을 했는데, 이중에는 캐나다 에드민턴에 사는 박종삼 부부, 베트남에서 사는 김채수, 제주도의 오중신, 강릉에서 사는 주수동 친구도 거리가 멀다 하지 않고 참석했다.

 다음날 아침 나는 "1963년 3월 2일 거창고등학교에서의 우리의 만남은 주님의 은총이었고 축복이었습니다. 지금까지 우리를 인도하신 아버지 하나님께서 이제 새로운 반백으로 사는 오늘이 되게 하시고, 우리의 모교인 거창고등학교를 위해서 기도하며, 성원하게 하옵소서"라고 기도했다. 우리 동기생들은 사회에서 특출하게 활동하는 사람은 없지만, 곳곳에서 자기의 역할을 다하는 사람들이기에, 서로가 서로를 존중하고, 한번 무슨 일을 하자고 정해지면 협력을 참 잘한다. 그동안 서울에서 10년간 동기회를 맡아 오다가 거창에서 백광석 회장, 내가 총무를 맡아서 일을 하기로 했다. 그동안 사용하고 남은 금액(2,271,493원)이 나의 계좌로 입금이 되어서 나는 성기주 회장에게 이렇게 문자 메시지를 보냈다.

"우리 동기생들이 마음으로 모은 소중한 금액이니 백 회장과 함께 잘 관리하겠네."

학교의 교육이념이나 스승의 가르침을 받은 후에, 사회에 나와서 살아가는 것은 전적으로 각자의 몫이다. 학교 안에 있을 때나 밖에 있을 때나, 서로가 서로를 염려하면서 함께 살아가기 위해서 일체감을 이루어 나갈 때 진정한 생애교육이 되는 것이다.

졸업 30주년 모교 방문행사에 참석하신 스승님들과 거고 13회 동기생들(1996. 5)

제2장
신앙은 삶으로 말한다

무한 사랑
성문 밖으로 나가라
우리가 두려워해야 할 것은 안개다
거고교회 기도문
미즈노 겐조 시인의 《내 은혜가 네게 족하다》
어떤 경우에도 하던 일을 멈추지 않는다
사랑은 모든 것을 아름답게 만든다
배턴 터치
문제 해결의 출발점은 회개다
삶의 무게
기도
주님은 살아 계신 하나님의 아들 그리스도입니다

2015년 2월 5일

    우리가 세상에 사는 동안 다른 사람들이 나에게 한 만큼이라도 제대로 해 나가기가 쉽지 않다. 나에게 호의를 가지고 잘해 주는 사람에게 변함없이 서로 간에 좋은 감정을 유지하면서 살아가기도 힘이 든다. 여기에서 한 단계 더 나아가 상대방이 나에게 어떻게 하는지에 관계없이 진심에서 우러나와 내가 좋아서, 당연히 해야 할 일로 여기면서 무한한 사랑을 펼쳐나갈 수 있는 사람은 우리 주변에 흔치 않다. 우리가 세상을 바꾸어 나갈 수 있는 유일한 길이 있다면 바로 이런 아름다운 사랑을 실천함에서 비롯된다. 사랑을 실천하는 사람은 봄이 온다고 누가 소리치지 않아도 그 따뜻함 자체로 겨우내 두꺼워진 얼음을 녹여내듯이 주위 사람들에게 사람 사는 향기를 불어넣어 생동감이 넘치게 한다.

    샛별초등학교의 전준환 선생님과 이선희 사모님은 바로 봄날 햇별 같은 분이다. 초등학교 1학년에 다니는 아들 준영 군이 있는데, 작년에 둘째 아들로 준우 군을 입양하여 정겹게 가정생활을 잘하고 있었는데, 올해로 두 살 된 이 아이가 횡문근육종이라는 희귀 소아암 판정을 받고, 서울대학교 어린이 병원에서 1년간 항암치료를 받아야 하는 어려운 실정이 되었다.

이런 상황에서 전 선생님은 조금도 주저함 없이 병원에서 침식을 같이 하면서 준우 군을 치료해 나가기 위해서 학교를 1년간 휴직하고, 자기의 친아들인 준영 군을 서울에 있는 초등학교로 전학을 시켰다. 두 살배기 어린아이가 머리를 박박 밀고, 손에는 항암 주사약이 들어가는 링거가 3개나 달려 있으니 아이는 고통스러워 주리를 틀면서 칭얼거린다. 나의 아내가 요관암 판정을 받고 항암 치료를 받아야 한다는 의사선생님의 말씀을 듣고 나오면서 착잡한 마음으로 병문안을 갔었는데, 사랑과 정성이 가득 찬 마음으로 이 아이를 달래면서 팔에 안고 있는 전 선생님의 모습은 말할 수 없는 위안을 주었고 나에게 새로운 삶을 열어 주셨다. 우리 사회가 품에 안고 보살펴주어야 할 이 아이를 전 선생님 가족이 우리를 대신해서 그 어려운 일을 조용히 가슴으로 품어 감당하고 있는 것이다.

누가복음 10장 25-36절을 보면, 예수님께서 "네 이웃을 네 몸과 같이 사랑하여라" 하고 말씀하시니 율법 교사가 자기를 옳게 보이고 싶어서 예수님께 "그러면 내 이웃이 누구입니까?" 하고 물었다. 그러자 예수님께서 사마리아 사람이 좋은 모범을 보인 것을 말씀하셨다. "어떤 사람이 예루살렘에서 여리고로 내려가다가 강도들을 만났다. 강도들이 그 옷을 벗기고 때려서 거의 죽게 된 채로 내버려 두고 갔는데, 제사장과 레위 사람은 피하여 지나가고 어떤 사마리아 사람이 길을 가다가 그 사람이 있는 곳에 이르러 그를 보고 측은한 마음이 들어서 가까이 가서 그 상처에 올리브 기름과 포도주를 붓고 싸맨 다음에 자기 짐승에 태워서 여관으로 데리고 가서 돌봐주었다. 다음날, 그는 두 데나리온을 꺼내어서 여관 주인에게 주고 말하기를 '이 사람을 돌보아주십시오. 비용이 더 들면 내가 돌아오는 길에 갚겠습니다' 하였다. 너희는 이 세 사람 가운데서 누가 강도 만난 사람에게 이웃이 되어 주었다고 생각하느냐?" 그가 대답하였다. "자비를 베푼 사람입니다." 예수님께서 그에게 말씀하셨다. "가서 너도 이와 같이 하여라." 이 사랑은 하나님을 믿음으로써 오는 은총에 기인한다.

1840년 벨기에의 한 농가에서 태어난 다미안 신부는 1873년 몰로카이 섬에 유배된 나병환자들의 참상을 듣고 자원하여 그곳으로 들어가 살면서 집 없는 사람들에게 집을 지어 주고, 손가락이 없는 사람을 위해서는 자신의 손으로 고름을 짜 주고 씻어 주며, 붕대를 갈아 주었고, 희망이 없는 사람들의 마음속에 그리스도로 인한 재생의 은혜를 심어 주었다. 16년에 걸쳐 나병환자들과 살면서 자기 몸을 돌보지 않고 정성껏 그들을 보살피고 사랑해 주며 마음을 다하여 일하다가 결국 자신도 모르는 사이에 같은 병에 걸리고 말았다. 1883년에 감염된 사실이 확인되자 그는 다음날 미사 때 강론에서 이전과 똑같은 말로 신자들에게 인사했다. "우리 나병 환자들은……"이라고! 이마는 부풀어 오르고, 눈썹은 빠지고, 코는 뭉그러졌으며, 귀는 솥뚜껑같이 되었고, 목소리는 그렁그렁 쉬었다. 살점은 부슬부슬 그 육체에서 떨어져 나오기 시작했다.

1889년 4월 2일 그는 콘란드 신부로부터 병자 성사를 받았다. 다미안 신부는 안심하는 얼굴로 동료들에게 말했다. "하느님은 어쩌면 이렇게도 좋으신 분일까요. 나의 마지막을 지켜 주시기 위해 신부님을 두 사람이나 보내 주셨고, 또 친절한 수녀님들을 병원에 보내 주실 때까지 내 생명을 연장시켜 주셨으니 말입니다. 나도 시므온과 같이 '주여, 이제는 말씀하신 대로 이 종은 평안히 눈을 감게 되었습니다'(눅 2:29)라고 주님께 말씀드리려 합니다. 나병 구제 사업은 발전 궤도에 올랐습니다. 이제는 내가 없어도 됩니다. 그러니 나는 편안히 하느님께로 돌아가렵니다."

베갯머리에서 간호하는 두 사람에게 "제, 제발 소, 소녀들을 돌봐주시기 바랍니다"라고 힘겹게 두 번이나 말하면서 1889년 4월 15일 월요일 오전 8시에 다미안 신부는 숨을 거두었다. 다미안 신부의 묘비에는 이렇게 적혀 있다.

"벗을 위하여 제 목숨을 바치는 것보다 더 큰 사랑은 없다"(요 15:13).

이 세상에서 가장 아름다운 말은 '용서'이다. 나 자신이 하나님 앞에 감히 나설 수도 없는 부끄러운 죄인임을 고백하면서 당신의 은총에 의해서만 용서받을 수 있는 사람임을 깊이 깨닫는 사람이 다른 사람을 용서할 수 있다.

나에게 잘못한 사람, 상처를 입힌 사람, 아무런 잘못이 없는데도 걸어서 넘어뜨린 사람을 원망하거나 되갚아 주지 않고 그를 용납하여 가슴에 감싸 안음으로 문제 해결의 실마리가 풀린다. 용서하는 사람만이 평화를 이루는 길을 열 수 있다. 나를 완전히 비우고, 내려놓으면서 자신을 태우지 않고서는 용서를 할 수 없고, 평화를 이루어 나갈 수도 없다. 이런 사람을 예수님께서는 마태복음 5장 9절의 산상수훈에서 "평화를 이루는 사람은 복이 있다. 하나님이 그들을 자기의 자녀라고 부르실 것이다"라고 말씀하셨다.

　마태복음 5장 43-48절에서는 주님께서 우리를 향해서 이렇게 말씀하신다. " '네 이웃을 사랑하고, 네 원수를 미워하여라' 하고 말한 것을 너희는 들었다. 그러나 나는 너희에게 말한다. 너희 원수를 사랑하고, 너희를 박해하는 사람을 위하여 기도하여라. 그래야만 너희가 하늘에 계신 너희 아버지의 자녀가 될 것이다. 아버지께서는 악한 사람에게나 선한 사람에게나 똑같이 해를 떠오르게 하시고, 의로운 사람에게나 불의한 사람에게나 똑같이 비를 내려 주신다. 너희를 사랑하는 사람만 너희가 사랑하면, 무슨 상을 받겠느냐? 세리도 그만큼은 하지 않느냐? 또 너희가 너희 형제자매들에게만 인사를 하면서 지내면, 남보다 나을 것이 무엇이냐? 이방 사람들도 그만큼은 하지 않느냐? 그러므로 하늘에 계신 너희 아버지께서 완전하신 것같이, 너희도 완전하여라."

　예수님께서는 골고다에서 십자가에 달리셔서 대제사장들과 율법학자들과 총독의 병사들을 향해서 "아버지, 저 사람들을 용서하여 주십시오. 저 사람들은 자기네가 무슨 일을 하는지를 알지 못합니다"라고 아버지 하나님께 용서를 구하셨다.

성문 밖으로 나가라

2015년 2월 21일

성문 밖은 화려한 네온사인도 없고, 어둠이 짙게 깔려 있는 곳이다. 그러나 풀잎들이 밤을 지새우면서 새벽이슬을 머금고, 아침 햇살을 받아서 싱그럽게 자라는 곳이다. 성안은 안락함이 있는 곳이지만, 사람들이 서로 다투고 경쟁을 벌이면서 살벌하게 살아가는 냉랭한 곳이다. 성 밖은 고독함을 뼛속깊이 느끼고, 거친 비바람을 고스란히 맞으면서 치열하게 삶을 사는 현장이다. 나 홀로 매달린 십자가를 도저히 감당할 수가 없어서 절대자이신 아버지 하나님께 도움을 간절히 구할 수밖에 없는 절박한 상황에 놓여 있는 곳이다. 죽음의 그림자가 짙게 드리운 곳이지만, 무덤을 박차고 일어나 부활의 아침을 맞이하는 곳이 바로 이 광야, 빈 들판이다.

우리는 성문 밖으로 나가야 한다. 이 울타리를 벗어나면, 무한한 공간이 펼쳐진다. 길이 없다고 망설이지 말고, 가능성이 없다는 그 두려움을 떨쳐버리고, 나를 덩그런 하늘 공간에 맡기면서 한 발자국씩 길을 내는 용감한 개척자가 되는 것이다.

"예수께서도 자기의 피로 백성을 거룩하게 하시려고, 성문 밖에서 고난을 받으셨습니다. 그러므로 우리도 진영 밖으로 나가 그에게로 나아가서 그가 겪으신 치욕을 짊어집시다"(히 13:12-13).

유대교의 제사장은 1년에 한 번 있는 대 속죄일에 백성들의 죄를 사하기 위해서 예루살렘 성 안에 있는 가장 거룩한 곳인 지성소에 들어가 짐승의 피를 바치고, 짐승의 몸은 성문 밖에서 불살라버렸다. 성문 밖은 더럽고, 부정한 곳으로 썩어서 냄새가 나는 곳이다. 성 안 사람들은 이곳을 부정한 곳으로 여기면서 죄인들을 성문 밖에서 처형했다. 예수님은 친히 백성들의 죄를 사하기 위해서 성문 밖에서 십자가에 달리셔서 고난을 받으시고 피 흘려 죽으심으로 우리의 죄를 사해 주셨다. 누구나 가기를 꺼려하는 곳, 버려진 곳으로 나가셔서 자신의 몸을 불태워 죽으심으로 우리를 구원에 이르게 하셨다. 성문 밖은 고난의 길, 죽음의 길이지만, 바로 부활의 아침을 맞는 거룩한 곳이다. 우리도 자신의 울타리, 성벽을 넘어서 밖으로 나가는 길만이 우리가 새 사람을 힘입어서 살아가는 길이 된다.

유대 사람들은 예루살렘 성 안만이 거룩하고 구원을 이루는 곳이라 생각하고 그 틀을 벗어나지 않았다. 이 성 안은 율법이라고 하는 인간의 굴레, 틀 안에 갇힌 곳으로, 일반 사람들은 접근도 할 수 없이 차단된 곳으로 하나님을 찾으려 해도 만날 수 없는 막혀진 곳이었다. 다시는 무너질 수 없는 요새로, 자기들만의 신성한 땅으로 집착하는 곳이다. 그러나 이곳은 온갖 불법이 자행되고, 장사의 소굴로 타락해 버린 곳, 온갖 음모가 도사리는 곳, 편안함에 도취되어 사람들의 눈이 멀어져버린 곳이다.

우리가 거할 곳은 인간이 세운 세상의 집, 예루살렘이 아니라 하나님께서 세우시는 영원한 집, 새 예루살렘이다. 비록 성문 밖은 거칠고, 메마르고, 죽음의 공포와 두려움이 있는 곳, 눈물과 한숨이 서린 곳이지만, 자신의 낡은 관습의 틀을 깨고, 성문 밖으로 나가야 희망의 새 길이 열린다. 예수님께서 나의 죄를 사해 주시기 위해서 성문 밖에서 십자가에 달려 산 제물이 되심으로 내가 다시 사는 큰 은총을 부어 주셨다. 성문 밖은 결코 세상에서 버려진 곳, 허허벌판이 아니라 새로운 희망의 아침이 열리는 곳이다. 이제 우리가 새 예루살렘을 세우기 위해서 예수님을 대신해서 광야로 나가서, 희망의 불씨를 지펴서 우리의 몸으로 산 제물을 드려야 한다.

지금까지 우리는 스스로 칸막이를 쳐놓고 그 안에 안주하면서 어떤 구실과 핑계를 대서라도 새로운 것을 해 보려고 하지 않았다. 새로운 곳을 향해서 나가지 않으면, 다람쥐 쳇바퀴 돌 듯 제자리만 맴돌면서 더 좋은 것을 이루어갈 수 없다. 스스로 껍질을 깨지 않고는 병약한 병아리로 죽고 만다. 자전거를 배울 때도 누군가 뒤에서 붙들어 주는 것을 놓지 않으면, 혼자서 타고 나갈 수가 없다. 혼자 넘어지면서 배우는 것이다. 세상에 우연이란 것은 아무것도 없다. 우리에게 닥치는 어려움, 불행한 일, 나쁜 일까지도 하나님의 섭리와 뜻에 의해서 이루어진다.

미국 제32대 대통령 프랭클린 루스벨트 대통령(1882-1945)은 하버드와 프린스턴 대학교에서 박사학위를 받은 사람이었지만, 39세 때 소아마비로 중증 장애인이 되어 남은 생애 24년을 휠체어에 몸을 의지하고 살았다. 그는 장애인이었기 때문에 장애인이 없는 아름다운 세상을 꿈꾸면서, 그 꿈을 이루기 위해서 최선의 노력을 다했다. 그는 그가 지닌 장애로 인해 세계를 가슴에 품는 위대한 지도자가 될 수 있었다. 홀로 설 수 없는 그였지만, 1932년(59세)에 대통령에 당선이 되어 미국 역사상 유례가 없는 4선 대통령으로서 휠체어에 앉은 채로 세계적인 대 공황에서 미국을 건져냈고, 연합군 총사령관으로서 영국의 처칠 수상과 함께 제2차 세계대전을 승리로 이끄는 위업을 이루었다.

쉬운 것, 편안한 것은 나를 쓸모없는 사람으로 만든다. 보석은 마찰을 계속함으로 다듬어지는 것처럼, 나를 진정으로 성장하게 하고, 성숙하게 하는 것은 시련이다. 지금의 이 어려운 상황에 주저앉아버리면 정말 어리석은 사람이 된다. 성문 밖으로 나아가는 것을 두려워하거나 머뭇거리지 말아야 한다. 우리가 염려하고 겁내는 것처럼 그렇게 두려운 것이 아니다. 앞을 내다보면서 용기를 가지고 우선 한 걸음을 내딛는 것이 중요하다. 헬렌 켈러가 말했다. "이 세상에서 가장 불쌍한 사람은, 정상적인 시력은 가지고 있으나 꿈이 없는 사람이다. 차가운 바람을 맞으면서도 두 발에 힘을 주고 버티어 서서 견뎌 내면 우리에게 봄이 오리라."

우리가 두려워해야 할 것은 안개다

2015년 6월 1일

　바다 사람들이 가장 두려워하는 것은 안개라고 한다. 폭풍도 두렵긴 하지만 안개로 자욱한 바다는 가시거리가 짧아서 예고되지 않는 불가항력적인 충돌의 위험이 아주 높기 때문이다. 폭풍은 미리 예고되기도 한다. 노련한 항해자는 그 파고를 이용해서 더 멀리 나아간다. 육상 교통사고로 10중, 20중의 추돌 사고가 일어나는 때도 대부분 안개가 자욱하게 낀 날이다.

　사람이 살아 있다는 것은 소동이 있고, 흥분도 있고, 진통도 있고, 눈물이 있기 마련이다. 나무들은 모진 비바람에 가지가 흔들리면서 땅속으로 더 깊이 뿌리를 내린다고 한다. 사람이 아무것도 하지 않으면, 아무 일도 일어나지 않는다. 무덤은 그저 잠잠할 뿐이다.

　내가 어떤 직책을 맡아서 아무 일도 일어나지 않기를 바라면서 그저 일상적인 일만 하면서 그날 그날을 지내다가 마쳐버린다면,

그를 성원했던 사람들의 기대를 완전히 저버리는 결과가 되고 만다. 심사숙고 끝에 꼭 필요한 일을 시작하다가 시행착오를 일으켜서 하지 않음만 못할 때도 있고, 상황이 꼬여서 여러 사람들의 지탄 대상이 되기도 한다. 그러나 사람들은 그 사람이 하고자 했던 일의 열정과 진정성을 보면서 비록 실패를 했더라도 이해를 하면서 박수를 보내는 것이다. 깨어 있는 사람은 머무는 그 자리에서 자신이 하고 있는 일에 온 마음을 집중해서 최선을 다하는 사람이다. 새로운 길을 내는 사람은 두려움을 느끼지만, 결과는 뒤에 두고 이 모험의 길을 즐기면서 뚜벅뚜벅 걸어간다.

평범한 사람들 누구나 할 수 있는 일상생활에서도 비범함이 필요하다. 작은 일에서부터 큰 일에 이르기까지 잘못된 일을 보고 그냥 지나치거나 방관하지 않고, 약간은 망설이다가 용기를 내어서 바로잡으려는 용기를 가지고 맞서서 시정하려는 의지로 작은 물결을 일으키면, 이것은 마침내 거대한 변화의 씨앗이 된다. 백인에게 버스 앞좌석을 양보하라는 기사의 요구를 듣지 않고, 버티어 낸 로자 파크스가 있었기에 흑인 민권운동의 불을 지피게 되었다. 이것이 계기가 되어 마틴 루터 킹 목사는 전국적 민권운동으로 확산시키게 되었고, 그가 유탄에 죽음으로 미국 내 유색인종의 권리회복이 향상되어 버락 오바마 대통령도 탄생하게 되었다.

우리가 지금 맞닥뜨린 상황 속에서 그 어떤 힘이 작용하여 뒤틀려지고, 잘못된 길로 가고 있는지 눈을 뜨고 살펴보아야 한다. 우리는 외계인처럼 수수방관하거나 무심코 지나쳐서는 안 된다. 우리 사회는 결코 너와 내가 분리된 것이 아니라 맞물려서 돌아가고 있다. 좋은 것이 좋다고, 작은 비리를 방치하거나 그냥 넘어간다면 언젠가는 곪아서 터져버려 회복 불능 상태가 되고 만다. 문제의 중심에 서서 가슴으로 남들과 함께 아픔을 느끼면서 한 가지씩 고쳐나가면서 우리의 자긍심을 세워 나가야 한다. 모두가 강을 건너가더라도 의롭고, 정의로운 길이라면 눈물을 머금고 강 이편에 나 홀로 버티고 서 있어야 한다. 살아 있는 물고기가 강을 거슬러 줄기차게 올라가듯이 한 사람으로 두발에 힘을 주고, 정의의 편에 버티고 서 있어야 한다. 지금까지 내가 걸어온 양심과 전 인격을 걸고 모두가 아니라고 해도 나는 "예"라고 말을 하고, 모두가 "예"라고 말을 해도 고개를 흔들면서 나는 "아니오"라고 말할 수 있어야 한다. 이것이 어찌 쉬운 일인가? 때로는 나의 모든 것을 내놓아야 하더라도, 우리는 두 마음을 품을 수도 없고 두 주인을 섬길 수도 없다. 머리를 짜서 궁리를 해서 지혜롭게 처신한다고, 나의 의견을 분명하게 밝혀야 할 때, "응, 그래" 하면서 어물쩍 넘어가서는 안 된다. 사람들은 한두 번은 넘어가더라도 미지근한 물이 세균이 번식하기에 가장 적합하듯이 이중적인 사람을 싫어한다. 좌우를 구분하여 명쾌하게 한 길을 택해야 한다. 이 선택은 독선과 아집, 이기심의 발로가 아니라 하나님 앞에서 부끄러움이 없는 의의 길, 사람들을 진정으로 사랑하는 마음에서 우러나오는 참된 길이어야 한다.

야고보서 3장 10-11절 말씀입니다. "같은 입에서 찬양도 나오고 저주도 나옵니다. 나의 형제자매 여러분, 이렇게 해서는 안 됩니다. 샘이 한 구멍에서 단 물과 쓴 물을 낼 수가 있겠습니까? 나의 형제자매 여러분, 무화과나무가 올리브 열매를 맺거나, 포도나무가 무화과 열매를 맺을 수 있겠습니까? 마찬가지로 짠 샘은 단 물을 낼 수 없습니다".

거고교회 기도문

2015년 5월 20일

사랑의 예수님! 저희들에게 생명을 허락하셔서 눈부신 아침 햇살과 아름다운 저녁 노을을 보면서 살아가게 하시니 감사를 드립니다.
저희들의 마음속을 완전히 비우고, 회개함으로 새사람이 되기를 간절히 기도드립니다.
주님의 사랑이 저희들을 휘어잡아서 삶의 현장에서 무슨 일을 하든지 사람에게 하듯이 하지 않고, 주님께 하듯이 진심으로 일하게 하옵소서.
주님 안에서 참된 자유를 누리고, 저희들의 삶으로 주님께 드리는 기도가 되게 하옵소서.
십자가 앞에서 아버지 하나님의 뜻을 찾기 위해 밤을 새워 기도하신 예수님!

저희들이 처음으로 주님을 맞이했던 때를 기억하면서, 지금 누구를 위해서, 어디를 향해서 가고 있는지 늘 점검하고 기도로 살아가게 하옵소서.

주님께서 저희들을 택하셔서 자녀를 삼으신 것만으로도 얼마나 감사한 일인지 모르는데, 무엇을 더 가지려고 하는지, 더 차지하려고 하는지 도무지 모르겠습니다.

청진기 하나로 충만한 삶을 사신 장기려 박사님을 기억하게 하시고, 고무신 한 켤레로 온몸을 불태워 주님을 섬겼던 전영창 교장선생님을 기억하게 하셔서 주님! 저희들을 당신의 도구로, 충성스러운 종으로 삼으셔서 참으로 해야 할 일을 다 하게 하옵소서.

어둠이 판을 치는 이 시대는 뉘우침도 없고, 바로 세우려는 의지도, 절박함도 없습니다.

세계 곳곳에서 전쟁과 테러, 재난으로 수많은 사람들이 목숨을 잃고 있습니다.

가진 자는 더 가지려 기를 쓰고 있고, 없는 사람들은 깊은 수렁으로 빠져들고 있습니다. 주님을 믿고 따르는 한 사람의 신앙인으로 사회적 책임을 통감하게 하시고, 참담한 이 현실의 벽 앞에서 길이 막혀 있다는 생각이 엄습할 때, 결코 낙담하거나 포기하지 않고, 새로운 길을 찾아내는 생명의 불씨가 되게 하옵소서.

정의와 사랑이 강물처럼 흐르고, 서로 손 잡고 평화롭게 살아갈 그 날을 꿈꾸면서 주님께서 가신 그 길을 향해서 한 걸음씩 뚜벅뚜벅 걸어가게 하옵소서.

어느 누구에게나 똑같이 비를 내리시는 주님!
저희들이 묻혀서 죽지 않고는 결코 주님의 사랑을 이룰 수 없음을 깨닫습니다.
저희들의 죄와 허물로 인하여 가슴에 깊은 상처를 받는 사람이 없게 하시고, 한 사람이라도 실족하는 사람이 없도록 매일을 근신하며 깨어 있는 삶을 살게 하옵소서.
서로가 용서함으로 용서받게 하시고, 진정한 평화를 이루어 나가게 하옵소서.

사랑의 주님! 저희들을 거고 동산 안에서 생활하게 하시니 참으로 감사합니다.
각자가 하는 일은 다르지만, 서로 협력하여 주님의 뜻을 이루어가게 하시고, 특별히 학생들과 마주하는 우리 선생님들께 영육 간에 힘을 더하셔서 교육을 통하여 복음의 씨앗이 뿌려져서 열 배, 백 배의 열매가 맺어지게 하옵소서.
이 예배의 시간이 한 주간을 살아가는 귀한 생명의 양식이 되게 하옵소서.
주님의 이름으로 기도드립니다. 아멘.

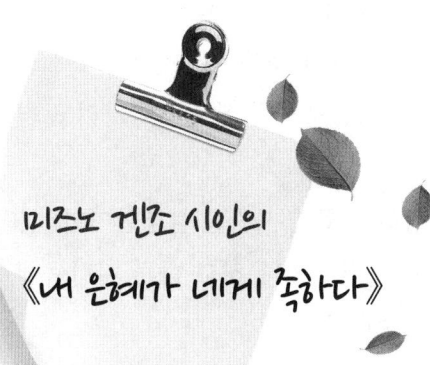

미즈노 겐조 시인의
《내 은혜가 네게 족하다》

2013년 11월 10일
파랗게 날(거창 지역 인문학 강좌) 원고

우리가 살아 숨을 쉬면서 활동할 수 있는 것만으로도 얼마나 감사한 일이고, 축복받은 일인지 모릅니다. 자신의 생을 마감하는 날에는 그 사람에 대한 추억이나 흔적은 남아 있을지 몰라도 이 세상의 모든 것들과는 영영 이별합니다.

우리가 일하는 동안에 건강했으면 참 좋겠습니다. 그러나 마음먹는 대로 잘되지 않는 것도 사실입니다. 자기의 노력과 의지로 어느 정도까지는 극복될 수 있지만, 한 번 손상된 부분을 원 상태로 완벽하게 복구하기란 참 어렵습니다. 현대과학 기술이 아무리 발달한다 해도 피 한 방울도 만들 수 없고, 꺼져 가는 생명을 근원적으로 되살릴 수도 없습니다. 생명이 있는 동안에 겸허한 마음으로 순응하면서 해야 할 일을 해 나가야 할 것입니다.

　인생을 길게 산다고 해서 행복하고, 짧게 산다고 해서 불행한 것도 아닙니다. 시간의 길이보다 더 중요한 것은 주어진 내 생애 동안에 혼신의 힘을 다해서 제대로 된 삶, 충만한 삶을 살아가려고 최선을 다하는 것입니다.

　건강한 사람은 행복하고, 건강하지 못한 사람은 불행합니까? 불타는 혈기와 넘치는 힘을 제대로 활용하지 못하고 다른 사람들에게 피해를 주는 사람들도 많이 있습니다.

　건강한 사람만이 일을 잘할 수 있고, 건강하지 못한 사람은 일을 할 수도 없습니까? 날 때부터 일어서지도 못하는 사람들, 보지도 못하고, 듣지도 못하는 사람들도 성한 사람 못지않게 더 열심히, 정성어린 삶을 살아서 우리를 눈물 나게 하고 감동시키는 사람들이 많습니다. 이런 사람들이야말로 기적적인 삶을 용감하게 살아가는 사람들입니다.

　미즈노 겐조 씨는 초등학교 4학년 때 이질에 걸려서 앓던 중에 심한 고열로 그만 뇌성 소아마비가 되어서 보고, 듣고, 깨닫는 것과 내장 기능 이외에는 전신불구가 되었습니다. 손가락, 발가락 한 개도 움직이지 못하는 채로 지루하고 기나긴 불구의 한평생을 살아가야만 했습니다. 이 사람의 곁에는 두 분이 계셨습니다. 그의 어머니 우메지 여사와 마야오 목사님이었습니다. 겐죠 씨는 이렇게 된 지 5년이 지난 뒤에 목사님으로부터 그리스도의 복음을 전해 듣고는 신앙인이 되었고, 어머니의 지극한 정성으로 아름다운 마음을 표현할 수 있었습니다. 그의 어머니는 손발이 말을 듣지 않으며, 말 한 마디 못하고 누운 겐죠 씨의 눈짓만 보고서 필사적으로 따라가면서 수첩에 말을 적어가야 했습니다. 국어사전에 쓰여 있는 '아 이 우 에 오'를 쓴 표를 벽에다 걸어놓고, 어머니가 차례대로 짚어 나가면 자기가 뜻한 글자에 닿았을 때 눈짓으로 알리고 어머니는 그 글자를 종이에 옮겨 쓰면서 십여 년간 말로 다할 수 없는 고생 끝에 많은 시와 단가를 지었습니다. 《빙점》의 작가 아야꼬 씨가 이 중에서 170여 편을 골라서 1975년 3월에 시집을 출간하게 되었습니다. 아들과 어머니가 한마음, 한 덩어리가 되어 세상에 나오게 된 이 시가집은 세상의 그 많은 책들과는 다릅니다.

〈괴롭지 않았더라면〉
만일 내가 괴롭지 않았더라면
하나님의 사랑을 받아들이지 못하였을 것을.
만일 모든 형제자매들 괴롭지 않았더라면
하나님의 사랑은 전해지지 않았을 것을.
만일 우리 주님이 괴롭지 않았더라면
하나님의 사랑은 나타나지 않았을 것을.

〈숨이 끊어질 때까지〉
눈물의 밤도 지나고
살아남은 귀뚜라미여, 울어라.
겨울이 가까워
추운 바람 찬 바람을 피해
떨어진 감나무 잎 밑에 숨어서
숨이 끊어질 때까지

마지막 힘을 다하여 울어라.
은혜 깊은 하나님을 찬양하라.

〈맡기세요〉

1. 당신의 가슴속에 일어나는 장래의 걱정
   맡기세요. 맡기세요. 맡기세요.
   모든 것을 아름답게 이루어 주시는
   아버지 하나님께

2. 자신의 힘이나 지혜로서는 어찌 할 수도 없는 걱정
   맡기세요. 맡기세요. 맡기세요.
   모든 것을 아름답게 이루어 주시는
   아버지 하나님께

3. 친구와 즐겁게 이야기할 때도 가슴에서 사라지지 않는 걱정
   맡기세요. 맡기세요. 맡기세요.
   모든 걱정 아름답게 이루어 주시는
   아버지 하나님께

〈나타난다〉

아무런 생각 없이 던진 한마디의 말에
그 사람의 생활, 직업, 우정
주님을 향한 진실성과 성실이 나타난다.

〈만남의 기이함〉

1. 만남의 기이함이여 만남의 놀라움이여

그때 그곳에 가지 않았더라면
나는 듣지도 보지도 못했겠지요.
마음속까지 정결하게 하는
사랑의 말씀, 사랑의 동작을.

2. 만남의 기이함이여 만남의 놀라움이여
지금까지 희망과 꿈은 사라졌지만
나는 계속하여 간구하게 되었습니다.
마음속까지 정결하게 하는
사랑의 능력, 사랑의 진실을.

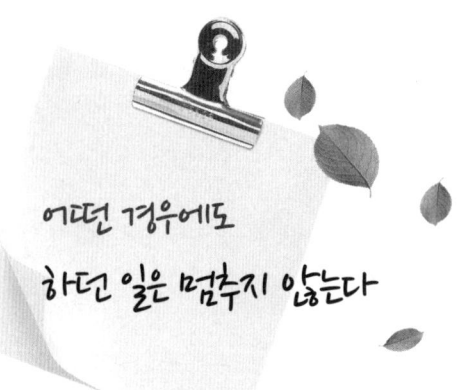

2015년 1월 20일

　우리가 사는 동안에 큰 탈 없이 평소에 하는 일을 계속해 나간다면 얼마나 좋을까? 자기가 하는 일을 즐기면서 일관되게 해나가는 사람은 정말 행복한 사람이다. 그렇게 잘 되지 않는 것이 세상을 살아가는 우리의 현실이다. 대부분의 사람들은 갑작스럽게 어렵고, 힘든 일이 들이닥치면 생활 리듬이 깨지고, 평정심을 잃게 된다. 이렇게 흔들리면서 제자리를 잡고 살아가는 것이 평범한 사람들의 모습이다.

　'나는 나름대로 다른 사람들에게 나쁜 일을 하지 않고 최선을 다하면서 살아왔는데, 왜 하필 나에게만 이런 일이 닥쳐오지?'

　'사람들을 해치거나 못살게 굴지 않고 살아왔는데, 그들은 왜 나를 걸어 넘어뜨려서 천 길 낭떠러지로 밀어버리려고 안달을 하

지?'

'그저 하는 일이 좋아서 온 힘을 다해서 열심히 생활해 왔는데, 어느 날 갑자기 용도가 폐기된 사람으로 내쳐버리지?'

'직장을 위해서 아무런 욕망이나 사심 없이 진심으로 건의했는데, 그들은 왜 내가 기어오른다고 생각하면서 무슨 꿍꿍이 속셈이나 있는 양 철저히 차단해 버리지?'

사람의 속을 뒤집어놓은 당사자들은 아무렇지도 않게 잘도 사는데, 이런 상황을 맞이하는 사람들은 가슴이 터질 듯이 아파서 밤잠을 설치면서 몸부림친다. 그렇다고 해서 다음날의 일상생활을 놓게 되면 정말로 못난 사람이 되고 만다. 주저앉아서 펑펑 울고 싶어도, 모든 것을 팽개쳐버리고 훅 떠나고 싶어도 그렇게 식은 죽 먹기처럼 간단한 일도 아니다. 있는 힘을 다해서 두 다리를 일으켜 세우고 눈물자국이 난 얼굴을 찬물에 훅훅 씻으면서 '그래, 어제는 지나갔어. 누가 뭐라 해도 나만 중심을 잡으면 돼! 모든 것을 내려놓고 원점에서 다시 시작해 보자. 먼 훗날 나의 진정성을 이해할 날이 있을 거야. 아니, 영영 알아주지 않아도, 묻혀도 좋아. 나의 길만 묵묵히 가면 되는 거야!'라고 자기를 치켜세우면서 아무 일도 없는 듯, 마음을 고쳐먹고 하던 일을 계속하면서 한 가지씩 해결점을 찾아 나가는 사람은 참 용기 있는 사람이다. 이런 사람들에게 주님의 위로와 평강이 함께하시리라 믿는다.

"눈물을 흘리면서 씨를 뿌리는 사람은 기쁨으로 거둔다. 울며 씨를 뿌리러 나가는 사람은 기쁨으로 단을 가지고 돌아온다"(시 126:5-6).

"다윗이 그를 가리켜 말하기를 나는 늘 내 앞에 계신 주님을 보았다.

나를 흔들리지 않게 하시려고, 주님께서 내 오른쪽에 계시기 때문이다. 그러므로 내 마음은 기쁘고, 내 혀는 즐거워하였다. 내 육체도 소망 속에 살 것이다……주님께서 나에게 생명의 길을 주셨으니, 주님의 앞에서 나에게 기쁨을 가득 채워 주실 것이다"(행 2:25-26, 28).

가족 중에 누가 큰 병에 걸리거나 사고를 당하게 되면, 지금까지 생활해 오던 패턴이 완전히 달라진다. 병원에 가서 치료를 하랴, 집안 살림을 하랴 정신이 없다. 큰 사고를 수습하랴, 하던 일을 계속하랴 사람이 멍해진다. 이런 때일수록 정신을 차려서 잘 대처하지 않으면 연이어서 좋지 않은 일이 발생한다. 아픈 사람을 간호한 사람이 더 아프게 되고, 사고를 수습하러 나섰다가 더 휘말리게 되어 일이 커지게 된다.

작년 6월 8일에 아내가 허리가 심하게 아파서 거창 적십자병원 응급실로 가서 당직의사의 진료와 CT를 찍은 결과 신장이 부어 있고, 요관에서 종양이 발견되었다고 큰 병원으로 가라고 하였다. 서울의 대형병원 담당 교수님은 가지고 간 자료를 검토하고 진찰을 하면서 위급상황으로 판단하셨다. 곧바로 입원을 하고, 추가 검사를 해서 요관에 STANT 시술을 하고, 치료를 계속하니 통증도 멎고 몸이 호전되었다. 조직검사 결과도 악성 암은 아니라고 진단을 해서 안심하게 되었다. 그리고 두 번 검진 결과를 확인해도 이상이 없었다. 6개월 뒤에 다시 한 번 확인해서 아무 이상이 없으면 이제 오지 않아도 된다고 말씀하셨다.

지난 12월 23일 CT를 찍고 검사를 한 결과, 교수님이 의아하게 생각하면서 다시 그 자리에 암으로 추정되는 종양이 발견되었고,

이번에는 수술을 해서 신장과 요관, 방광 일부까지 절취하고, 조직검사를 해서 치료를 계속하자고 하셨다. 불과 6개월 만에 악성 종양으로 진전이 되고, 비뇨기 계통의 조직을 대거 제거하고 수술을 하면서 조직검사를 다시 한다는 말씀에 충격을 받아서 다른 곳에도 한번 진찰을 받아 보자는 생각이 들어서 서울대학교 병원으로 의무기록 자료를 이관하여 진료를 받게 되었다. 교수님도 요관암 자체가 잘 발견되지 않는 드문 병으로 말씀하셨다. 수술과 치료의 접근 방법은 조금 달라도 병의 진단에는 큰 차이가 없었다. 입원 날짜와 수술 스케줄이 잡혀서 2015년 1월 11일에 입원을 해서 12일에 4시간에 걸친 수술을 받고 5일 만에 퇴원을 했다. 수술 부위도 채 아물지 못했고, 몸 상태가 제대로 역할을 못하니 얼마나 고통스럽겠는가? 불과 1주일 사이에 거동이 불편한 것은 말할 것도 없고, 수척해진 아내의 모습을 지켜보는 나와 가족들의 마음은 무겁기 한이 없었다.

  간호하는 내가 정신을 차려서 스스로 이렇게 다짐을 했다. '사랑하는 아내와 함께 새로운 출발을 하는 것이다.' 그리고 시장에 나가서 반찬거리도 사고, 밥을 하는 것에서부터 먹고 설거지하는 것, 청소하고 빨래하는 것까지 총체적으로 해 나가면서 아내가 편안하게 회복되도록 곁에서 간호했다. 퇴원 후 이틀째 되는 날은 아내와 함께 충혼탑으로, 동촌저수지를 함께 돌았다. 막내딸이 집에 와서 정리를 하고, 나는 평소에 하던 대로 밭에 나가서 하우스 안에 심어놓은 상추와 쑥갓, 겨울 야채에 물도 주고, 주변에 자란 잡풀도 뽑았다.

  이제 새싹이 돋아날 나무들의 가지치기도 하고, 밑거름을 줄

채비를 하면서 봄을 맞을 준비도 해야 한다. 아내는 교회에 나가지 못하지만 예배실의 청소도 해야 한다. 이것이 정상적인 생활의 의미이다. 내가 일상으로 하는 일을 계속하면서 아내의 암세포가 더 이상 확진되지 않도록 하나님께 간구하면서, 병원에서 지시하는 날짜에 나가고, 처방을 받아서 가지고 온 약을 제시간에 먹도록 해야 한다. 수술 후에 원기가 회복되도록 미꾸라지탕도 주문하고, 동생에게 장어탕도 부탁하고, 식물성 단백질인 촌두부와 비지, 청국장도 마련해야 한다.

장녀는 남편과 함께 삼천포에 가서 아내가 좋아하는 해물을 사 가지고 와서 미역국을 끓여놓고 집으로 갔다. 친구 백광석 교장선생님 내외와 김대복 관장님은 수술하러 가기 전에 함께 식사를 대접했고, 병원에 있을 때도 줄곧 상황을 물어왔고, 퇴원하여 집에 오고 나서 다음날 부부가 함께 집으로 문병을 와서 격려해 주었다. 김선봉 교장선생님 부부는 멀리 봉산까지 가서 매콤한 메기탕을 주문해서 먹으면서 위로를 했다. 유보성 목사님과 사모님은 입원해 있는 서울대 병원에까지 오셔서 기도를 해주셨고, 쾌유를 빌면서 격려금까지 주셨다. 거창 천주교 이청준 신부님은 감기가 드셨는데도 전화를 걸어서 "위해서 기도를 하겠다"라고 말씀을 전하셨다. 그 외에도 많은 사람들이 찾아오고, 용기를 주었을 뿐만 아니라 기도로 성원해 주셨다. 참 고맙고, 고마웠다. 사람들이 서로 돕고 위로하면서 이렇게 살아가는가 보다.

어렵고 힘든 일들을 겪고 있을 때 곁에 있는 사람들이 구체적으로 돕고, 위로해 주면 힘이 나고 원기를 회복하는 데 큰 도움이 된다. 사람이 넘어졌을 때 손을 내밀어 일어서는 데 도움이 되고,

걷기가 힘들 때 같이 손을 잡고 걸어 주고, 따뜻한 밥 한 끼를 함께 먹는 것도 우리가 살아가는 데 훈기를 나게 하는 것이다. 민족과 나라를 위해서 시국을 논하면서 아무런 해결점도, 대안도 없이 허풍을 치면서 떠들어대는 것보다 일상으로 살아가면서 목마른 사람에게 물 한 컵 대접하는 것이 훨씬 더 필요하다.

"고난을 당한 것이, 내게는 오히려 유익하게 되었습니다. 그 고난 때문에, 나는 주님의 율례를 배웠습니다"(시 119:71).

2013년 10월 9일

　세상의 모든 사람들이 사랑을 말하지만, 지금까지 살아오면서 사랑이 남아돈다는 말은 들어 보지 못했다. 최첨단 과학이 발달하고, 인류 문명의 극치를 이루는 21세기에 사는 우리지만, 늘 진실한 사랑이 부족해서 아우성치고 있다. 매일같이 사랑의 결핍으로 많은 문제점들이 곳곳에서 발생하여 우리를 얼마나 안타깝게 하고 있는가? 진실된 사랑은 정답도 없고, 형체가 없을 뿐만 아니라 그 끝 또한 없다. 사랑은 말이나 이론이 아니고, 구체적인 행동과 삶을 요구하기에 실천하기가 참으로 어렵다.

　사랑은 우리와 함께 살아가고 있는 사람이 이 세상에 단 한 사람밖에 없는 고귀한 사람임을 깊이 깨닫는 인간의 존엄성에서부터 출발된다. 그러나 함께 생활하다 보면 서로 간에 잘못도 나타나고,

이해관계로 얽혀서 다른 사람은 아랑곳하지 않고 자기의 이익만을 추구하게 된다. 헛된 욕망과 집착으로 자신과 집단의 울 안에 사로잡혀서 다른 사람을 배척하고, 때로는 생명을 빼앗아가기도 한다.

이럴 때 진정한 사랑은 상대방에 대해서 오래 참는 것이다. 이 세상에 오래 참지 않고 이루어지는 것은 아무것도 없다. 자신이 억울한 일을 당하고 치명적인 해를 입었을 때에도 자기에게 잘못한 사람을 원망하거나 해하려 하지 않고, 고함을 치거나 분을 품지도 않으면서 믿음의 눈으로 조용히 바라보면서 참아내기란 정말 어렵다. 우리는 일반적으로 '잘 참아내는 사람'을 '못난 사람, 나약한 사람'이라고 말하는데, 사실은 정반대이다. 조용히 참아내는 사람은 약해서가 아니라 정말 강해서이고, 심지가 깊고 용기 있는 사람만이 오래 참을 수 있다. 그래도 참기가 어려우면 그를 가슴에 품고 용서하는 것이다. 용서는 아무리 어려운 문제라 하더라도 일시에 잠재울 수 있는 유일한 길이다. 용서하는 사람만큼 아름다운 사람이 없다.

진정으로 사랑하는 사람은 자기의 권리나 이익을 주장하면서 네 탓으로 돌리는 사람이 아니라, 자기의 책임과 의무를 먼저 생각하면서 자기의 할 일부터 찾아서 실천하는 사람이다. 당면한 어려운 문제를 앞에 두고 '지금 내가 해야 할 일이 무엇일까?', '내가 어떻게 하면 될까?'를 고민하면서 해결점을 찾아서 한 가지씩 실천해 나가는 사람이다. 아무리 어려운 문제라 해도 자기가 해야 할 의무와 책임부터 먼저 생각하면서 나아가면 실타래가 풀려 나가는 것처럼 해결하지 못할 문제가 없다. 세상에 완전한 사람, 완벽한 사람은 아무도 없다. 진정으로 온유하고 겸손한 사람은 자기 혼자서는 도무지 살아갈 수 없는 부족하고 나약한 존재임을 가슴 깊이 깨닫는다. 다른 사람과 더불어 살아갈 수밖에 없고, 도움을 받지 않고는 살아갈 수 없음을 깊이 깨닫고, 서로 협력하여 선을 이루어 나간다.

서로를 신뢰하면서 이루어가는 사랑은 위대한 힘을 발휘하게 되어 기적을 낳고 모든 것을 가능하게 한다. 지금 이 세상이 이렇게 살벌하고, 어둠으로 가득 찬 것은 자기의 욕심과 집착으로 자기의 것을 조금도 희생하려 하지 않기 때문이다. 자기 것을 완전히 비울 뿐만 아니라 자기의 생명까지 내놓는 사랑은 세상을 따뜻하고 아름답게 만든다.

그 대표적인 인물로 손양원 목사님을 들 수 있다. 목사님은 1902년 함안에서 태어나셔서 1919년에 칠원 공립보통학교, 1929년 경남성경학고, 1938년에 평양신학교를 졸업하시고, 1939년 7월 15일부터 여수에 있는 1,500여 명의 나병환자 수용소인 애양원교회에 부임하여 나병환자들에 대한 구호사업과 전도활동을 시작하셨다. 일제 강점기인 1940년에 신사참배를 거부하다가 종신형을 받고 구금되셨다가 1945년에 광복으로 출옥하셨다.

1946년 3월에 경남노회에서 목사 안수를 받으시고, 다시 애양원교회를 지원하여 시무하던 중 1948년 10월 21일 여수·순천 반란사건으로 순천사범학교에 다니던 장남 동인(28세) 군과 순천중학교에 다니던 동신(18세) 군을 폭도들에 의해서 잃으셨다. 이 소식을 접한 손 목사님 부부는 거의 실신하셨으나 정신을 다시 가다듬고 장례식 때는 하나님께 아홉 가지 감사를 드렸는데, 그 중에 두 가지가 다음과 같다.

"나 같은 죄인의 혈통에 순교의 자식들이 나오게 하셨으니 하나님께 감사합니다."
"내 사랑하는 두 아들을 총살한 원수를 회개시켜 아들을 삼고자 하는 사랑의 마음을 주신 하나님께 감사합니다."

목사님은 말로써만 감사를 드린 것이 아니라, 사태 진압 후에 실제로 가해자들의 구명을 탄원하여 두 아들을 죽인 안재선을 양자로 삼음으로써 세상을 감복시켰다. 6·25전쟁이 일어나자 동료와 신도들의 피난 권유를 거절하고 행동이 자유롭지 못한 나병환자들과 교회를 지키시다가 1950년 9월 28일에 여수에서 가까운 미평 과수원에서 공산군에 의해 총살 순교를 당하셨다. 산돌 손양원 목사님은 사람과 사람의 장벽을 허물고 껴안음을 통해 죽음으로 다시 사는 값진 삶을 사신 분이다.

배턴 터치 (baton-touch)

2012년 12월 19일

　400m 릴레이 경주에서 주자가 가지고 가다가 다음 주자에게 넘겨 주는 배턴 터치는 승패를 가르는 중요한 요인이 된다. 앞서가는 주자가 멈추지 않고 자연스럽게 다음 주자에게 잘 넘겨 주면 좋지만, 배턴을 넘겨 줄 때 엉거주춤해서 늦어지거나 실수라도 해서 떨어트리게 되면 등위에서 멀어진다. 우리의 일상생활에서도 마찬가지이다.
　온갖 어려움을 무릅쓰고 설립한 사람의 이념이나 정신이 훼손되지 않고 계승되고 발전되어 나가기란 참 어렵다. 함께 생활했던 사람들이나 제자들, 후대의 사람들이 앞서간 사람들이 이룬 업적에 대해 진정성을 가지고 공감하면서 하나로 뭉쳐서 피땀 어린 정성과 노력으로 잘 유지한다면 이보다 더 좋을 수가 없다. 그러나 처음에 세운 사람들보다 그 다음 사람들이 잘 지켜 나가면서 발전시켜 나가기가 훨씬 더 어렵다고 한다. 늘 깨어서 정신을 차려 노력하지 않으면 맥(脈)이 끊어지고 무너지는 것은 한순간이다. 다시 회복되기란 참으로 어렵다. 이 모든 것은 그 구성원들의 몫이고, 결국 사람이 만들어 간다.

2011년 11월 초 늦가을, 해가 뉘엿뉘엿 넘어가는 저녁 때였다. 밭에서 일을 하고 있는데 조정우 선생님께서 찾아오셨다. 밭을 한번 둘러보시고는 이런저런 말씀을 하신 다음에 호주머니에서 무엇인가 꺼내서 내게 내밀었다. 거고 도서관 시청각실을 거고교회가 함께 사용하고 있는데 그곳의 현관 출입문 열쇠와 전자카드였다. "그동안 바닷가에서 한번 생활해 보기를 동경해 왔었는데 아내가 반대해서 이루지 못했다가 이제 나이가 70을 넘고 보니 아내가 동의를 해서 추수를 끝내고 12월 중순에 남해 창선으로 이사를 가려고 합니다. 완전히 떠나가는 것은 아니지만 교회 청소를 계속하기는 어려울 것 같아서 아무래도 이 선생이 대신 좀 맡아서 수고해 주기 바랍니다."

예배를 위해서 주일 아침 일찍 나와서 문을 열고 청소를 부탁하는 것을 긴 말씀을 하지 않아도 나는 직감적으로 알아차렸다. 선생님께서는 오랫동안 혼자서 묵묵히 이 일을 감당해 오셨다. 내가 무엇이라고 직접 찾아오셔서 부탁을 하는데 그분 앞에서 감히 거절을 할 엄두를 내지 못했다. "네, 알겠습니다" 하고 열쇠를 받고는 그 다음 주일부터 예배를 드리기 위해서 청소에서부터 정리 정돈, 마이크 설치, 냉난방장치 관리를 해오고 있다. 조 선생님은 혼자 도맡아서 하셨는데, 고맙게도 김선봉 교장선생님과 김애희 선생님이 함께 나와서 분담해서 하니 일하기가 훨씬 수월하다.

조정우 선생님이 학교 행정실에 계실 때는 중·고등학교에 관련된 모든 인쇄물을 제때, 제시간에 한 치의 오차도 없이 처리하셨다. 지금은 컴퓨터와 성능이 좋은 기기가 있어서 자동화 작업이 진행되어서 편리하지만, 몇 년 전만 하더라도 대부분 수작업으로 일을 처리했었는데, 특히 시험기간 동안에는 그 어렵고 복잡한 작업을 밤늦게까지 하셨다.

조 선생님은 참 취미도 다양하시다. 사모님은 피아노를 잘 치시고, 언제부터인지 섹스폰을 배워서 공연회 때 발표도 하시고, 우리와 마을 사람들에게도 가끔 들려주신다. 여행하기를 좋아해서 여력이 있는 한 세계 여러 나라를 다녀오려고 하신다. 2년 전에 인도를 다녀오시고는 어려운 나라일수록 행복지수가 높다는 말씀도 하셨다. 거열산성과 주변 산에도 자주 가시는데, 혼자 가시는 것이 아니라 사모님과 학회 자동차학원에 근무하다가 일찍 세상을 떠난 전 부장님의 부인이 다시 병이 들게 되자 기력을 회복하기 위해서 함께 다녀오신다.

그리고 오래전부터 밭농사를 해 오셨는데 애써 키운 모종을 주변 사람들에게도 공급하고, 유기질 비료와 저농약으로 작물을 재배해서 생산된 농산물은 이웃 사람들과 나누어 먹는다. 지난 10월 28일에는 우리 거고교회에서 조 선생님이 계시는 남해군 창선면 진동리로 가을 야외예배를 드리러 갔었다. 예배는 창선교회에서 드리고, 점심은 직접 시장을 봐 온 해물과 교회에서 장만한 음식으로 대접을 잘 받았다. 조 선생님의 집을 방문해서 차를 마시고 섹스폰을 연주하는 것을 듣고 해변을 걸었다. 마을이 참 아늑하고 평화로웠다.

"어떻게 이렇게 좋은 곳을 선택했습니까?" 하고 물었더니, 여러 곳을 찾아다니면서 물색한 곳이라고 하셨다. 이곳 마을 사람들과 교인들이 자기가 온 것을 참 좋아한다고 말씀하셨다. 대부분이 자기보다 나이가 많은 사람들이 살고 있는데, 냉장고, 텔레비전, 선풍기, 기타 여러 가전제품들이 고장나면 먼 곳에 수리를 부탁해도 잘 오지도 않는데, 부탁만 하면 곧바로 수리를 해주면서 말벗도 되고, 함께 일도 해주니 너무 좋아한다는 것이다. 누구에게 크게 말을 하는 것도 아니다. 자연스럽게 주민들과 동화되어 사는 것이 전도가 되는 것이다. 평생 동안 거창고등학교 곁을 떠나지 않으면서 주님의 사랑을 실천해 나가는 모습이 너무 아름답고, 곁에서 지켜보는 내가 행복하다.

문제 해결의 출발점은 회개다

2015년 7월 31일

　지금까지 내가 살아온 것을 뒤돌아보면, 잘한 것보다는 잘못한 일들이 훨씬 더 많다. 잘 알지 못해서 지은 죄도 많지만, 그렇게 하면 안 되는 것을 알면서도 저지르는 잘못도 있다. 자연스럽게 해나가면 되는 것을 욕심이나 집착으로 무리를 해서 생기는 경우도 있고, 내가 조금 잘한다고 우쭐해지면서 실수를 하는 경우도 있다.

　내가 운동하는 파크골프에 원로이신 조덕명 교장선생님이 계신다. 거창 지역에 파크골프를 보급하고, 구장 설계를 비롯해서 우리가 편리하게 운동을 할 수 있도록 큰 역할을 하셨다. 이분은 매 경기 때마다 타수에 진폭이 거의 없다. A코스와 B코스의 18홀을 다 돌고 나면 50타 내외를 유지하는데, 우리에게 늘 하시는 말씀이 "2타 - 버디 다음에 조심하라"고 하신다. 한번 잘 치면 그 다음에도 잘 칠 양으로 어깨에 힘을 주고 채를 휘두르게 되면 범타를 하거나, OB를 내기 일쑤이기 때문이다. 언제나 초심으로 돌아가서 정신을 차려서 정성을 다하지 않으면 한순간에 무너져버린다.

조금만 신경을 써서 앞일을 예측하거나 상상을 하면서 대처해 나가면 되는데, 자신의 편리만 앞세워 너무 안이하게 행동하다 보면 큰 사고를 당하게 된다. 대형 참사나 비극적인 사건들을 곰곰이 살펴보면 작고 미세한 것에서부터 시작이 되고, 그 도중에 징후가 나타난다. 우리가 날벼락이라고 하는 것도 사실은 예고가 되는 것들이 많다. 사람은 태산에 걸려 넘어지는 것이 아니라, 발밑의 작은 돌에 걸려 넘어진다. 우리에게 들려주는 작은 목소리에 정신을 차리고 귀 기울여서 문제점이 어디에 있는지, 그 근원적인 것을 찾아서 곧바로 해결해 나가야 한다.

1998년 7월 31일 밤과 8월 1일 새벽 사이에 지리산 대원사 계곡에 시간당 80mm(262mm)의 폭우가 쏟아져서 갑자기 불어난 물에 야영객 22명이 휩쓸려 큰 변을 당한 사고가 있었다. 그때를 지켜본 사람들은 불어난 계곡의 물살이 마치 삼나무가 밭에 서 있는 것처럼 물이 거세게 내려갔다고 한다. 국지성 호우로 깊은 계곡의 물은 갑자기 불어난다는 사실을 미리 알고 계곡물 가까운 곳에는 텐트를 치지 말았어야 하고, 신속하게 대피 방송을 하면서 구조 활동을 펼쳐야 하는데 너무 늦게 대처해서 인명피해가 컸다.

또 우리는 다른 사람들이 나의 자존심을 상하게 하거나, 무시하거나 홀대하는 경우에 울분을 참지 못하고 순식간에 폭발해 버리는 경우에 큰 실수를 범하게 된다. 그런가 하면 교묘하게 판을 짜서 좌우로 편을 가르고 분란을 일으켜서 사람 사이를 갈라놓아서 이득을 취하는 사람들도 있고, 권력을 남용하여 자기에게 못마땅한 사람들의 목을 죄는 악한 사람들도 있다.

에스더 3-7장을 보면, "아하수에로 왕의 대 신하인 하만은 대궐문에서 근무하는 모르드개가 다른 사람들처럼 자기에게 무릎을 꿇어 엎드려 절을 하지 않는다는 이유로 모르드개와 같은 겨레인 유다 사람들을 다 죽이기로 계획을 세우고, 모르드개는 높이 쉰 자짜리 장대에 매달도록 작정했는데, 조카인 에스더 왕후의 간절한 요청으로 이것이 음모인 것을 안 아하수에르 왕은 하만 자신을 그 장대에 매달게 되었다"는 말씀이 있다.

우리는 살아가면서 여러 가지 실수나 잘못된 일들을 저지른 후에 내 양심을 통해서, 다른 사람들을 통해서 "너 그렇게 하면 안 된다. 나중에 벌 받아!" 하는 충고와 경고의 소리를 듣는다. "네가 다른 사람의 눈에서 눈물이 나게 하면, 나중에 너의 눈에서는 피눈물이 난다." "다른 사람에게 억울하게 누명을 씌워서 짓밟으면 네게 좋을 것 같지? 아니야. 그렇게 하면 오래가지 않아. 네가 더 큰 화를 입게 돼. 대장부답게 정정당당하게 해 나가!" "재물이 탐이 나고, 자리가 탐이 나서 흰 것을 검다고 말하고, 검은 것을 희다고 말하면서 불의의 편에 서게 되면 결국은 네가 그들의 올무에 걸리고 마는 거야."

나를 진심으로 사랑하고 염려해서 충고해 주는 사람을 가졌다는 것은 참 행복한 일이다. 내가 잘못했을 때, 죄를 지었을 때, 비난을 하고 욕을 하는 사람은 많다. 그러나 잘못한 그 사람이 너무나 안타까워서 "너 그렇게 하면 안 된다"라고 눈물로 호소하면서 '어떻게 하면 그를 돌이키게 할 수 있을까?'를 염려하면서 해결방안을 찾으려고 함께 걱정하면서 노력하는 사람은 그렇게 많지 않다. 사람에게 듣기 좋은 말, 칭찬하는 말은 하기 좋아해도 내가 실수를 하거나 잘못했을 때, 그 친구를 위해서 진심으로 충고를 해주는 사람 또한 많지 않다. 이런 충고의 소리를 들었을 때 나는 어떤 반응을 보이는가? "네가 무슨 간섭이야! 네 할 일이나 똑바로 해!" 하면서 아예 무시하거나 냉소적인가? 나를 정당화시키고 변명하기에 급급한가? "내가 참 잘못했어. 내가 고칠게" 하면서 충고해 주는 것을 고맙게 여기는 사람이야말로 대단한 사람이다.

사람은 감정의 동물이기 때문에 자기에게 잘해 주고 사랑하는 사람을 사랑하기 마련이다. 그러나 차원 높고 발전 가능성이 높은 사람은 자기의 잘못을 뉘우치면서 고쳐나가는 사람이다. 우리의 잘못을 민감하고 신속하게 대처해 나가지 않으면 어느 때 가서는 깊은 수렁에 빠져서 나올 수가 없게 된다. 바늘로 막을 수 있는 것을 한 섬으로도 막을 수 없게 되는 때가 온다. 경고를 무시하는 것은 우리를 병들게 하고 곪아서 썩게 만든다. 이때는 너무 늦었다.

우리 밭 둘레에 대추나무 다섯 그루가 잘 자라고 있었다. 5년째 되던 해부터 대추가 많이 열렸다. 밭에 밑거름은 많이 주지만 나는 곡식이나 나무에 특별히 약을 치지 않는다. 한날은 보니까 제일 튼튼하고, 대추가 많이 열렸던 나무줄기에서 벌레 한 마리가 나뭇가지에 구멍을 내서 나오는 것이 보였다. 나는 그 벌레만 잡고 다른 조치들은 아무것도 하지 않았다.

그 이듬해 봄에 나뭇가지에 구멍이 여러 군데 생기면서 그 크던

나무가 시들시들하면서 대추도 열리지 않았고, 그 옆 나무도 병이 들기 시작했다. 그 벌레 한 마리가 나온 나무는 그때부터 나에게 호소하고 있었다. "내 속에는 벌레들이 무수히 파먹고 있어서 견딜 수가 없다. 약을 좀 쳐주든지, 아니면 병든 가지를 좀 잘라 주세요." 나는 유기농법으로 재배를 한다는 이유로 대체 약품이나 관리를 제대로 해주지 않았기 때문에, 2년에 걸쳐서 대추나무가 죽어서 지금은 두 그루만 남아 있다. 농사를 짓는 데도 세심한 관리와 정성이 필요한데, 하물며 사람이겠는가?

이 경고의 음성은 개인뿐만 아니라 내가 속한 단체의 책임을 맡은 사람에게도 마찬가지다. 어느 누구든지 간에 위기의 순간은 새롭게 출발할 수 있을 뿐만 아니라, 문제 해결의 실마리를 풀 수 있는 절호의 기회가 된다. 이 순간을 놓쳐버리면 나중에 뼈아픈 후회를 해도 아무런 소용이 없어진다. 마지못해서 사과를 하거나 떠밀려서 수긍을 하게 되면 하지 않음만 못하게 된다. 더구나 단체의 책임을 맡고 있는 사람은 설령 자기가 직접 관여하지 않았더라도 피해를 당한 사람들의 고충과 눈물, 아픔을 생각한다면 사과의 한 마디가 얼마나 큰 위안이 되는지 모른다. "정말 죄송합니다. 미리 대처하지 못해서 이런 상황이 발생했습니다. 피해를 당한 여러분의 고초가 얼마나 크겠습니까? 다시는 이런 일들이 발생하지 않도록 최선을 다하겠습니다."

전영창 교장선생님께서 고등학교 설교시간에 우리에게 하신 말씀이 기억난다. "마루에 어린아이가 눈 똥이 있지. 어머니가 똥 눈 그곳을 닦고 또 닦으면, 이전 마루보다 훨씬 더 깨끗해진다. 우리가 지은 죄가 주홍같이 붉을지라도 주님의 은총에 의한 죄 씻음과 용서에 의해서 새롭게 태어난다. 죄가 있는 곳에 은혜가 있다." 늦었지만 깨달음을 얻어서 고쳐 나가기 시작하면 그때가 가장 빠른 때이다. 뉘우치고 다시 원점에서 출발하면 되는 것이다.

참으로 구제 불능인 사람은 "나는 잘못이 없고, 내 책임이 아니다"라고 말하는 사람이다. 자기가 지은 죄에 대해서 심각한 문제의식이나 책임감을 느끼지 못하고, 다른 사람 탓으로 돌리거나 어떻게 해서든지 피해 가려는 사람은 희망이 없다. 윤동주 시인은 "서시"에서 "죽는 날까지 하늘을 우러러 한 점 부끄럼이 없기를, 잎새에 이는 바람에도 나는 괴로워했다"라고 노래했다. 우리의 죄성에 대해서 끊임없이 성찰하고 고쳐나가야 더 성숙한 사람이 될 수 있다. 상처가 나서 계속 아프면 우리 신체 내의 흰 피톨과 싸움을 계속하여 이겨내려고 애를 쓰고 있다는 증거이다. 그러다가 정상세포가 죽어서 곪게 되면 통증이 없어진다. 이때부터 썩어들기 시작하여 그 부위를 도려내야 한다. 나에게 찰거머리처럼 들러붙어서 꼼짝달싹도 못하게 발목을 잡고, 숨통을 꽉 막고 있어서 한 발자국도 떼지 못하게 하는 그 무엇이 없는가?

로마서 7장 19-25절에 "나는 내가 원하는 선한 일을 하지 않고, 도리어 원하지 않는 악한 일을 합니다. 내가 해서는 안 되는 것을 하면 그것을 하는 것이 내가 아니라, 내 속에 자리를 잡고 있는 죄입니다……아, 나는 비참한 사람입니다. 누가 이 죽음의 몸에서 나를 건져 주겠습니까? 우리 주 예수 그리스도를 통하여 나를 건져 주신 하나님께 감사를 드립니다"라고 기록되어 있다. 사도 바울 선생님은 근원적인 죄성에 대해서 우리 자신의 그 어떤 노력으로도 불가능함을 고백하고, 우리 주 예수 그리스도를 통한 속량의 은총에 의한 구원을 말씀하셨다. 주님께 용서받음으로 우리도 용서할 수 있는 사람으로 변화됨을 의미한다.

　아하! 우리는 원점에 홀로 서서 그분 앞에서 회개하는 수밖에 없다. 마태복음 3장 1-2절 말씀에 세례 요한이 나타나서 유대 광야에서 처음으로 선포하여 말씀한 메시지가 "회개하라. 하늘나라가 가까이 왔다"라는 것이었다. 그러한 절규가 이 시대에 필요하다. 우리의 틀을 과감하게 깨쳐버리고 어린이의 순수성으로 돌아가야 내가 바로 서고, 이웃과 나라가 산다.

2015년 9월 23일

　한 사람의 영향력이 커서 천 근 만 근 무게감이 느껴지는 사람은 과연 어떤 사람일까? 그의 말 한마디에 감히 "아니요. 그것은 잘못되었습니다"라고 다른 의견을 제시하면, 반대 의견을 낸 사람을 헤어나지 못할 만큼 땅바닥에 내리칠 수 있는 힘을 가진 사람을 말하는 것일까? 손가락 하나로 지시하면 많은 사람들이 일사분란하게 움직여 생과 사를 갈라놓게 하는 사람일까? 막대한 재력으로 그의 의중에 따라서 회사를 하루아침에 세우기도 하고, 상대방의 회사를 뿌리채 뽑아서 와해시킬 수 있는 능력을 가진 사람을 말할까?

　그러나 다른 사람의 아픔과 눈물은 조금도 생각하지 않고, 그들 위에 서서 자기의 힘을 남용하는 사람들은 천 년 만 년 흥할 것 같아도 쇠할 때가 온다. 온 사방이 그의 위력으로 가득 차 있는 것 같아도 썰물처럼 빠져나가 시간이 지나면 흔적조차 남지 않는다.

우리가 한 사람의 영향력이라고 할 때는 한 단계 높은 차원의 향기를 내는 사람들을 일컫는다. 참으로 다른 사람들을 위해서 살아온 사람의 말 한마디를 들으면 용기가 절로 나고 마음으로부터 '아! 그렇구나. 이렇게 사는 것이 사람답게 사는 것이구나!' 하고 공감하게 된다. 한 가지 일에 전념해 온 전문가가 자기의 견해를 말할 때, 그 진가가 유감없이 발휘되는 것이다. 평생을 내어주면서 살아서 가진 것이라고는 옷 한 벌밖에 없는 분이 "우리의 것을 나누어서 재난을 당한 사람들을 도웁시다"라고 말하면 '저분이 저렇게 살면서 간절하게 부탁을 하시니 내 것의 일부를 내놓아야지' 하면서 스스럼없이 내놓게 되는 것이다. 총과 칼로 위협을 하면서 "너 그렇게 계속 행동하면 죽는다"라고 말해도 "나는 그렇게 해야만 합니다"라고 말하면서 뚜벅뚜벅 걸어가는 사람이 있다. 한때는 이런 사람들이 이름도 모르게 묻힐 수도 있지만, 역사가 살아 숨쉬고 있는 한, 언젠가는 어둠을 뚫고 혜성처럼 나타나게 될 것이다. 영향력은 강요에 의해서 만들어지는 것이 아니라 그의 삶에 배여서 자연스럽게 풍겨나는 것이다. 억지로 꾸며낸 것은 잠시 겉으로 드러날지는 몰라도 오래가지 못하고 곧 퇴색해 버린다.

우리나라에 큰 영향력을 가진 어르신들이 곳곳에 많이 계셨으면 참 좋겠다. 그중에 한 분으로 나는 김수환 추기경(1922-2009년)을 존경한다. 희수(77세)를 맞아 그 자신의 삶을 돌아보면서 펴낸 회고집에서 그가 말씀하신 것은 우리 모두가 공감하기에 충분하다.

"가톨릭 교회는 대체로 전통을 존중하고 현실 참여는 극히 제한된 경우 외에는 피하는 보수적 성향임에도 방관자로서만 있을 수 없어 사회정의 구현에 동참했다."

"나는 이제 하나님의 심판을 기다리면서 기도를 드린다. '저의 힘으로는 도저히 할 수 없사오나 교회를 위해, 또 나라를 위해, 통일을 위해 희생의 제물이 될 수만 있다면, 저를 바칠 마음의 뜻은 있습니다. 막상 그런 고통을 당하면 마음이 흔들릴지 모르오니, 끝까지 항구(恒久)하도록 주님이 잡아 주십시오!'"

"이 세상에서 가장 어렵고도 긴 여행은 머리에서 가슴으로 가는 여행입니다."

"사랑은 결코 감정이나 느낌이 아닙니다. 사랑은 의지에 속하는 것입니다."

다른 한 분은 우리나라 개화기의 위대한 지도자였으며, 독립운동가, 사상가로 열렬한 애국자이셨던 월남 이상재 선생님(1850-1927년)이시다. 선생님은 일제 치하에서 많은 애국지사들이 해외로 망명을 했으나, 끝까지 국내에 남아 있으면서 민중과 더불어 동고동락하셨다. 더욱이 젊은이들의 친구가 되어 그들과 함께 웃고, 함께 울었다. 3·1만세 운동 직후 구금되었다가 6월에야 석방되었는데, 이상재 선생님을 향한 검찰의 심문 내용을 보면 다음과 같다.

심문: 이 운동은 누가 먼저 시작했는가?
대답: 3천만 민족이 다 같이 시작했다.
심문: 아니, 구체적으로 말하라.
대답: 하나님의 지시로 했다.

심문: 당신이 한 것 아닌가?

대답: 나도 했다.

심문: 연루자가 누구인가?

대답: 연루자? 독립운동은 혼자 하는 것이지 연루자가 있을 리 없다.

심문: 무슨 흑막이 있지 않은가?

대답: 흑막? 나는 백막으로 했지 흑막은 없다. 2만 명이나 되는 경찰과 형사들이 전국에 거미줄처럼 벌려 있으면서 너희가 그것을 몰랐다는 것이 무슨 소리냐? 거기에 흑막이 있다고 하니, 이제 문제가 커지니까 책임을 회피하기 위하여 그따위 말을 하는 것 아니냐?

이처럼 도리어 이상재 선생님이 공격하였으므로 검찰은 더 이상 묻지 못하였다. 그 뒤 검찰이 이상재 선생님을 계속 심문하자 그는 "일본놈들은 제 애비도 친다더니, 어디 나를 쳐 보아라" 했다. 검찰은 하는 수 없이 이상재 선생님을 석방하게 되었다. 그러자 이상재 선생님은 "허허! 밖에 있을 때는 내가 늙었다고 젊은 사람들이 자꾸 빼돌리더니, 늙은 사람은 감옥 안에서도 소용이 없구먼!" 하고 말했다. 선생님에게는 해학과 여유, 일제를 압도하는 겨레 사랑이 가득하였다.

우리는 날이면 날마다 우리 자신을 향해서 되물어 보아야 한다.

'너는 지금 어디에서 무엇을 하고 있는가?'

'너의 삶의 무게는 얼마나 나가는가?'

'너는 깃털처럼 바람결에도 흔들리는 가벼운 사람이 아닌가? 떨어진 낙엽처럼 정처 없이 이리저리 나뒹구는 사람이 아닌가? 허기진 배를 채우기 위해서, 뜻도 없이 단팥죽 한 그릇에 너의 영혼까지 너무나 쉽게 팔아버리는 어리석은 사람이 아닌가?'

우리는 이 세상을 마감하는 순간까지 외성과 내성을 소리는 내지 않되, 견고하게 쌓아가야 한다. 돌매화처럼 비록 하늘 높이 자라지는 못해도 군락을 지어서 빙하기에도 견딜 만큼 서로가 서로에게 바람을 막아 주고, 견디어 내는 고집스러움이 있어야 한다. 히로시마 원폭이 투하되고 나서 황폐화된 땅에서 처음으로 돋아난 어성초의 그 강인함으로 일어서고, 또 일어서는 질긴 삶의 모습을 갖추어 가야 한다. 다른 사람을 결코 인정하지도, 용납하지도 않는 외골수의 못된 내가 아니라, 본래 나의 진정한 모습으로 돌아가서 마음 문을 다 열어놓고, 다 비워버린 진정한 나다움으로 하루하루의 삶을 계속해 나가는 것이다. 다른 사람들이 지니고 있는 모습을 본뜰 수는 있어도, 내면 깊숙하게 자리 잡고 있는 원음을 향유할 수는 없다.

나를 집어 삼켜버릴 듯이 거세게 불어날 강물의 물살 세기를 감지하면서 많은 사람들이 서둘러서 강을 건너가더라도 진정으로 옳은 길이라면 강 이편에 홀로 버티어 선 용기 있는 사람이 되어야 한다. 배가 난파되어 서로가 구명보트에 먼저 타려고 야단인데도, "나는 이제 나이가 들어서 괜찮네! 앞으로 살아갈 날들이 많은 젊은이들이, 할 일이 많은 당신네들이 먼저 타고 가야지!" 하면서 배를 다른 사람들에게 밀어낼 수 있는 참으로 자유로운 사람이 되어야 한다.

2015년 8월 25일

    기독인으로서 가장 큰 축복은 무엇일까? "내가 세상 끝 날까지 항상 너희와 함께 있을 것이다"라고 말씀하신 우리 주 예수 그리스도를 믿음으로, 아바 아버지 하나님께 나아가 기도를 드릴 수 있다는 것이다. 세상 모든 사람이 나를 버리고 다 떠나갈지라도 나의 곁에서 늘 지켜 주시는 하나님이 계신다는 이 사실이 얼마나 큰 은혜이고 축복인지 모른다. 사람의 심장이 멈추고, 호흡이 끊어지면 죽는 것과 마찬가지로 신앙인에게 있어서 기도는 영혼의 호흡과도 같다.

    우리가 숨쉬는 공기와 같이 하나님은 우리 안에 거하시며, 우리와 구별되면서도 결코 우리와 분리되지 않는다. 하나님 안에서 내 삶의 모든 것은 투명하다. 나의 나약함과 부서진 마음과 죄를 알면서도 무한히 나를 사랑하고 계심으로 우리의 전 존재를 맡겨서 살아 계신 그리스도와 우리의 관계를 심화시켜 나가야 한다. 나의 집착과 과욕을 내려놓고 온전히 비워서 충만하신 하나님 품에 안겨서 무한한 신뢰와 겸허한 마음으로 매일 같이 주님의 음성을 경청해야 한다. 어린 아기가 어머니 품에 안겨서 편안하게 잠들듯 아버지 하나님께 모든 것을 맡기고 삶을 살아갈 때 진정한 평안함이 있다.

"너희 염려를 다 주께 맡기라 이는 그가 너희를 돌보심이라"(벧전 5:7, 개역개정).
"아무것도 염려하지 말고 다만 모든 일에 기도와 간구로 너희 구할 것을 감사함으로 하나님께 아뢰라"(빌 4:6, 개역개정).

기도의 최고 형태는 예배이다. 마태복음 6장 6절에서 "너는 기도할 때에 골방에 들어가 문을 닫고서 숨어서 계시는 네 아버지께 기도하여라. 그리하면 숨어서 보시는 너의 아버지께서 너에게 갚아 주실 것이다"라고 말씀하셨다. 혼자서 예배하는 일이 기도이고, 모여서 기도하는 일이 예배이다. 항상 깨어서 쉬지 않고 기도함으로, 우리의 생활 자체로 아버지 하나님께 온전히 예배드리는 기도가 되어야 한다. 잠에서 깰 때도 기도하고, 하루를 살아갈 때 기도로 사람을 대하고, 기도로 결정을 내리고, 기도로 감사하고, 잠들 때도 기도로 잠들고, 잠에서도 기도의 꿈을 꾸는 사람이 되면 얼마나 축복받는 신앙인이 될까?

"온갖 기도와 간구로 언제나 성령 안에서 기도하십시오. 이것을 위하여 늘 깨어서 끝까지 참으면서 모든 성도를 위하여 간구하십시오"(엡 6:18).

우리가 매일 기도를 통해서 그리스도를 만나고 그분의 말씀을 묵상하면, 면식단계를 넘어서 우정과 신뢰와 사랑의 태도로 인도되어 대화가 단순해지고 친교의 수준으로 나아간다. 거창성당의 이청준 신부님은 '향심기도' 강론을 통하여 매일 두 차례 20~30분씩 향심기도를 하는 것이 좋다고 말씀하셨다. 아침에 한 번, 오후나 이른 저녁에 또 한 번 하면 되고, 수련이 몸에 배이면 기도시간을 30분으로 혹은 그 이상 연장해도 좋다고 하셨다. 대동교회 백용현 목사님은, 기도는 지식을 배우는 것이 아니라 훈련해야 하기 때문에 40일 정도의 지속적이고 집중적인 시간이 필요하다고 말씀하신다. '40일 기도학교'는 40일 동안 매일 한 시간씩 기도에 대한 강의와 기도훈련을 하는 것으로, 하루에 3시간씩 기도의 시간을 가지라고 권면한다.

분명한 것은 우리의 내적 자아가 성숙하려면 매일 규칙적으로 시간을 내서 기도하고, 몸으로 실천하는 것이 절대적으로 필요하다. 기도가 습관화되면 신비스럽고 평화스러운 예수님의 현존하심이 우리 안에 자리 잡게 된다. 나는 지금까지 신앙생활을 해 오면서 하루의 일과를 시작하기 전, 새벽 미명에 가장 맑은 정신으로 하나님과 마주 앉는 기도의 시간을 가지고, 성경말씀을 읽고 묵상하는 시간을 병행하는 것이 참 좋다고 생각한다. 하루 일과를 마치고 기도의 시간을 가짐으로 마무리를 한다. 성경은 하루에 3장씩, 일요일에 5장씩 읽으면 신·구약을 1년에 한 번 통독할 수 있다.

우리에게 일상적인 기도가 참으로 중요하다. 그러나 일방적으로 내가 주님께 아뢰기만 하는 기도가 아니라, 아버지 하나님의 뜻이 어디에 있는지, 우리의 마음을 열어서 주님께서 내게 말씀하실 집중적인 기도의 시간도 필요하다. 예수님께서 인류 구원을 위한 십자가를 지실 것을 앞에 두고, 겟세마네 동산에서 밤을 새워가면서 고뇌에 찬 기도를 아버지 하나님께 드리게 된다.

> "나의 아버지, 하실 수만 있으시면, 이 잔을 내게서 지나가게 해 주십시오. 그러나 내 뜻대로 하지 마시고, 아버지의 뜻대로 해 주십시오"(마 26:39).

삶의 진정한 귀로에서 '내가 죽음으로 아버지의 뜻을 이루는' 순종의 주님을 바라보면서 참 신앙의 길을 걸어가신 나의 주님께 감사를 드린다.

고난은 신앙의 성숙을 가져다주는 최고의 기회이다. 하나님께서 나에게 무엇을 주시든지, 그것이 비록 고통이고, 시련이라도 받아들이고자 하는 마음의 자세가 참된 기도이다. 우리가 항상 정신을 차려서 기도해야 할 일은 시험에 빠지지 않도록 근신하면서 기도하는 일이다.

예수님이 겟세마네 동산에서 제자들에게 마지막으로 부탁하신 일이 "시험에 들지 않도록 깨어 기도하라"는 것이었다.

욥은 하나님의 허락으로 사탄의 시험의 대상이 되어서 가족을 잃고, 재산을 다 잃고, 온몸에 악성 종기가 나서 고생을 하게 되었다. 너무나 처참한 신세가 된 욥은 하나님께 호소도 하고 원망도 하게 된다. 불난 집에 부채질하듯 친구들은 "욥이 하나님께 죄를 지어 벌을 받아서 고통을 당한다"라고 연일 비난하면서 훈시를 했다. 끝내는 욥이 하나님께 불평하고 원망한 것이 죄가 됨을 회개하니, 하나님은 이전보다 더 큰 축복을 욥에게 주신다.

나는 지금 아내의 고통을 옆에서 차마 지켜볼 수가 없어서 하나님께 기도를 드리고 있다. 지난 2월에 서울대학교 병원에서 요관암 수술을 받았는데, 주변 조직과 근육으로 전이가 되어서 암세포를 다 제거하지 못했다. 3주 후부터 암 병원에서 어렵고 힘든 항암치료를 12번이나 받았는데, 아내는 용감하게 잘 견디어 냈다. 그러나 한 달 뒤에 CT를 찍고 검사한 결과 요추 부근으로 전이가 되었는데 그것도 악성종양이라고 한다. 다시 임상실험용 항암치료를 3번 하고 나서부터 주사약이 독한지 기력이 약해지고, 요추 부근의 암 덩이가 척추신경을 압박하니 왼쪽 허리와 다리에 통증이 오기 시작해서 걷기조차 힘들어한다. 교통사고로 오른쪽 허벅지를 심하게 다쳐도 눈물 한 방울 흘리지 않던 아내가 아파하는 모습에 내가 할 수 있는 것은 아버지 하나님께 호소하는 수밖에 없다. 그러나 끝까지 희망을 버리지 않고 기도하면서 통증 부위를 만져서 조금이라도 걷기를 시도한다.

기도가 우리 자신에게만 한정된다면, 진정으로 아름다운 기도라 할 수 없다. 세상을 향한 다양한 사람들을 향해서 중보기도를 드려야 한다. 우리가 섬김의 삶을 살려고 한다면, 먼저 타인을 위해 기도하는 것부터 시작해야 한다. 우리는 이웃에게서 하나님의 얼굴을 보아야 하며, 이웃을 무시하는 것은 하나님을 무시하는 것이다. 기도는 우리의 사랑이 수직적으로, 그리고 수평적으로 자유롭게 흐르도록 해준다. 위대한 설교가요, 기도의 사람인 조지 버트릭은 "우리 자신의 편협하고 사소한 관심사를 넘어서서 이 세상의 궁핍한 사람들, 일터에 있는 사람들, 상처받은 사람들, 각 분야의 지도자들, 쓰라린 상처를 내게 안긴 사람들을 위해서 기도하고 축복하게 하옵소서"라고 기도했다.

이 세상에서 참으로 하기 힘든 일은 나에게 해를 끼치고, 걸어서 넘어지게 하는 사람을 위해서 주님께 용서를 구하는 기도이다. 기도 중에서 용서를 구하는 기도가 가장 고귀하다. 예수님은 그 모범을 우리에게 보이셨다. 십자가에 처형을 시켜놓고, 밑에서 온갖 조롱과 모욕을 하는 백성들과 대제사장들과 율법학자들과 장로들을 위해서 "아버지, 저 사람들을 용서하여 주십시오. 저 사람들은 자기네가 무슨 일을 하는지를 알지 못합니다"(눅 23:34)라고 하나님께 기도를 드리셨다.

이 세상에도 아름다운 기도를 구하는 사람들이 있다. 라펜스브루크에 있는 나치스의 강제수용소에서 대략 92,000명의 남녀와 어린아이들이 죽임을 당했다. 그중 한 어린아이의 시체 부근에서 포장지 조각 하나가 발견되었는데, 거기에 이런 기도가 쓰여 있었다. "오! 주님, 호의를 가진 사람들뿐만 아니라 악의를 품은 사람들까지도 기억하여 주소서. 그들이 우리에게 끼친 고난만을 기억하지 마시고, 그 고난으로 인해 우리가 얻은 열매도 기억하여 주소서. 이 모든 고난의 결과로 맺어진 열매들, 이를테면 우리의 우정과 충성, 우리의 겸손과 용기, 관용, 넓은 마음도 기억하여 주소서. 그리고 그들이 심판을 받게 될 때에 우리가 맺은 모든 열매들로 인해 그들이 용서받게 하소서."

하나님은 자신을 전적으로 의지하는 사람에게 풍성한 축복으로 응답하신다. 그러나 아버지가 사랑하는 아들의 요구조건을 다 들어주는 것이 아니라, 아버지의 뜻에 반하는 것이나 해가 되는 것은 우리가 포기하기를 원하신다. 우리는 겟세마네 동산에서 주님께서

하신 포기의 기도를 배울 수 있다. 핏방울 같은 땀이 땅으로 떨어지면서 인간적으로는 "이 잔을 내게서 옮기시옵소서"라고 바랐지만, 결국 마지막에 가서는(눅 22:39-46) 자기의 요구하는 바를 포기하고 눈물로 기도하는 아버지 하나님의 아들을 보게 된다.

기도의 열매는 기도 중이 아니라 일상에서 체험된다. 하나님이 우리의 기도를 들으시고 응답하실 것을 변함없이 신뢰해야 한다. 끝까지 지속적으로 기도할 뿐만 아니라 하나님이 우리의 기도를 들으시고 응답해 주실 것을 믿어야 한다. 인내와 믿음의 자세로 기도가 응답될 때까지 계속해서 기도하는 것이 무엇보다 중요하다. 조지 뮬러는 어떤 경우에도 실망하지 않았으며, 무릎을 꿇은 채 하나님께 간구했다. 그래서 5만 번 이상 기도의 응답을 받았다.

"나는 52년간 하루도 거르지 않고 어릴 적 친구의 두 아들을 위해서 줄곧 기도해 해왔습니다. 그들은 아직 회심하지 않았지만, 그렇게 될 겁니다! 나는 이미 오래전에 내가 돌보는 아이들을 전부 주님께 맡겼습니다. 이 시점에 내가 할 수 있는 것은 하나님의 은총에 힘입어서 그 짐을 하늘에 계신 아버지께 맡기는 것입니다. 나는 그분을 신뢰합니다. 우리가 기도해야 하는 분은 정말 선하고, 자비롭고, 대단하십니다!"

주님은 살아 계신 하나님의 아들 그리스도입니다

2015년 2월 14일 거고교회

　이 세상에서 '가장 행복한 사람', '값진 삶을 살아가는 사람'은 '자기의 존재 이유, 자기의 할 일, 역할'을 분명히 알고, 누가 뭐라 해도 앞뒤를 재지 않고 한 길로 나아가는 사람입니다. 내가 해야 할 핵심적인 일을 정확하게 파악하고, 어떤 경우에도 그 일에 집중하는 것입니다.

　우리는 썩어 없어질 육에 속한 사람도 이 세상에 속한 사람도 아닙니다. 전능하신 아버지 하나님의 품 안에서 영원한 삶을 누려야 할 하늘에 속한 사람으로, 뚜렷한 목적을 가지고 분명하게 가야 할 길이 있습니다.

　저는 오늘 세례 요한, 베드로, 사도 바울, 가룟 유다의 삶을 살펴봄으로써 그 방향을 찾아 보려고 합니다.

1) 세례 요한

세례 요한은 '메시아'를 알아보고, 자신은 '주님의 길을 예비하러 온 사람', '하나님께서 보내신 심부름꾼'이라는 사실을 분명히 깨닫고 기꺼이 자기 목숨까지 내놓았습니다.

"내 뒤에 오시는 분이야말로 하나님의 아들 예수 그리스도인데, '나는 그분의 신들메도 풀 자격이 없는 사람'이고, '그는 흥하여야 하고 나는 쇠하여야 할 사람'"으로 분명히 알았습니다.

그 당시 유대 나라에서 일반 백성들은 로마의 식민지 지배하에 있었기 때문에 피폐한 삶을 살아가고 있었을 뿐만 아니라, 종교적으로도 예루살렘 성전에서 예배의식에도 참석할 수 없는 소외 계층의 사람들이었습니다. 이때 혜성처럼 등장한 사람이 바로 세례 요한입니다. 그는 누구든지 요단 강가에 나와서 "죄를 회개하고 세례를 받으면 천국에 이르게 된다"는 '세례운동'을 펼쳐나갔습니다.

이 하늘나라의 소식은 로마의 식민지하에서 신앙의 음지에서 신음하면서 사는 백성들에게 엄청난 사건이었습니다. '하나님 안에서 새로운 출발'을 하는 계기를 만들어 준 셈입니다. 많은 군중과 제자들이 구름처럼 몰려들면서 그를 선지자로, 예언자로, 우리에게 오실 그리스도로 여기게 되었습니다.

이럴 때 일반적인 사람은 '내가 그리스도' 라는 자기 망상에 사로잡히게 됩니다. 예수님보다 6개월 전에 온 세례 요한은 이러한 사실을 접하고 "나는 하나님께서 보내신 심부름꾼에 불과합니다. 나는 그리스도도 아니요, 내 뒤에 오시는 그분이 세상 죄를 지고 가는 어린양 예수 그리스도입니다. 나는 그분의 신발끈을 풀어드릴 자격조차 없는 사람입니다. 나는 그분의 길을 예비하러 왔을 뿐입니다"라고 했습니다.

세례 요한은 결국 헤롯이 자기의 동생 빌립의 아내를 취한 것이 옳지 못하다는 것을 지적하여 감옥에서 목 베임을 받게 됩니다. 이 사실을 접한 예수님은 세례 요한을 가리켜 "여자가 낳은 자 중에 가장 훌륭한 사람"이라고 말씀합니다.

2) 베드로

시몬 베드로는 밤새도록 고기를 잡으려고 애를 썼으나 아무것도 잡을 수가 없었는데, 예수님께서 "깊은 데로 나가 그물을 내려서 고기를 잡아라"고 말씀하셨습니다(눅 5:4-9).

평생을 어부로 산 그였지만, 베드로는 주님의 말씀에 순복하고 그물을 던졌는데, 많은 고기떼가 걸려들어서 그물이 찢어질 지경이 되었습니다. 시몬 베드로는 많이 잡힌 고기를 보고 감탄한 것이 아니라 예수님의 무릎 앞에 엎드려서 "주님, 나에게서 떠나 주십시오. 나는 죄인입니다"라고 고백했습니다. 그러한 베드로에게 주님은 "두려워하지 말아라. 이제부터 너는 사람을 낚을 것이다"라고 말씀하셨습니다. 이에 베드로와 함께 있었던 사람들은 배를 뭍에 댄 뒤에 모든 것을 버려두고 예수를 따라갔다고 기록되어 있습니다.

예수께서 빌립보의 가이사랴 지방에 이르러서 제자들에게 "사람들이 인자를 누구라고 하느냐?"라고 하시자 제자들은 "세례자 요한, 엘리야, 예레미야, 예언자 중의 한 사람이라고 말하는 사람들이 있습니다" 했습니다. 그런데 제자들은 정작 자기들의 생각은 말하지 않았습니다. "그러면 너희들은 나를 누구라고 하느냐?"라는 예수님의 물음에 시몬 베드로가 대답하길 "주는 살아 계신 하나님의 아들 그리스도입니다"라고 했습니다. 예수님께서는 그에게 "바요나 시몬아, 너에게 복이 있다. 너에게 이것을 알려 주신 분은 사람이 아니라, 하늘에 계신 나의 아버지이시다"라고 하셨습니다(마 16:13-17).

이 고백을 한 베드로를 주님은 축복하십니다. "너는 베드로다. 나는 이 반석 위에다가 내 교회를 세우겠다……내가 너에게 하늘나라의 열쇠를 주겠다. 네가 무엇이든지 땅에서 매면 하늘에서도 매일 것이요, 땅에서 풀면 하늘에서도 풀릴 것이다"(마 16:18-19).

3) 사도 바울

다메섹 도상에서 주님을 만난 이후로 바울 선생님만큼 자기의 역할을 깨닫고 철저하게 나아간 사람은 없습니다. 그의 소명은 땅끝까지, 특히 로마와 이방 나라에 복음의 기쁜 소식을 전하는 일이었습니다. 바울 선생님은 사명을 감당하기 위한 분명한 자기 확신에 가득 차 있었습니다. 자기 생애의 전부를 걸어서 예수님의 복음을 전하는 데 바쳤습니다.

"그리스도의 사랑이 우리를 휘어잡습니다. 우리가 확신하기로는 한 사람이 모든 사람을 위하여 죽으셨으니 모든 사람이 죽은 셈입니다……이제부터는 살아 있는 사람들이 자기 자신들을 위하여 살아가도록 하려는 것이 아니라, 자기들을 위하여서 죽으셨다가 살아나신 그분을 위하여 살아가도록 하려는 것입니다"(고후 5:14-15).
"우리는 살아도 주님을 위하여 살고, 죽어도 주님을 위하여 죽습니다. 그러므로 우리는 살든지 죽든지 주님의 것입니다"(롬 14:8).

"내가 복음을 전할지라도 그것이 나에게 자랑거리가 될 수 없습니다. 나는 어쩔 수 없이 그것을 해야만 합니다. 내가 복음을 전하지 않으면 나에게 화가 미칠 것입니다"(고전 9:16).

"나는 목표 없이 달리듯이 달리기를 하는 것이 아닙니다. 나는 허공을 치듯이 권투를 하는 것이 아닙니다. 나는 내 몸을 쳐서 굴복시킵니다. 그것은 내가 남에게 복음을 전하고 나서 도리어 나 스스로는 버림을 받는 가련한 신세가 되지 않으려는 것입니다"(고전 9:26-27).

4) 가룟 유다

예수께서 기도하러 산으로 가사 밤이 맞도록 하나님께 기도하시고, 열둘을 택하여 사도(으뜸가는 제자)를 택하여(눅 6:12-16) 각 동네로 보내면서 병자를 고치고, 이적도 행하게 하십니다. 그런데 가룟 유다는, 예수님이 열두 사도를 세우기 전의 기록에는 등장하지 않습니다. 그는 '하나님보다 돈을 더 탐내는 존재'로, 예수님을 대제사장에게 은 30에 파는 역할을 수행하기 위해서 택정한 존재로 나타납니다(마 10:1-4).

유월절 엿새 전에 예수께서 베다니에 가셨을 때, 거기에서 예수를 위하여 잔치를 베풀었을 때 일이었습니다(요 12:1-8). 마리아가 매우 값진 순수한 나드 향유 한 옥합을 가지고 와서, 예수의 발에 붓고, 머리털로 그의 발을 씻으니 향유 냄새가 온 집에 가득했습니다. 가룟 유다는, "이 향유를 삼백 데나리온(노동자의 일 년 품삯에 해당)에 팔아서 가난한 사람들에게 주지 않고, 왜 이렇게 낭비하는가?"라고 말했는데, 그가 이렇게 말하는 것은 가난한 사람을 생각해서가 아니라, 그는 도둑이어서 돈 자루를 맡아 가지고 있으면서, 거기에 든 것을 훔쳐내곤 하였기 때문입니다.

이때 예수께서 말씀하셨습니다. "그대로 두어라. 왜 이 여자를 괴롭히느냐? 이 여자가 내 몸에 향유를 부은 것은, 내 장례를 치르려고 간직한 것을 쓴 것이다. 가난한 사람들은 언제나 너희와 함께 있지만, 나는 언제나 너희와 함께 있는 것이 아니다. 내가 진정으로 너희에게 말한다. 온 세상 어디서든지 이 복음이 전파되는 곳에서는 이 여자가 한 일도 전해져서 그를 기억하게 될 것이다."

이 일이 있고 나서 가룟 유다는 대제사장들에게 가서 "내가 예수를 넘겨 주면 내게 무엇을 줄 작정입니까?"라고 물었습니다(마 26:14). 그들은 유다에게 은돈 서른 닢을 셈하여 주고 예수를 넘겨 받을 기회를 노리고 있었습니다. 예수님은 유월절 저녁식사를 하시면서 이런 유다에게 회개를 촉구하셨습니다. "너희 중에 한 사람이 나를 팔려고 한다." 유다는 가증스럽게 예수님께 "내니이까?"라고 물었습니다. 그러자 주님은 "네가 말했다"라고 하셨습니다. 다른 제자들이 '영원한 생명을 주시는 주님에게 눈이 열려서 믿음의 세계'로 나아간 반면에, 가룟 유다는 예수님을 한 번도 '나의 주님'으로 인정한 적도, 부른 적도 없습니다. 단지 '선생'이었을 뿐입니다. 예수를 따른 것이 세상적인 목적뿐이었습니다. 스승인 예수님을 시장에서 물건을 팔듯이, 조금이라도 더 받으려고 하는 흥정의 대상으로 삼았습니다. 가룟 유다가 예수님을 배반하고, 판 것은 돈 때문이었습니다.

"자족할 줄 아는 사람에게는 경건이 큰 이득을 줍니다. 우리는 아무것도 세상에 가지고 오지 않았으므로 아무것도 가지고 떠나갈 수 없습니다. 우리는 먹을 것과 입을 것이 있으면, 그것으로 만족해야 할 것입니다. 돈을 사랑하는 것이 모든 악의 뿌리입니다. 하나님의 사람이여, 그대는 이 악한 것들을 피하십시오. 의와 경건과 믿음과 사랑과 인내와 온유를 좇으십시오. 믿음의 선한 싸움을 싸우십시오. 영생을 얻으십시오. 하나님께서는 영생을 얻게 하시려고 그대를 부르셨고, 또 그대는 많은 증인들 앞에서 훌륭하게 신앙을 고백했습니다"(딤전 6:6-12).

우리가 참으로 해야 할 일은 우리의 일상의 삶 속에서 '진정으로 아버지의 뜻이 어디에 있는가?'를 지속적으로 찾고 실천해 나가는 데 있습니다. 이것을 본질적인 것에서 접근해 보면, '나의 뜻, 세상이 추구하는 것을 포기하는 삶', '다른 사람을 향한 사랑, 아버지 하나님이 원하시는 삶'을 결단하며 우리의 삶을 살아내는 것입니다.

누가복음 15장 11-32절에 '되찾은 아들의 비유'가 나옵니다. 작은아들은 자기에게 유산으로 돌아올 몫을 미리 달라고 아버지를 졸라서 타낸 다음에 먼 지방으로 가서 허랑방탕하게 다 써버리게 되어 죽을 지경에 이르게 됩니다. 아들은 비로소 아버지의 집이 생각났습니다. "아버지, 내가 하늘과 아버지 앞에 죄를 지었습니다. 나는 더 이상 아버지의 아들이라 불릴 자격이 없으니 나를 품꾼의 하나로 삼아 주십시오"라고 말하리라고 생각하면서 아버지의 집으로 발길을 돌렸습니다. 그의 아버지는 달려 나가서 그의 목을 껴안고 입을 맞추면서 "나의 이 아들은 죽었다가 살아났고, 내가 잃었다가 되찾았다"라고 기뻐하면서 가장 좋은 옷을 꺼내서 입히고, 손에 반지를 끼우고, 발에 신발을 신겼습니다. 살진 송아지를 잡고,

노래와 함께 춤을 추면서 잔치를 베풀었습니다.

여러 해를 두고 아버지를 섬기면서 일을 해 오면서 한 번도 아버지의 명령을 어긴 일 없는 큰아들이 이와 같은 사실을 알게 되자 화가 나서 집으로 들어가려고 하지 않았습니다.

아버지는 큰아들에게, "애야, 너는 늘 나와 함께 있으니 내가 가진 모든 것이 다 네 것이다. 그런데 너의 이 아우는 죽었다가 살아났고, 내가 잃었다가 되찾았으니 우리가 함께 즐기며 기뻐하는 것이 마땅하다"라고 말했지만, 끝내 큰아들은 자기의 친동생을 용납하지 못하게 됩니다.

예수님께서는 이 비유를 통해서 진정한 아버지의 뜻을 깨닫지 못하고 용서할 줄 모르는 장남의 강퍅한 마음을 지적하고 있습니다. 우리는 지금 어떠합니까? 차마 하나님 앞에 나설 수도 없는 주홍같이 붉은 죄와 허물을 안고 살아가는 자신과 가족에게는 한없이 너그러우면서, '나를 서운하게 한 사람'이 저지른 단 한 번의 실수도 용납하지 못하는 사람은 아닙니까?

나의 들보는 보지 않고, 남의 티끌을 보고 사는 우리가 아닙니까? 진정으로 구원의 대상은 하나님 앞에서 의롭다고 생각하는 사람이 아니라, '죄인 중에 괴수'라고 한탄하는 사람입니다.

우리에게 있어서 아버지 하나님의 뜻을 찾는 표상은 주님이십니다(마 26:36-46). 이 땅에 오신 예수님께서 인류를 죄에서 구원하시기 위한 유일한 길은, 자신을 대속물로 바치는 일이었습니다. 십자가에서 물과 피를 다 쏟으시고 죽으심으로 다시 사는 것이 아버지의 길이었습니다. 자기가 사랑하면서 3년간 침식을 같이 했던 제자들이 배반하고, 다 도망가고, 홀로 가장 극악한 처형방법인 십자가형으로 죽음의 길을 가는 것은 참으로 괴로운 일이었습니다. 예수님은 겟세마네 동산에서 '내 마음이 근심에 싸여 죽을 지경'이라고 하시면서 밤을 새워 아버지 하나님께 기도를 하게 됩니다. 예수님의 이 고뇌에 찬 간절한 기도를 지켜본 베드로와 야고보, 요한은 예수님의 기도가 땀이 핏방울같이 되어서 땅에 떨어졌다고 했습니다. "나의 아버지, 아버지께서는 모든 일을 하실 수 있으시니, 내게서 이 잔을 거두어주십시오. 그러나 내 뜻대로 하지 마시고, 아버지의 뜻대로 하여 주십시오." 이 기도 이후에 가룟 유다를 앞세운 대제사장들과 장로들이 죄 없으신 예수님을 붙잡아서 십자가에 처형을 하게 됩니다. 예수 그리스도는 아버지 하나님의 뜻이 어디에 있는지 밤을 새워 기도하시면서 찾았고, 그 최종 목적지는 십자가를 지는 길이었습니다.

우리가 지금 자신을 향해서 계속적으로 되물으면서 '아버지 하나님의 뜻'이 어디에 있는지 어떻게 찾아 나가야 할까요?

(1) 나의 요소인 가족, 세상적인 것, 집착과 욕망을 다 내려놓고 비워내고 주님께서 내 마음에 임재하시도록 하는 것입니다.

내가 가장 소중하게 생각하는 것이 주님 앞에서는 맘몬이 될 수 있고, 내가 건성으로 일을 하고, 하찮게 여기는 것이 주님께는 가장 소중한 것이 됩니다.

예수님께서는 "마음이 가난한 사람이 하늘나라를 소유하고, 마음이 깨끗한 사람이 하나님을 볼 것이다"(마 5: 3, 8)라고 말씀하고 있습니다.

(2) '아버지 하나님의 뜻이나 길'이 어느 날 갑자기 하늘에서 뚝 떨어져서 발견되지 않습니다.

성경말씀에 예수님께서는 곳곳에서, 일상생활 속에서 아버지 하나님과 교제하신 사실을 보여주고 있습니다. 낮에는 성전 안에, 마을에, 세상 사람들의 삶의 현장에 계셨지만, 밤이 되면 성문 밖으로 나오시거나 산이나 한적한 곳에 머무시면서 아버지 하나님께 기도하시면서 묵상하셨습니다. 우리가 신앙인으로서 명심해야 할 것은 '기도의 생활화', '말씀의 묵상과 생활화'를 통해서 거룩한 아버지의 길을 향해서 한 걸음씩 나아가기를 애쓰는 것입니다.

(3) 우리의 핑곗거리를 지워야 합니다.

주님께서 우리에게 모든 것을 다 주셨는데, 우리는 만족할 줄도, 감사할 줄도 모릅니다.

우리는 너무 많은 것을 향유하고 있습니다. 우리의 손에는 너무나 많은 것들이 들려져 있습니다. 무엇을 더 가지고 일을 하려고 합니까? 이미 충분히 가졌습니다. 문제는 우리의 의지와 노력으로 일을 제대로 하지 않으려고 하는 데 있습니다.

주님께서는 우리가 지금 가지고 있는 것으로 축복하시고 기적을 이루십니다.

장인의 집에서 양치기를 하던 모세에게 권능을 부여해서 바로 앞에서 서서 권능과 기적을 행한 표적은 모세가 40년간을 산야를 누비면서 양들을 치던 손때 묻은 지팡이였습니다.

예수님의 말씀을 들으려고 빈들에 모인 5,000명의 사람들에게 빵과 물고기를 배불리 먹게 하고, 남은 부스러기가 12광주리에 차고 넘치게 한 기적은 어린아이가 손에 들고 있던 빵 다섯 개와 물고기 두 마리를 들고 하늘을 우러러 보시고 축복 기도를 드리신 것에서 비롯되었습니다(마 14:13-21).

다윗이 골리앗을 쓰러뜨린 것은 양을 치면서 가지고 다닌 지팡이와 억센 짐승들을 물리치기 위해서 메고 다니던 목동의 도구인 주머니와 무릿매에 달아서 사용하던 돌이었습니다. 창과 방패가 아니고, 더구나 검도 아니었습니다.

우리의 시간이 부족하다고 생각합니까? 하루가 24시간입니다. 분으로, 초 단위로 셈하면 얼마나 많습니까? 사도 베드로는, 주님 안에서는 하루가 천 년 같고, 천 년이 하루 같다고 하였습니다. 우리에게는 참으로 집중해야 할 골든타임이 있습니다. 이 시기를 놓치면, 몇 백 배의 노력을 해도 허사입니다. 지금 이 순간이야말로 혼신의 힘을 다해서 주님께서 우리에게 맡겨 주신 일을 해야 할 때입니다. 근신하며 깨어서 기도함으로 우리의 할 일을 해야 합니다.

우리의 삶에서 가장 소중한 것으로, 온 정성을 쏟아서 주님께서 기뻐하시고, 원하시는 일이 무엇인지 발견해서 소명감을 가지고 쉬지 말고, 지치지 말고 할 일을 해나가야 합니다.

(4) 우리가 해야 할 일의 초점은 사명감을 '나 중심 축'에서 '다른 사람을 향한 중심 축'으로 완전하게 바꾸는 일입니다.

그리고 사람을 살려내고, 사람들에게 희망과 용기를 주며, 함께 살아가기 위한 초석을 놓는 일입니다. 이렇게 하기 위해서는 자기의 전문 분야를 밤을 새워 연구하고, 끊임없이 새로운 이론과 실제를 개발해서 고도의 전문성을 쌓아가면서 그 실력을 발휘하되 구체적으로 끝까지 동행하면서 정성을 다하는 것입니다. 잘못된 이론과 지식은 사람을 죽게 만듭니다.

저 자신의 병을 치료하고 1년 6개월 동안 아내의 암을 치료하기 위해서 병원을 다니면서 많은 것을 보았고, 느끼는 점이 많았습니다. 그리고 각오를 다시 해 봅니다. 저는 공을 차다가 다리를 다쳐서 다리 수술만 6번을 받았습니다. 그중에서 서울대학교 병원 정형외과 백구현 교수님을 참 존경하게 되었습니다. 그분은 지금도 진료가 있는 날은 하루에 120명 정도의 환자를 진료하면서 수술도 하고, 의대생들을 가르치면서 전문인을 육성합니다. 지금은 원로 그룹에 속합니다. 본인도 암 수술을 받았으면서도 어떻게 그렇게 해맑은 얼굴을 지녔는지 모르겠습니다.

제가 2001년 6월에 오른쪽 다리 뼈가 'ㄱ'자형으로 길게 부러져서 뼈에 심을 넣어서 고정을 시키고, 깁스를 했는데, 목발을 짚고 조금 일찍 걸어 다녀서인지 염증이 생기고 재발을 했습니다. 특히 발목 부분이 낫지 않아서 시내 병원의 치료과정에서 염증자리를 메스로 잘라서 심을 넣었는데, 좀체로 낫지 않아서 서울대학교 병원으로 가게 되었습니다.

2001년 7월 24일에 입원을 해서 치료를 받게 되었는데, 의사 선생님이 상처를 보시더니 깜짝 놀라면서 "이 자리를 수술방법으로 하면 안 되는데……" 하시는 것이었습니다. 그리고 주사액에 약물 투여 방법으로도 잘 되지 않자, "가장 원시적인 방법을 한 번 해 봅시다" 하면서 발을 1시간씩 하루에 세 번씩 생리식염수에 담그게 했습니다. 아니나 다를까, 3일이 지나니 아물면서 살이 차올라 오는 것이었습니다.

이번 12월에도 아내와 함께 서울에 있는 동안에, 오른쪽 무릎에 십자인대 연결수술과 반월상 연골수술을 1981년도에 성상철 박사님께 받고 너무 오래되었는지 다리가 점점 가늘어지고, 힘이 실어지지 않을 때가 종종 나타났습니다. 그래서 백구현 교수님께 진료를 받았더니 증상을 듣고 오래된 차트를 살펴보고는 "근력 자기 반응 체크를 한번 해 봅시다. 조금 아프니 참으십시오" 하시는 것입니다. 아니나 다를까, 여자 인턴 선생님이 하는데, 옆에는 자기 선배가 지켜보고 있고 선배에게 물어가면서 검사를 하는데, 얼마나 아팠는지 모릅니다. 척추, 허벅지, 다리, 발에까지 주사침을 꼽아서 무릎과 다리를 연결시키는 신경계통과 근육의 반응을 보면서 이상 유무를 사이클로 보는 것입니다. 검사자료를 보면서 그분은 "신경과 근육상으로는 이상이 없습니다. 다만 수술이 오래되었고, 노화현상이 나타납니다. 저도 집에서 운동을 하는데 꾸준히 노력하시면 좋아질 것입니다. 자전거 타기, 노를 젓는 것과 같은 기구를 사용해서 무릎과 다리를 휘젓는 운동이나 가벼운 산책이 좋습니다. 불편하시면 그냥 바로 오셔도 됩니다. 제가 정년이 될 때까지는 봐 드리겠습니다"라고 하셨습니다. 5분 정도의 짧은 만남이지만, 환자를 대하는 사람의 냄새가 물씬 풍기는 모습이었습니다.

또 아내의 항암치료를 맡았던 서울대학교 암 병원 종양내과 김범석 교수님은 병원 내에서도 환자 진료를 많이 하는 사람 중에 한 사람입니다. 아주 젊은 교수로 말도 가만가만히 하는 얌전한 교수입니다. 그러나 진료에 관한 한 정확한 검사와 데이터를 바탕으로 꼭 필요한 요소를 바탕으로 환자에게 어떤 항암제를 투여할까를 결정해서 진료를 합니다.

이분이 참 좋은 분임을 뒤늦게 알게 되었습니다. 항암치료를 받는 중에 입원이 되지 않기 때문에 통원치료를 받게 됩니다. 얼마간 서울대 병원 앞에서 방을 얻어 놓고 항암치료를 받게 되었는데, 어느 토요일 오후였습니다. 고개를 숙이고 멍하니 제가 지나가고 있는데, "선생님, 안녕하세요" 하면서 먼저 인사를 하는 것이었습니다. 그 많은 환자들 중에서 환자의 보호자를 기억하고 그것도 먼저 인사를 하는 것은 보통 일이 아닙니다. 토요일 오후에 병원 당직이거나, 아니면 다른 스케줄이 있어서인지 두툼한 가방을 들고 지나가는 모습이 참 좋아 보였습니다. 항암치료를 12번, 임상실험용 주사제를 4번 받다가 요추 부근으로 암이 전이되어서 허리와 다리가 아파서 고통스러워하자 항암치료를 멈추고, 10번의 방사선 치료를 받아서 우선 통증을 없앤 다음에 다시 시작하려는 계획을 말씀하셨습니다.

그의 입에서 부정적인 말은 한마디도 들은 적이 없습니다. 항상 "용기를 내세요. 다시 시작해 봅시다"라는 말이었습니다. 10번의 방사선 치료를 마치고 다시 진료를 받게 되었습니다.

한 달 반의 회복기간을 가진 다음에 다시 '탁솔'이라는 항암주사제를 맞도록 하자고 했습니다. 아내가 너무 힘들어서 거창에서 당일로 서울을 오가면서 주사를 맞기는 힘든 상황이었습니다. 아내와 상의 끝에 칠곡 경북대 병원에서 협진의뢰를 받아서 그곳에서 주사를 맞았으면 하는 의견을 제시했습니다. 그랬더니 "그것 참 좋은 생각입니다. 사실은 지금 상태로는 무리입니다. 그곳의 혈액종양내과 강병욱 교수를 잘 알고 있습니다"라고 말씀하시면서 그동안에 치료받았던 영상자료와 치료관계 자료를 잘 이관할 수 있도록 간호사에게 조치를 시키고, 직접 메모지도 전해 주셨습니다.

칠곡 경북대 병원으로 협진진료를 받기 위해서 갔더니 강병욱 교수님이 반갑게 맞이하면서 가지고 간 모든 자료와 검사결과를 설명하면서 이런 말씀을 하셨습니다. 서울대학교 병원 김범석 교수님으로부터 이희원 환자에 대해서 부탁한다는 메일도 받았고, 전화도 받았다고 말씀하셨습니다. 저는 마음속으로 '환자에 대한 구체적인 사랑이 무엇일까? 자기의 영역에서 사라지는 환자에게도 세심한 배려와 정성을 쏟아주는 것이구나' 하는 생각을 가지게 되었습니다. 그러면서 두 병원의 차이를 느끼지 못했습니다.

다만 다른 것은 지방병원에 암 환자가 더 많아서 항암치료를 받을 수 있는 환자와 받을 수 없는 환자로 분류되어 아내는 입원도 못 하고 통증 완화 단계로 접어들었다는 것을 확실하게 알게 되었습니다.

항암주사를 맞으려면 보통 아침 8시 30분경에 맞을 수 있는지 여부를 판단하기 위해서 혈액검사를 의뢰해서 결과가 나오면, 교수님의 진료를 받고, 항암주사 오더가 내려지면 12번 받는데, 한 사이클이 3번으로 한 달입니다. 첫째 날은 6시간을 맞고, 두 번째와 세 번째는 4시간 단위로 맞고, 조금 쉬었다가 다시 거창으로 돌아옵니다. 차가 출근시간에 막히지 않고 가기 위해서는 새벽 4시에 일어나서 출발합니다. 승용차는 제대로 다리를 뻗고 앉기가 불편해서 변서방의 스타렉스를 타고 다녔습니다. 제가 운전을 잘 못하니, 주로 변서방과 아들과 막내 사위가 운전을 했습니다. 어려운 이 사실을 안 제 친구인 백광석 교장선생님이 두 번이나 다녀왔습니다.

두 번째는 2015년 6월 10일이었습니다. 이때는 전국적으로 메르스 전염병이 확산되었는데, 서울대 병원에도 감염된 환자가 집중 관리를 받고 있는 상태여서 병원에 가기를 기피하는 때였습니다. 아내의 항암치료 일자가 잡혀 있는 상태여서 가야만 했습니다. 이때 백광석 교장선생님이 운전을 해서 가게 되었는데 그렇게도 붐비던 서울대학교 병원이 쥐 죽은 듯이 적막하고 한산했습니다. 그리고 병원 내를 오고가는 모든 사람들은 대부분 마스크를 착용하고 있었는데, 우리는 겁도 없이 마스크도 착용하지 않고 암 병원에 가서 주사를 맞고 내려왔습니다. 그때를 잊을 수가 없습니다.

그리고 거창군립 한마음 도서관에서 제가 '만남'을 주제로 하는 인문학 강좌를 7월 16일과 23일 두 차례를 하게 되었고, 7월 25일에는 하루 종일 현지 탐방을 하게 되었습니다. 백광석 교장선생님은 친구인 나를 격려한다고 여러 가지로 바쁜 일정 중에도 한 번도 빠지지 않고 참석해서 기를 북돋아 주었습니다. 우리가 서로 우정을 나누고 사랑한다는 것은 무엇일까요? 예수님께서 3년 동안 제자들과 동고동락하면서 십자가의 길을 걸어가신 것처럼 어려운 사람의 곁에 있어 주고 동행하는 것이 아닐까 생각합니다.

봄이 오는 길목입니다. 시몬 베드로는 '예수님이 살아 계신 하나님의 아들 그리스도'임을 보았습니다. 우리와 세상 끝 날까지 동행해 주시겠다고 약속하신 주님을 믿으며, 사람을 '희망'으로, '섬김의 대상'으로 보면서 신영복 교수님의 말씀처럼 "누가 뭐라 하여도 나의 길을 걸어가면 되는 것입니다." 우리가 정녕 해야 할 일이 무엇인지를 발견하여 우리의 길을 걸어가는 것입니다.

우리에게 찾아온 학생들에게 우리는 무엇으로 그들에게 주님의 기쁜 소식을 전해야 할까요? 각자의 몫은 다르지만, 길은 다르지만, 다다르는 곳은 하늘 소망을 가지면서 오늘의 삶을 살아가는 것입니다. 주님은 우리의 중심을 보십니다. 우리는 주님을 속이지도 못하고 속일 수도 없습니다. 우리의 머리카락까지도 계수하고 계시기 때문입니다. 아무리 춥더라도 땅 밑의 뿌리는 활동을 멈추지 않습니다. 멈춘 것은 죽은 것이니까요! 사소한 이유로 주님께서 우리에게 허락하신 일을 제대로 하지 않는 것은 죄가 되는 일입니다. 우리 모두 힘을 내어 우리에게 주어진 일을 피 터지게 해야 합니다. 그리하여 "잘했다! 착하고 신실한 종아! 네가 적은 일에 신실하였으니 이제 내가 많은 일을 네게 맡기겠다. 와서 주인과 함께 기쁨을 누려라" 하시는 주님의 말씀을 들어야 할 것입니다. 그때가 우리에게 멀리 있는 것이 아닙니다. 이 시대가 악하기 때문에 정신을 차리고 깨어서 근신하면서 주님을 맞을 준비를 해야 할 것입니다.

제3장
이웃 사랑과 평화

위기의 순간에 빛이 난다
그래도 희망을 가진다
예를 갖춤
일하는 사람의 기본단위는 10년
최고의 가치는 정직
약속 위반
사람이 너무 못되게 굴면 벌을 받는다
완벽한 사람의 치명적인 허점
하늘 아래 첫 찻집
일상에서의 화합과 평화
사랑은 나눌수록 커진다
사랑의 눈길
우리는 잠시 위임을 받아서 일하는 사람
삶의 지혜
산정에 머무는 시간은 짧다
행복지수

위기의 순간에
빛이 난다

2013년 8월 3일

    살다 보면 도무지 어떻게 할 수도 없는 위기의 순간이 닥쳐옵니다. 이런 위기의 순간에 평정심을 유지하면서 대처해 나가기란 여간 어려운 일이 아닙니다. 지금까지 살아온 삶의 이력이 집약되어 섬광처럼 번뜩이는 지혜로 잘 대처해 나가면 이 순간은 가장 빛나는 시간이 되기도 합니다. 절체절명의 순간에 누구를 먼저 생각하면서, 우선순위를 어디에 두고, 자신의 행동을 곧바로 펼쳐나갈 것인가에 대한 구체적인 행동의 내용이 함축되어 있습니다.

    '자신의 안위가 먼저인가? 다른 사람의 생명이 먼저인가?'

    '자신의 이득을 먼저 챙길 것인가? 다른 사람의 손상에 대한 해결이 먼저인가?'

    '내가 살고, 네가 죽어야 하는가? 내가 죽어서 너를 살릴 것인

가?'

　이러한 물음 앞에 다른 사람을 탓할 수도, 생각할 여지도 없습니다. 오로지 자신의 삶 앞에 홀로 답변을 선택해야 합니다.

　어느 날 갑자기 전혀 예기치 못한 일이 닥쳐온 현실 앞에 자신을 불태워 다른 사람을 먼저 살리는 길을 선택하기란 참 어렵습니다. 이러한 일들은 매일같이 한 가지씩 작은 것에서부터 실천하면서 채워 나가야만 다다를 수 있는 구도자의 길입니다.

　자신이 속한 집단이나 단체에도 마찬가지입니다. 풍전등화로 완전히 소멸될 수도 있는 위기의 순간이 밀려오기도 하고, 이루어 놓은 일을 일순간에 망쳐버릴 수도 있습니다. 어느 방향으로 어떻게 위기를 수습해야 이 거센 풍랑을 헤쳐나가서 더 멀리 나아갈 수 있는 기회가 되게 할 수 있을까에 대한 해답이 그 집단의 수준이고 성숙도라고 할 수 있습니다. 서로 네 탓, 내 탓을 하면서 모래알처럼 함께 뭉쳐질 수 없는 집단으로, 언제 함께 일을 했는지도 모를 만큼 싸늘한 냉기가 감도는 이방지대로 전락할 수도 있습니다. 그러나 분명한 것은 소수의 사람에 의해서 창조되고 개선되어 나가는 것이 역사적인 사실이라는 것을 무너뜨릴 사람은 아무도 없습니다.

　지난 7월 23일 저녁에 경상남도 문화예술회관에서 '모나코 왕실 소년합창단'의 공연을 보았습니다. 1885년에 창단된 이 합창단은 8세 이상의 어린 소년들로 구성되어 모나코 정부와 모나코 대성당을 알리는 작은 사절단으로, '노래하는 작은 천사'의 역할을 하고 있습니다. 이들은 여러 소외된 곳을 중심으로 다니며 전 세계적으로 1년에 40회 정도의 연주 활동을 전개하고 있습니다.

올해 우리나라에서 처음으로 진주에서 공연을 갖는 날이었습니다. 먼 지중해 연안에서 장거리를 비행기로 와서 잠시 휴식을 취한 다음에 첫 공연을 하니 어린 소년들이 피곤에 지치기도 하고, 긴장이 되는 순간이기도 했습니다. 27명의 소년들이 피아노를 치면서 지휘를 하는 피에르 데바님의 지휘에 따라 부르는 노랫소리는 한 화음으로 우리의 가슴에 수를 놓았습니다.

공연 도중에 소프라노 파트의 두 번째 소년이 갑자기 몸을 가눌 수 없을 정도로 넘어지려고 했습니다. 그러자 바로 옆에 있는 소년이 금방 알아차려서 조용히 손을 붙잡고 밖으로 나갔습니다. 그런 가운데서도 다른 단원은 전혀 동요됨이 없이 지휘자에 따라 합창을 계속했습니다. 두 곡이 끝나자 데리고 나간 소년은 다시 들어와서 합창을 하고, 중간중간에 지휘자는 무대 뒤쪽을 바라보았지만 진행을 멈추지는 않았습니다. 저는 곁에 있는 동료가 손을 잡고 함께 나가는 모습이 합창을 듣는 것보다 더 감동적이었습니다. 이것은 평소에 일체감을 이루기 위해서 엄청난 절제와 노력을 하지 않고는 이룰 수 없는 순간이라는 생각이 들었습니다. 관객은 더할 나위 없이 더 많은 성원과 박수를 보냈습니다.

막시밀리안 콜베 신부님은 1894년 폴란드 쥬드운스카 볼라에서 태어나서 그레고리안 대학에서 철학박사 학위(1915년)를 받고, 1918년에 사제로 서품을 받았습니다. 1919년에 신학박사 학위를 받고 귀국하여 니에포칼라누프 수도원의 원장에 취임하여 활동하다가 독일이 폴란드를 침공하자 1941년 나치스 헌병들에 의해서 다른 수사들과 함께 체포(1941.2.17)되어 아우슈비츠 강제수용소 아사 감방에서 보름간 굶주린 후 독약주사를 맞고 임종하였습니다(8.14). 그 과정은 다음과 같습니다.

그가 수용된 제14호 감방에서 1941년 7월 말에 한 사람의 탈출자가 생겼습니다. 한 사람이 도망치면 같은 감방에 있는 20명을 아사 형에 처한다는 수용소장 프리치의 경고로 모두가 몸을 떨고 있었습니다. 죽는 것도 좋지만, 그 어떤 죽음보다 가장 잔혹한 아사형은 창자를 말라붙게 하고, 핏줄을 불붙게 하며, 날뛰게 합니다. 이러한 말 못할 고통 속에서 언제 끝날지도 모르는 나날을 괴로워하며 지낸다는 것은 생각만 해도 피가 얼어붙고, 이름도 모를 공포에 휩싸이게 하는 것입니다. 더구나 아사 형에 처해진 사람들은 굶주림의 고통뿐만 아니라 타는 목마름 때문에 오는 고통으로 간수들마저 무서워한다고 합니다.

다음날 아침에 수용소장은 7월의 뜨거운 햇볕 아래 죄수들을 세워두었다가 3시경에 쉬면서 수프를 먹게 한 다음 저녁 점호시간이 되자 이렇게 말했습니다.

"도망친 놈이 안 잡혔다. 너희 중에 10명이 저 아사 감방에서 죽어야 한다. 이 다음에 이런 일이 또 발생하면 20명을 보낼 테다."

수용소장이 한 바퀴 돌면서 "너, 너" 하고 지명을 하면, 지적당한 사람은 새하얗게 질린 채 열에서 나왔습니다. 그들 중에서 한 사람이 열에서 나오면서 울부짖었습니다.

"아, 불쌍한 마누라와 아이들을 이제 다시 못 보게 되었구나!"
"모두 신발 벗어! 좌로 돌아!"

눈 뜨고는 차마 볼 수 없는 광경에 사람들은 몸서리를 쳤습니다.

바로 왼쪽에는 무시무시한 13호 아사 감방이 있었습니다. 그런데 갑자기 전혀 생각하지 못했던 일이 일어났습니다. 한 사람의 포로가 놀라고 있는 포로들을 헤치며 열 밖으로 나오는 것이었습니다. 감히 이런 짓을 하다니! 소장은 한 걸음 뒤로 물러서더니 "정지! 무슨 일이야? 이 폴란드의 돼지 새끼야!" 했습니다. 막시밀리안 신부는 소장 앞에 서서 아주 침착하게 낮은 목소리로 "저 사형수 중의 한 사람 대신에 내가 죽겠소"라고 했습니다.

어떤 반대도 허용하지 않는 그, 자기의 결정을 결코 바꾸지 않는 그, 반항하는 자는 권총 한 발로 간단히 쓰러뜨리는 그가 지금은 누구인지도 모르는 사람의 그 위압적인 시선을 받고 어쩔 줄 몰라 하면서 있습니다. 소장은 얼빠진 사람처럼 물었습니다.

"도대체 왜 그래?"

"나는 늙었고, 아무짝에도 못 쓸 사람입니다. 살아 있어도 아무것도 못하게 될 겁니다."

"누구 대신에 죽겠다는 거냐!"

"저 사람, 부인과 아이들을 두고 있는 저 사람 대신입니다."

신부는 슬피 울고 있는 프란체스코 가죠프니체크 중사를 가리켰습니다.

"너는 누구냐?"

"가톨릭 사제요."

점호 기간 중에 이렇게 긴 침묵이 흐른 적은 없었습니다. 마침내 수용소장은 쉰 목소리로 말했습니다.

"좋다. 함께 가라!"

부소장 팔라치는 10명의 명단 가운데 한 번호를 지우고, 다른 번호 16670을 똑똑히 적어 넣었습니다. 이때 불타던 태양이 지평선에 걸리자 하늘이 거대한 성체현시대처럼 빛이 났는데, 목격자들은 이만큼 아름다운 석양을 본 적이 없었다고 말했습니다.

"나의 모후, 나의 주님, 나의 어머니, 오 원죄 없으신 동정녀여, 당신은 약속을 지키시는 분이십니다. 나는 이 시간을 위해 태어났습니다."

햇빛도 공기도 잘 통하지 않고, 이부자리 하나 없는 이 감방 안에서 이번 사형수들은 아우성치지도, 저주하지도 않고 기도와 노래 소리가 들렸다고 보르고비에크 형리는 증언했습니다.

"이런 일은 처음 보는데……."

* 사랑만이 증오를 이길 수 있습니다.

* 참된 사랑이란 어떤 대가를 치르더라도 아무 사욕 없이 남에게 자신을 주는 것입니다.

* 자신의 전 생애를 수련 도장으로 삼는 사람만이 이 최고의 시련과 싸워낼 수 있습니다.

위대한 죽음이란 즉흥적으로 이루어지는 것도, 하루아침에 되는 것도 아닙니다.

그래도 희망을 가진다

2013년 8월 18일

    4년 전에 홍성에 있는 처남댁 농장에서 블루베리 10포기를 상하지 않게 잘 포장해서 보내 주었습니다. 고마운 마음으로 우리 밭 양지 바른 곳에 바닥덮기를 해서 구멍을 내 그 위에다가 잘 심고, 물도 듬뿍 주었습니다. 그해 겨울을 지나면서 3포기는 죽고 7포기는 잘 자랐습니다. 심은 곳이 다른 밭으로 가는 길목이 되어서 다니기에 불편할 것 같아서 길을 넓히면서 서쪽편 빈 공간으로 옮겨 심었습니다. 밑거름은 충분히 주었지만 약도 치지 않고, 이리저리 옮겨 다니면서 고생을 많이 했는데 이제는 제대로 뿌리를 내렸는지 가지도 뻗어나서 올해 파란색의 첫 열매가 열려서 참 좋았습니다.

    그런데 어제 이른 아침이었습니다. 밭에 풀을 매면서 보니까 블루베리가 심겨진 곳에 세 그루가 없어지고 둥그렇게 구멍만 나 있었습니다. 일곱 그루 중에서 세력이 좋은 나무만 골라서 캐 간 것이었습니다. 그리고 한 그루는 예리한 낫으로 밑둥치만 남겨둔 채 가지를 잘라가 버렸습니다. 누군가 나무를 잘 아는 사람의 소행인 것 같았습니다.

집에 와서 생각해 보니 다른 물건을 잃어버린 것보다도, 도둑을 맞은 것보다도 키우는 생물을 잃어버린 것이 더 마음이 아프고 화가 났습니다. '이것을 캐 간 사람이 자기 밭에다 심어놓고 열매를 따 먹으면 맛이 좋을까? 이 사람의 양심은 도대체 어떻게 된 것일까?'

그때 2년 전에 고제 사돈댁에서 가족들과 함께 나누어 먹으려고 농사 지은 햇고추를 씻고, 잘 말려서 찧고, 양념을 해서 담은 고추장을 두 장독에 담아 두었는데, 밭에 일하러 나간 사이에 누군가 집에 와서 두 장독에 담아 놓은 고추장을 통째로 실어 갔다는 말이 생각났습니다. 시골에서 나이 많으신 노인이 가족들을 위해서 정성스럽게 담은 고추장을 먹어 보지도 못하고, 상황을 잘 알고 노린 사람에게 고스란히 다 빼앗긴 것입니다. 그렇게 도둑질해 간 고추장이 맛이 있겠습니까? 돈을 받고 판다 해도 집을 사겠습니까? 결코 아닙니다. 애써 만든 사람의 마음은 얼마나 저리고 아프겠습니까?

제가 2000년에 거창고등학교 교감으로 이동해서 근무를 하다가 다시 2006년도에 샛별중학교 교장으로 부임을 하게 되었습니다. 제가 고등학교에 가 있는 동안에 중학교가 많이 바뀌었는데, 그중에 가장 크게 바뀐 것이 있다면 본관 뒤편에 큰 쓰레기장이 있었는데, 여름에 비가 오면 악취가 많이 나기도 하고, 동네 사람들도 이

곳에다가 쓰레기를 투기하는 바람에 그 주변까지도 지저분했던 이 곳을 조현주 교감선생님과 여러 선생님들이 좋은 안을 모아서 쓰레기장을 매립하고, 주변을 깨끗이 정리해서 잔디도 심고, 나무도 심고, 화단을 만들어서 예쁜 꽃들을 많이 심어놓아서 쉬는 시간이면 학생들이 나와서 함께 얘기도 하고 뛰놀기도 하는 샛별인의 정원으로 만들었습니다.

그런데 어느 봄날 아침에 한 선생님께서 화단에 심어놓은 꽃들이 사라진 것을 발견하였습니다. 이른 새벽에 주변을 산책 나왔다가 보기 좋은 꽃이 있기에 탐이 나서 캐 간 것이었습니다. '학생들이 정서적으로 순화도 되고, 마음이 안정되도록 심어 놓은 꽃을 몰래 캐 가서 집에다가 심는 그 사람은 어떤 심보일까? 훔쳐간 그 꽃을 집에다 심어놓고 집안 사람들이 보고 있으면 마음이 편할까?' 하는 생각이 들어서 화가 났지만 없어진 꽃을 어찌 할 수가 없었습니다.

칠순을 바라보고 있는 지금, 제 곁에서 늘 함께 얼굴을 마주 보면서 친숙하게 지내던 사람들이 하나 둘 갑자기 세상을 떠나는 것을 보면, '나도 저렇게 가겠구나' 하는 생각이 이전보다 더 현실적으로 피부에 와 닿습니다. 제가 떠나가면서 진정으로 바라는 세상은 어제나 오늘이나 같습니다. 이념과 종파를 초월하여 서로 손을 잡고 사랑하면서 평화롭게 사는 사람들의 모습을 보는 것입니다. 정의가 강물처럼 흘러서 서로를 믿고 신뢰하면서 사는 아름다운 세상입니다. 노력하지 않고 부당한 방법으로 남의 것을 취하지 않으며, 남의 눈에서 피눈물이 나지 않게 서로 위로하면서 배려하고 함께 나누면서 사는 세상을 꿈꾸어 왔습니다.

제가 지금까지 살아오면서 세계 곳곳에서 들려오는 소리들과 한반도를 보아도, 살고 있는 지역을 보아도 더 교묘해지고, 지능적인 방법으로 다른 사람들을 무너뜨리고 올라서려는 사람들이 많습니다. 자신을 바쳐서 남을 세우려는 사람들은 '못난 사람, 약한 사람'으로 등신 취급하면서 내모는 세상이 되어버렸습니다. 도무지 내일을 예측하기 어려울 만큼 불확실한 시대에 살고 있으면서 인간으로서는 도무지 상상할 수 없는 살육이 자행되고 있습니다. 한 번 차지한 권력은 손바닥으로 햇볕을 가려 가면서 천 년 만 년이나 가려는듯 내놓을 생각을 하지 않습니다. 한 끼를 제대로 먹지 못해서 굶어 죽어 가는 어린이들과 노인들이 수없이 많은데도 가진 사람들은 온갖 수단과 방법을 다해서 더 가지려고 눈이 멀어 날뛰고 있습니다. 제때에 치료하면 간단하게 나을 병도 돈이 없어서 치료 시기를 놓쳐 깊게 시름하면서 죽어 가는 사람들이 그렇게 많은데도 고칠 사람들은 부족합니다.

그러나 칠흑같이 어두운 밤이 깊어질수록 새벽녘은 한 걸음씩 가까워지고, 타는 목마름의 무더위 속에 내리는 한 줄기 비는 희망 그 자체, 즉 소생입니다.

이제는 먼 곳, 저 너머의 것은 자꾸만 시야에서 멀어지고, 운신의 폭이 자동적으로 좁아지고 있지만, 희망의 끈을 놓은 것은 아닙니다. 더 간절하게 타는 불꽃으로 여미어서 가슴속으로 파고 들어옵니다. 지금 제가 생활하고 있는 일상의 범위 내에서 최선의 것, 최상의 것으로 이루어가기 위해서 더 철저하게 경각시키면서 눈을 똑바로 뜨고, 희망의 내일을 보면서 오늘 나의 삶을 살아가는 것입니다. 지금까지 발전되어 온 것을 보아도 눈이 부실 정도입니다. 어둠에서 자행되었던 그 눈물의 아우성 소리가 이제는 생생한 화면으로 지상파로 떠오릅니다. 위협을 해서 불법으로 빼앗은 재산도 사람의 추한 욕심으로 덧없음을 세상 사람들이 보고 있습니다. 세상 사람들이 모를 듯 악한 사람들이 은밀하게 저지른 죄악을, 이름도 모르게 평범하게 살고 있는 사람들이 엄청난 값을 지불하고 고통을 감수하면서도 악한 일을 도모한 그들을 향해서 "너희들, 그렇게 하면 벌 받아!" 하면서 회개를 촉구하고 있습니다. 작은 물방울이 조용히 흘러서 개울을 이루고, 시내를 이루고, 바다에 이르듯이 세상은 그래도 희망입니다.

블루베리 세 그루는 다른 어느 곳에 가서도 열매를 맺을 것이고, 옮겨진 두 장독의 고추장은 누군가의 양념으로 그 맛을 뽐낼 것이고, 아이들을 위해서 심은 꽃이 비록 다른 곳에서 곱게 피어도 그 향기는 감돌 것입니다. 누가 누구를 원망할 때가 아닙니다. 자신을 비움으로 삶을 만끽하게 되고, 자신의 것을 내놓음으로 마음은 날아갈 듯이 홀가분해지고, 자신이 내려감으로 아름다운 하늘이 더 높게 보이면서 다른 사람들의 충만함으로 세상은 빛날 것입니다.

예를 갖춤

2013년 8월 23일

　일상생활을 하면서 자기 욕심에 차서, 때로는 다급해서 다른 사람이 눈에 잘 보이지 않아 무례한 행동을 할 때가 종종 있습니다. 그렇게 행동하는 다른 사람들을 향해서 경우가 바르지 못한 사람이라고 말들을 하지만, 실상은 알게 모르게 자기가 이런 일을 범할 때가 많습니다.

　아마도 20년은 더 된 일이지만, 아직도 저의 기억 속에 남아 있는 일이 있습니다. 그 당시에 거창군 신원면에 사는 사람들은 밤나무 단지를 많이 조성해서 큰 수확을 내면서 농가 수입이 컸습니다. 그러다가 중국에서 값싼 밤이 대량으로 밀려 들어오면서 국내 수요는 물론이고, 일본이나 다른 지역으로도 수출 길이 막혀버렸습니다. 그 바람에 가격이 폭락하여 인건비도 제대로 주지 못할 정도가 되어서 재배 농가에서는 밤 수확 자체를 포기한 상태가 되어버려 방치한 밤을 그냥 주워가도 된다는 소문이 학교에 있는 저에게까지 들려왔습니다.

그래서 토요일 오후에 몇몇 친구들과 어울려 신원에 밤을 주우러 갔습니다. 아무런 노력도 하지 않고 공짜로 밤을 주우러 간 셈입니다. 약간 경사진 밤나무 단지에 떨어진 밤도 있었고, 나무에 달려 있는 밤도 많이 있었습니다. 우리는 가지고 간 마대에 정신없이 밤을 주워 담고 있었는데, 저쪽에서 큰 소리로 "거기 뭐하는 거예요?" 하는 소리가 들리더니 조금 있다가 아저씨가 우리 곁으로 다가왔습니다. 소문을 듣고 우리가 밤을 주우러 왔다고 말씀을 드렸더니 "남 화나는 것도 모르고, 알 만한 사람들이 이렇게 하면 되는 거예요?"라고 했습니다. 우리는 할 말을 잃었습니다. 한동안 침묵이 흘렀습니다. 주인은 허탈해진 목소리로 지금까지 주운 것은 가지고 가라고 했습니다. 미안한 마음으로 그곳을 빠져나오면서 저는 이런 생각이 들었습니다. '주인이 있는 밤나무 밭에 가서 허락을 받고 주워 가야지, 사람이 없는 곳에 가서 주워 가는 것도 도둑질이야. 어떻게 그게 공짜야! 농민들의 피눈물이지!'

올 여름은 유난히도 더웠습니다. 봄 당근을 많이 수확해서 가을에는 더 많은 것을 기대하면서 거름을 많이 주고 이랑도 깊게 파고 만들어서 7월 20일에 정성을 들여서 씨를 뿌렸습니다. 그런데 20일이 지나도 싹이 나지 않아서 걱정을 하고 있는 차에 비름이 더 많이 났습니다. 아마도 너무 더운데다가 물을 제대로 주지 않아서 올라오면서 싹이 녹아버린 모양입니다. 그래도 기대를 하면서 간간이 몇 개씩 싹이 나온 당근을 보호하기 위해서 8월 16일 아침에 일찍 나가서 밭에 잡초를 뽑기로 했습니다.

　마침 우리 밭 위에 조그마한 텃밭을 가꾸는 노부부가 있기에 인사를 드렸는데 응답은 하지 않고, 대뜸 여자분이 "비름을 뜯어서 무쳐 먹으면 참 맛이 있겠다"라고 말하는 것이었습니다. 같은 동네의 아랫담에 사는 사람으로 크게 친분이 있는 것도 아닌데, 말을 놓으면서 풀이 많이 난 밭을 빈정대는 듯이 하는 말이 마음에 걸려서 아무 말도 하지 않고 하던 일을 계속했습니다. 저는 골에 풀이 섞여 있는 당근을 골라 찾으면서 열심히 일을 하고 있는데, 그 아주머니가 저쪽편 당근을 심은 밭 위로 올라와서 비름을 뜯고 있는 것이었습니다. 그래서 제가 "당근이 섞여 있습니다"라고 말해도 아랑곳하지 않고 뜯을 만큼 뜯고서는 아무 말도 없이 저를 싹 지나쳐서는 집으로 가는 것이었습니다. 뒤따라오던 아저씨가 지나가는 말로 "비름을 무쳐 먹으면 참 맛이 있어" 하면서 맞장구를 치면서 지나갔습니다.

　요즘 매스컴에서 비름이 '관절에 좋다. 암에 좋다. 위장에 좋다'고 광고를 했는지, 사람들이 사방에서 뜯어가지만 이렇게 하는 것은 경우에 어긋난다는 생각이 들었습니다. 먼저 인사를 했을 때 "이 선생, 이른 아침에 만나니 참 반갑네. 밭에 비름이 많이 나 있구만. 요사이 비름이 좋다고 하니 좀 뜯어 가도 되겠나?"라고 했으면 얼마나 좋았겠습니까? 그러면 저도 "네. 제가 당근이 날까봐 기다렸는데 많이 나지 않았습니다. 좀 가려서 뜯어 가십시오."라고 대답했을 것입니다.

사람들이 함께 살아가는 데 가장 중요한 요소 가운데 하나는 '사람에 대한 예의', '양식'을 지키는 것입니다. 사람들이 어울려서 사는 시민사회에서 예의를 지켜나가는 것은 결코 사소한 것이 아닙니다. 어쩌면 문명화된 사회의 척도이기도 합니다. 상대의 입장에서 나의 시각으로 재조명하면서 살아가는 것이 그 어느 때보다도 필요한 시기입니다.

일하는 사람의
기본단위는 10년

2013년 9월 10일

　우리는 이 세상에 단 한 번 왔다가 떠나갑니다. 재방송도 없고, 언제나 실제 상황으로 진행되고 있으니 얼마나 소중한 삶인지 모릅니다. 살아가면서 '이 일은 뜻이 있는 일이라 한번 해 볼 만하구나' 하면서 굳게 결심을 하고 과감하게 시작하는 사람이 있습니다. 다른 사람들은 감히 엄두도 내지 못할 일을 용감하게 의욕적으로 진행하니, 옆에서 지켜보는 사람들도 "와! 저 사람, 대단하구나!" 하면서 탄성을 자아냅니다.
　큰 포부를 가지고 일을 시작할 때는 좋았지만, 하루 이틀, 한 달 두 달이 지나고, 몇 해를 거듭해도 일의 진척은 보이지 않고, 하나 둘씩 장애되는 일이 나타나고, 곁에서 도와주는 사람도 없이 혼자 끙끙대면서 일을 해 나가다 보면 '내가 너무 무리하게 일을 진행시

킨 것은 아닌가?' 하는 의구심이 들기도 하고, 함께 생활하고 있는 가족들의 고충도 보게 되면서 사랑하는 아들과 딸의 막막한 앞길을 생각하면 회의감이 들기도 합니다. '내가 왜 이러고 있지? 내 능력이 이것밖에 안 된다는 말인가? 여기에 내 일생을 걸기엔 너무 한심하다'는 생각이 몰아치면, 기대에 찬 모습으로 조용히 지켜보면서 성원하는 사람들은 아랑곳하지 않고, 언제 그 일을 시작했는지 기억조차도 하지 않고 어느 날 갑자기 미련도 두지 않고 떠나버립니다. 특히 소외되고 생활이 어려운 농촌을 위해 일하러 들어온 사람이 일을 하다가 훌쩍 떠난 자리는 무거운 정적이 감돌면서 그 자리가 너무나 커 보입니다.

사람은 누구나 자기가 하는 일에 가시적인 성과를 보고 싶은 것이 사실이지만, 성과는 과정에 대한 결과물에 불과합니다. 성과를 전제로 일을 하는 사람들은 쉽게 지치고 어려우면 일찍 손을 놓습니다. 개울물이 굽이굽이 돌아서 바다에 이르듯이 그 흐름의 자체인 곡선이 아름답습니다. 저는 한번 마음을 정해서 시작한 일은 기본적으로 10년은 지나야 된다고 생각합니다. 10년을 전력투구하면서 일하지 않고는 내가 무슨 일을 했다고 말할 수 없습니다. 한 곳에서 10년 동안 일을 하고 난 다음에 '내 인생을 이곳에 전부 걸면서 일할 것인가?'를 다시 한 번 자문해 보고 재점검해서 출발해야 할 것입니다. 이 세상에서 진정으로 행복한 사람은 '어느 누가 뭐라고 해도 자기가 하는 일이 정말로 좋고, 일할 만한 가치가 있는 일이다'라고 생각하면서 한 곳에 평생을 올인(ALL-IN)하는 사람입니다.

산간 내륙의 오지인 거창의 농촌 지역에서 생활하고 있는 저로서는 이와 같은 값진 일을 하면서 사는 사람이 필요하다는 것을 절감하고 있습니다. 뜻을 가지고 농촌의 아이들을 위해서 교육을 하려고, 민주시민 사회를 이루기 위해서 의식개혁을 하려고, 복음을 전하려고, 농민들과 함께 농사를 지으려고 외지로부터 들어온 사람들이 많았지만, 수십 년 동안 한 가지 일에 끈질기게 노력하면서 전력투구하는 사람은 그리 흔치 않습니다. 더 좋은 자리가 나타나면, 지금 하는 일을 징검다리 삼아 궁색한 이유를 대면서 떠나가는 사람이 더 많았습니다. 그와 함께 일하던 사람들과 지켜보는 사람들은 그저 멍할 뿐입니다.

그래도 세월이 지나다 보면 그 빈자리를 아름답게 채워 나가는 사람들이 있습니다. 일의 진척이 보이지 않아도, 산 너머 동네가 전혀 보이지 않아도, 결과는 생각하지도 않으면서 그곳에 사는 사람들과 동화하면서 겸손한 마음으로 '이곳에 징검다리 하나 놓자'는 순수하고 평안한 마음으로 살아가고 있는 사람들의 모습을 봅니다. 이분들은 우리 시대의 희망이요, 영웅입니다. 영역의 넓고 좁음이나, 활동무대의 앞과 뒤는 서로 역할이 다를 뿐입니다. 후일에 그분께서 "잘했다. 착하고 신실한 종아! 네가 적은 일에 신실하였으니, 내가 이제 많은 일을 네게 맡기겠다. 와서 주인과 함께 기쁨을 누려라"고 하실 말씀을 그리면서 고독과 눈물과 땀으로 오늘의 삶을 조용히 살아내는 아름다운 삶의 모습입니다.

거창군 내에서도 산간 오지인 가북면의 동쪽편에 해당되는 큰골의 몽석리에는 118가구에 주로 노인들이 살고 있습니다. 그리고 서울에서 낯설고 물설은 이곳으로 젊은 나이에 오셔서 교회를 개척하여 30년째 목회를 하고 있는 김두희 목사님이 계십니다. 목사님은 예순이 되신 지금도 한결 같은 마음으로 농사철에는 밭이나 논에 나가서 노인들과 함께 일을 하고, 상을 당하거나 어려움에 처해 있을 때는 달려가서 내 일처럼 그분들을 위로하고, 기쁜 일을 당했을 때는 함께 기뻐하면서 생활하고 계십니다.

가북면의 북서쪽 작은 골에 해당되는 중촌리에는 97가구에 노인들이 살고 있습니다. 이곳에서 젊음을 불태우면서 중촌교회를 개척하여 16년째 목회를 하고 있는 유수상 목사님이 계십니다. 유 목사님은 한 걸음 더 나아가서 농촌의 초고령 사회에 절실하게 필요한 사회복지에 관심을 두면서 많은 연구와 노력으로 현실적인 여러 어려움들을 뛰어넘어서 2003년도에 거창 노인복지센터를 설립하여 재가장기요양사업과 노인돌봄종합사업을 시행하고 있습니다. 2008년도에는 뜻있는 사람들과 함께 '사회복지법인 이웃사랑 복지재단'을 설립하고, 남상면 월평리에 장애인 입주자가 자기 삶의 주인으로 살아갈 수 있도록 안내하면서 지역사회와 더불어 살아갈 수 있도록 지원하는 중증 장애인 요양시설인 '월평빌라'와 노인들의 안식과 삶의 의미를 되찾아 주면서 생활에 활기를 더하는 '거창 효노인복지센터'를 운영하고 있습니다. 저는 목사님의 동분서주하는 모습을 지켜보면서 '한 사람이 이렇게 소명감으로 살아갈 수도 있구나!' 하는 생각을 가져봅니다. 이 구석진 곳에서 한 사람으로 인하여 보다 따뜻한 세상으로 바뀌는 모습을 바라보면서 사람의 향기를 느끼고 있습니다.

제가 처음으로 교단에 선 곳은 거창고등학교(1974년 3월 2일)였습니다. 저와 함께 1학년으로 처음 만나서 지금까지 아끼면서 사랑하는 제자로 거창 지역 안에서 함께 생활하고 있는 사람은 정쌍은입니다. 그는 농촌을 떠나지 않고 변함없이 생활하는 순수한 마음을 가진 진실된 사람입니다. 그는 거창군 웅양면 군암 송산 마을에서 외아들로 태어나서 홀어머니의 지극한 정성으로 어렵게 생활해 왔습니다. 그는 거창고등학교를 졸업하고, 고려대학교 농과대학 농경제학과를 졸업(1981년)한 후, 다른 직장을 마다하고 곧바로 어머니가 계시는 고향으로 돌아와 같은 대학인 사범대학 가정교육과를 나온 부인과 한 번도 다른 곳으로 이탈하지 않고 지금까지 주민들의 어려운 일이나 궂은 일을 도맡아 하면서 농민들과 애환을 함께 하는 생활을 해 오고 있습니다.

농업인 후계자로서 젖소 사육, 고랭지 농업으로 무와 배추 농사 등을 하면서 실패를 거듭했지만, 낙담하지 않고 1981년부터 포도 재배를 시작하여 1983년도에는 군암 마을 주민들이 모두 포도 재배를 하게 되었고, 거창의 웅양이 집단 포도 재배 단지로 발돋움하는 데 크게 기여했습니다. 지금도 그는 변함없이 한 길을 가고 있습니다.

최고의 가치는 정직

2013년 10월 4일 아림신문 기고

"나 혼자 살면 잘 살 수 있을까?"라는 물음 앞에 "그렇다"라고 말할 사람은 아무도 없습니다. 저 자신을 살펴보아도 다른 사람의 도움이 없이는 살아갈 수 없습니다. 사람과 사람 사이를 갈라놓아서 삭막하게 만드는 것은 바로 서로가 서로를 신뢰하지 못하는 것입니다. 너와 우리는 없고, 나와 집단만 있는 이기주의는 나중에 가면 자신뿐만 아니라 모두에게 해를 끼칩니다. 사람이 곁에 있어서 좋고, 다른 생각을 가진 사람을 존중하면서 그들 속에서 좋은 점을 발견하고, 잘못되거나 부족한 것을 고쳐가면서 함께 살아가야 서로에게 희망이 있습니다.

지난 2008년 1월 초에 이집트 카이로에서 남서쪽으로 13km 떨어진 기자의 사막고원지대에 거대한 피라미드가 우뚝 서 있는 것을 보았습니다. 그것은 주전 2580년경에 죽은 쿠푸 왕을 위해서 살아 있는 약 10만 명의 인원이 10-20년에 걸쳐서 평균 무게 2.5t의 석재 230만 개를 사람의 힘에 의존해서 정교하게 쌓아 올린 구축물이었습니다. 높이가 137m, 밑변이 230m에 달하는 불가사의한 유물이었습니다. '이것을 쌓기 위해서 얼마나 많은 사람들이 피땀을 흘리면서 희생되었을까?' 하는 상념에 젖어 있었는데, 한 젊은 여성이 반가운 표정을 지으면서 우리 일행 앞으로 다가왔습니다. 그는 서울에 있는 초등학교에 근무하면서 방학 동안 혼자 배낭여행을 왔다고 자기를 소개하면서 룩스까지 우리와 함께 갔으면 하는 바람이었습니다. 우리는 흔쾌히 같이 가자고 하면서 자질구레한 것을 문제 삼아 거절하지 않았습니다. 혼자 배낭여행을 나선 그 여선생의 용기를 대견스러워하면서 그 먼 이국 땅에서 우리나라에서 온 사람을 만난 것 자체가 너무 반갑고 기뻤습니다.

광대무변한 이 우주 공간 속에서 우리가 살고 있는 영역을 살펴보면 너와 내가 따로 존재하는 것이 아니라, 하나의 작은 점으로 공존하고 있습니다. 그러나 주어진 현실 속에 발을 딛고 사는 우리로서는 지금, 여기가 삶의 전부인 것도 부인할 수 없는 사실입니다. 유동 인구까지 포함하면 더 많겠지만, 거창에는 많은 사람들이 함께 살고 있습니다. 사람들이 모여 살다 보면 서로 의견이 달라서 다툴 수도 있고, 눈이 멀어져서 자신에게 유리한 것, 이익만을 추구하여 다른 사람들에게 피해를 주기도 합니다. 사람과 사람 사이에서 가장 소중한 것은 정직과 신뢰입니다. 이것이 무너지면 모든 것이 하루아침에 물거품이 될 수 있습니다. 재정확보가 열악한 우리 거창은 농산물의 생산이 큰 비중을 차지하고 있습니다. 농민들이 애써 생산한 사과, 포도, 딸기, 복수박, 오미자 등의 농산물들이 등급에 맞게 잘 포장이 되어서 제값을 받고 전국뿐만 아니라 외국으로도 팔려 나가서 농가 소득이 높아지기를 간절히 바랍니다.

그런데 몇 년 전부터 이곳에서 귀하게 생산되는 송이를 중국이나 북한에서 무더기로 싼 값에 들여온 송이와 섞어서 파는 곳들이 있습니다. 향내로 구분한다고 하지만 같은 모양의 송이를 섞으면, 파는 사람 말고는 구분하기 어렵습니다. 원산지를 표시해서 팔면 소비자가 알아서 사면 되는데, 외지에서 온 사람들이나 곁에 살고 있는 우리마저도 비싼 값을 주고 속아서 산 사람은 기가 찰 노릇입니다.

올 여름철에 외지의 많은 사람들이 산 좋고 물 좋은 거창을 찾아와서 피서를 즐기면서 재충전의 기회를 가져서 참 좋았습니다. 더 잘 정비가 되어서 내년에도 우리 거창이 편안한 휴식처가 되어 이들을 대상으로 영업하는 사람들이 신바람이 났으면 좋겠습니다.

그러나 산과 계곡으로 많은 사람들이 몰려든다고 해서 도가 지나치게 마을로 진입하는 입구에 줄을 쳐놓고 주차료를 받는 것은, 다른 지역에서는 찾아볼 수 없는 일입니다. 우리 고장을 방문한 사람들이니까 청소나 시설관리가 필요한 곳에는 행정당국에서 지원하는 것이 바람직하다고 봅니다. 어쩔 수가 없어서 값을 지불하기는 하지만 한번 마음 상한 사람들이 다음에도 온다는 보장은 없습니다.

다른 지역의 현지인이 실토한 이야기가 생각납니다. 관광객들이 몰려오니까 자만에 차서 가격을 부풀려서 물건을 팔고 턱없이 비싸게 음식값을 받으니 어느 때부터인가 그냥 스쳐서 다른 지역으로 이동해 가는 물 빠짐 현상이 나타났다고 합니다. 이것을 감지한 주민들이 정신을 차려서 서로 노력하여 오는 사람들을 친절하게 맞이하고, 제값으로 상품과 특화된 음식을 팔면서부터 신뢰를 회복하기 시작해서 다시 찾아오게 하는 데 10년이 걸렸다고 합니다.

 우리가 살아가는 이곳에만 좋은 곳이 있는 것도, 좋은 상품과 음식이 있는 것이 아니라 조금만 더 가면 좋은 장소, 상품, 음식이 많이 있습니다. 더구나 지금은 교통이 발달하여 시간 거리의 간격이 좁아지고 있습니다. 수요자들은 그곳 사람들의 따뜻한 마음과 일관되게 생산되는 상품의 질을 보면서 가격 조건을 살피는 시대입니다. 이제 끊임없이 개선하고 변화해서 상품의 질을 높여야 할 때입니다. 소비자들은 한 번은 몰라도 두 번은 속지 않습니다. 정직하게 살아가는 것이 밝은 미래를 열어가는 확실한 열쇠입니다.

2014년 1월 31일

    사람이 사람을 신뢰하고 존중하면서 함께 손잡고 더불어 살아가는 세상이 언제 올 것인지를 생각하면 까마득히 멀게만 느껴진다. 그러나 더디기는 하지만 불합리한 점들이 점차 개선되고 있고, 투명하게 일이 처리되고 있어서 민주적인 사회로 한 걸음씩 나아가고 있는 것을 보면 희망에 찬다. 어둠 속에서 행한 악한 일들이 밝은 대낮에 한 것처럼 그 진실이 드러나고, 무고한 사람들의 눈에서 피눈물을 나게 한 사람들이 법의 심판을 받고 있는 사실을 보고 있으면, 오늘을 살아가는 우리는 이 사회에 대한 크든 작든 간에 자기의 할 일과 역할을 찾아가면서 살아가야 할 책임과 의무가 있음을 깨닫게 된다.

    인간에게 절대성은 있을 수가 없다. 뿐만 아니라 인간은 한 치

앞도 알 수 없는 부족한 존재다. 푸른 잎 하나, 피 한 방울도 진품을 만들 수가 없다. 만약에 만든다고 하면 그것은 생명력이 없는 대체품에 불과하다. 인간의 그 한계성을 겸허하게 인정하면서 누구나 법 앞에 평등하게 살아가야만 한다. 누구는 작은 죄를 지어도 엄한 처벌을 받고, 누구는 큰 죄를 지어도 눈 하나 까딱하지 않고 교묘하게 빠져나가는 그런 세상은 언젠가는 붕괴되고 만다. 사람의 도리로서 보편적이고 상식적인 것에서부터 시작하여 규정이나 조례, 법을 마땅히 지킬 것은 지키고, 잘못한 것은 그 대가를 치르면서 청산할 것은 깨끗이 청산해야 한다.

지난 1월 10일에는 전형적인 겨울 날씨를 실감나게 할 만큼 몹시 추웠다. 친구의 부인이 세상을 떠나서 조문을 할 친구들이 차 3대에 분승하여 장지가 있는 함양으로 가던 중이었다. 앞 차 두 대를 운전하는 친구들은 지리를 잘 아는데다가 오랫동안 운전을 해 오던 터라 잘 가는데 나는 초행길인데다가 따라가기에도 힘겨운 상태였다. 수동면 우명리 교차로를 통과하는데 차 두 대는 파란불이라서 그냥 지나는데, 뒤따라가는 나는 파란 신호등이 황색점멸등으로, 조금 지나서 붉은 신호등으로 바뀌는데 그냥 지나갔다. 순간적으로 '아차' 하는 생각이 들면서 찜찜하였지만, 위반은 아니겠지 하는 막연한 안도감을 가졌다.

아니나 다를까, 우려했던 것이 현실로 나타났다. 열흘이 지나서 집으로 나의 자동차 번호판이 너무도 선명하게 찍혀서 '위반 사실 통지 및 과태료 부과 사전 통지서가 배달되어 왔다. 신호 위반으로 법령 제5조에 의거 벌점 15점에 범칙금 60,000원을 납부하라는 통

보였다. 의견진술 기한이 한 달간 주어져서 거창 경찰서 민원실에 가서 그때 상황을 말하면서 나의 사정과 위법 사항이 아니라는 것을 말하니까 담당 여자 경찰관이 "제가 볼 때 인정받을 사항이 아닌 것 같습니다만, 우리 소관이 아니니 경남 지방경찰청 무인단속실로 연락해 보십시오" 하면서 전화번호를 적어 주었다. 집에 와서 전화로 담당자에게 자초지종을 말했더니 담당 여자 경찰관이 차량번호와 주민등록번호를 물어서 알려 주었더니 조금 있다가 차량 조회를 하였는지 명쾌하게 설명을 해주었다. "황색점멸등이 들어오고 나서 5초의 여유가 있는데 아저씨의 차량은 2초를 초과했고, 운전하는 그 당시를 위급사항으로 인정할 수가 없습니다." 너무나 정확하게 초단위로 확인을 하면서 설명을 하니 나는 더 이상 할 말이 없었다. "네, 잘 알겠습니다. 앞으로 교통법규를 잘 지키겠습니다."

나는 그 다음날 농협에 가서 범칙금 70,000원을 내고 벌점 15점은 면제받았다. 농협에서 범칙금의 용지로 납부하는 나에게 여직원이 "너무 큰 것이 걸렸습니다"라고 했다. 그래서 "맞습니다"라고 맞장구를 쳤다. 그러면서 나는 마음으로 다짐했다. '황색신호등이 켜졌을 때는 무조건 주행을 하지 않아야 한다. 그러다가 사거리 신호대 안에서 사고라도 나면 8개 조항에 해당되어 더 큰 피해를 받게 된다는 사실을 이번에 확실하게 경고를 받았으니 정신 똑바로 차려서 운전하자.'

우리는 사회생활을 해 나가면서 서로 간에 약속을 하면서 살아간다. 지키지 못할 약속, 어려운 상황을 모면하기 위해서 뜬금없이 허공을 치는 말이나 거짓말을 해서는 안 된다. 빈말은 자기의 머리에 숯불을 쌓은 것과 같아서 언젠가는 올무가 되고, 영혼까지 파괴시키는 결과를 초래한다.

마태복음 5장 34-37절을 보면, "하늘을 두고도, 땅을 두고도, 네 머리를 두고도 맹세하지 말라. 너희는 다만 '예'라고 할 때는 '예'라는 말만 하고, '아니오' 할 때는 '아니오'라는 말만 하여라. 이보다 지나친 것은 악에서 나오는 것이다"라고 말씀하셨다.

우리에게 가장 무서운 심판이 있다면 사람들로부터 신뢰를 잃는 것이다. 내가 아무리 진실을 말하더라도 사람들이 나를 믿어 주지 않는다면 이것만큼 비극적인 일은 없다. 억만금을 주고도 살 수 없는 것이 그 사람에 대한 믿음이다. 우리가 잘못된 길로 가고 있을 때 "너, 이렇게 하면 안 된다"라고 하는 경고의 소리를 친구들을 통해서, 혹은 이웃 사람들을 통해서, 자신의 양심을 통해서 듣는다. 이럴 때 잘못된 것임을 깨닫고 겸허하게 수용함으로 정신을 차리면서 고쳐 나가는 사람은 참 보기에도 좋다. 누구나 다 실수를 하면서 살아가기에 원점에서 다시 출발하는 그에게 마음으로 성원을 보낸다.

개인의 잘못이나 실수는 본인이나 혹은 그 집안이 피해를 보면 된다. 그러나 공공단체를 책임지고 있는 사람이거나 한 나라를 책임지고 있는 사람이라면 많은 사람들에게 하는 약속이나 공약들은 몇십 배의 공신력을 가지고, 책임감을 가지고 신중하게 말해야 한다. 그것이 나에게 아무리 어렵고 불리하게 작용할지라도 지킬 것만 약속해야 한다. 변소에 들어갈 때 하는 말과 나올 때 하는 말이 다르면 겉과 속이 다른 사람이 된다. '얼마 지나면 사람들이 잊겠지', '다른 곳으로 시선을 돌려서 국면 전환을 하면 돼' 하면서 사람들을 얕보면서 약속이나 공약을 식은 죽 먹듯이 바꾸거나 파기하는 사람은 결국 자기 자신에게 해가 되어 되돌림이 된다. 특히 우리나라 사람들은 과거의 잘못이나 악한 행동에 대해서 확실하게 매듭을 짓지 못하고 너무 쉽게 잊고, 관대하게 넘어가기 때문에 꼬리에 꼬리를 물고 악순환이 계속된다. 진심으로 반성하고 납득할 수 있는 확실한 대책이 있어야 국민들이 그것에 대해서 수긍도 하고 용서가 되는 것이다. 상처를 깨끗이 치료해야 새살이 돋아난다. 꺾인 가지도 밑뿌리가 든든하면 새순이 돋아난다.

지난 12월 대통령 선거 때, 국가 정보원 등 인터넷 여론 조작이 광범위하게 조직적으로 벌어졌는데도 대통령이 나서기 불편한 사항에서 "전 정권이 했지, 내가 관여하지 않았다"라고 말하고, 직접적으로 관계된 사람들을 조사하는 것 자체를 더 이상 언급하지 못하게 선을 그어서 제외시켰다. 우리 국민이 바라는 것은 직접적으로 관여하지 않았더라도 선거에 나온 집권 여당의 출마자로서 "국가기관이 나서서 선거에 개입한 것은 잘못된 일이다. 앞으로는 이런 일이 일어나지 않도록 철저하게 대책을 세우겠다"라고 하는 말 한마디다.

예산 문제가 수반되는, 무상으로 하는 '초등 돌봄교실'운영이나 질병과 사회복지제도에 대한 지원 공약도 곳곳에서 무리가 따른다고 수정하거나 포기한다. 지키기가 어려우면, 전문기구를 만들어서 시간을 가지고 충분히 논의해서 국민들이 납득할 수 있는 구체적인 대안이 제시되어야 하는데 그렇게 하지 못하고 있다.

이것은 차제하고서라도 금년 6월 4일에 실시하는 지방선거에서 '기초선거 정당공천제 폐지'는 여·야가 모두 공약으로 내걸었고, 특히 다수당인 여당 측에서 적극적으로 내세웠으니 결단하여 시행하기만 하면 되는데, 이것마저 이해관계가 걸려 있는 국회로 떠넘기면서 파기하려고 한다. 국민들은 희망을 가지고 정책과 공약을 보면서 후보를 선택했는데, 자꾸만 거꾸로 간다. 공약을 지키라는 요구는 유권자의 당연한 권리인데, 어디에 누구를 향해서 요구해야 한단 말인가?

국민을 두려워하지 않으면서 회개하지 않는 사람, 고집이 센 사람에게는 언젠가 때가 되면 그 죄에 대한 책임을 묻는다.

인간의 수명은 유구한 역사에 비하면 아침 이슬에 불과하고, 권력의 중심부인 정점에 머무는 시간은 짧다. 우리는 막다른 골목에 있다는 생각이 들어도, 벼랑 끝 천 길 만 길 낭떠러지가 앞에 놓여 있다는 생각이 들어도, 생명이 있는 한 내일의 희망에 찬 세상을 꿈꾸면서 우리 자신부터 늘 새롭게 출발해야 한다. 지금은 가슴 답답하고 눈물을 머금어도 좋다. 내일을 기다림이 희망이다.

사람이 너무 못되게 굴면 벌을 받는다

2003년 10월 4일

"악한 궁리나 하는 자들, 잠자리에 누워서도 음모를 꾸미는 자들은 망한다! 그들은 권력을 쥐었다고 해서, 날이 새자마자 음모대로 해치우고 마는 자들이다"(미 2:1).

우리 어머니와 아버지는 시장 노점에서 눈이 오나 비가 오나 사시사철 장사를 하셨다. 그러니 이런저런 사람들을 많이 만나고 애환을 많이 겪으셨다. 아버지는 내가 스물여덟 살에 돌아가시고, 어머니 혼자 장사를 하자니 더 설움에 복바쳐서 눈물을 많이 흘리셨다. 이런 과로가 겹쳐서인지 회갑 전 해에 뇌졸중으로 쓰러지셔서 바깥출입을 못하신 지가 벌써 15년째이다. 몸은 불편하지만 기억력은 생생하게 남아 있어서 내가 가끔 방 안에 들어가면 지나간 말씀을 하셨다. "다른 사람들에게 너무 모질게 구는 사람들은 뒤끝이 좋지 않다." 내가 살아가면서 지켜보아도 이 말씀이 무슨 뜻인지 수긍이 간다.

하루하루 벌어서 힘겹게 살아가는 영세 상인들에게 고금리로 미리 선불을 받고 일수를 놓으면서 모질게 이익을 챙긴 사람들, 그것도 모자라서 많은 사람들이 맡겨놓은 돈을 처음에는 높은 이자를 꼬박꼬박 주다가 이 사람 저 사람 돈을 몽땅 모아 가지고 어느 날 갑자기 도망을 간 사람이 지금은 어디에 가서 무엇을 하면서 살아가고 있을까? 그런 사람들이 사는 날 동안 마음 편하게 잘 살아가리라고는 생각되지 않는다.

우리 집은 채소 한두 단 팔아서 생계를 이어가는데, 큰 식당을 운영하면서 단골이라는 명목으로 잔뜩 외상을 지워놓고, 설 명절과 추석 명절 전날 외상값을 받으러 나와 아버지가 가면 자리를 피하고 없다. 아버지가 한숨을 쉬면서 발걸음을 돌려 힘없이 나오시던 기억이 난다. 다음 명절 때 가면 오만 죽는 소리를 다 늘어놓고 조금만 준다. 그러다 보면 날이 가고 달이 가서 다시 일 년이 간다. 어떤 곳에서는 어려운 사정 이야기를 하면서 외상값을 좀 달라고 하면, 버럭 화를 내면서 다른 곳으로 옮겨버린다. 다른 곳에 가서도 뱃심을 더 내면서 같은 짓을 한다. 그래 놓고 얼마 있다가 사람이 보이지 않으면 소리 없이 거창을 떠났다는 소리를 듣는다. 이렇게 못된 짓을 한 사람이 오히려 이중으로 돈을 더 잘 벌고 재산을 모을지도 모른다. 이렇게 사람들에게 한과 눈물을 남긴 사람이 어느 때까지 갈 수 있을까?

세상을 살아가는 데 있어 사람으로서 마땅히 지켜야 할 도리가 있고, 해서는 안 되는 규범이 있다. 이것을 무시하고 상대방에게 못살게 굴거나 다른 사람의 눈에 피눈물이 나게 하면 그렇게 피해를 준 사람은 결코 오래가지 못한다. 자기 대에는 잘 유지될지 몰라도, 자기 자손까지는 손가락 하나 까딱 않고 잘 지낼지 몰라도 영원히 그렇게 되지는 못한다. 원한으로 남아 있어서 언젠가는 무너지게 된다.

우리가 함께 살아가는 집단 내에서도 마찬가지이다. 너무 못되게 굴면 결국은 본인이 불행해진다. 자기는 손가락 하나 까딱 않으면서 사사건건 남을 욕하고 비난하면서 그럴듯한 이론과 논리로 포장해서 일의 본질을 피해 간다. 나중에 지나고 나면 결국은 자기의 편리함과 이익을 챙겨 나가는 격이 된다. 일을 현명하게 잘 처리해 나가는 사람으로 사람들에게 박수를 받을 수도 있다. 그러나 한두 번은 그렇게 잘 넘어가도 결국은 자기의 모순에 빠지게 되고, 자기 발에 채이게 된다. 다른 사람이야 죽든 말든, 회사가 사경을 헤매든 말든 상관하지 않는다면 결국은 자기도 그 속에 포함되고 홀로 남게 된다.

인류 역사상 악과 불의를 일삼아서 무고한 사람들을 죽음으로 내몬 사람들과 나라는 결국 소멸되고 말았다. 그들이 천 년 만 년 누리면서 갈 것 같아도 봄이 오면 얼었던 대지가 자연스럽게 녹아지듯이 어느 순간에 패망에 이르고 인륜을 저버린 오점으로 남게 된다. 없는 것을 있는 것으로, 정상적인 것을 비정상적인 것으로 둔갑시켜도 영원히 그렇게 할 수는 없는 것이다. 정의와 진실의 작은 불씨가 지펴져서 훨훨 타서 그들을 삼켜버렸다. 도도히 흐르는 역사 속에서 검은 것이 흰 것이 될 수가 없고, 악한 것이 선한 것을 덮을 수가 없기 때문이다.

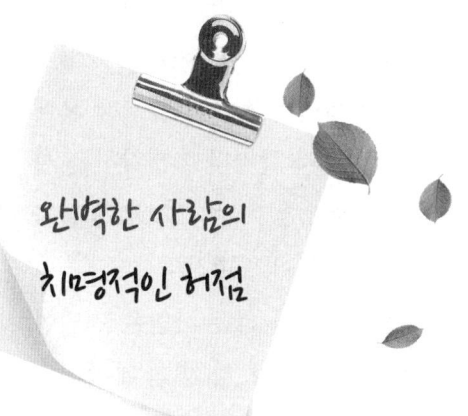

완벽한 사람의 치명적인 허점

2011년 5월 11일

흠잡을 데가 없는 완벽한 사람은 우리 사회에 꼭 필요하다. 곳곳에서 일어나고 있는 허술함과 시행착오는 우리의 삶을 뒤틀리게 하고, 앞뒤를 분간하지 못할 정도로 혼란에 빠뜨리기도 한다. 그러나 다른 사람의 실수나 허물을 용납하지 못하는 사람은 숨이 막힌다. 이런 사람은 넘치는 지혜와 풍부한 지식을 갖추고, 자기의 예리한 판단과 기준으로 허술한 사람, 나사 하나가 풀려서 실수를 연발하는 사람을 매섭게 내리쳐서 일어서지도 못하게 만든다. 자기도 모르는 사이에 철옹산성을 쌓아서 다른 사람들이 들어갈 틈이 없게 만들고, 물 한 방울 스며들지 못하도록 땅바닥을 단단하게 포장해 버리는 자기체면에 걸린 사람이다.

흙이 부드러워야 자연스럽게 물이 스며들어 작물들이 양분을 흡수하여 잘 자랄 수 있게 되고, 자신이 쳐놓은 벽을 허물어야 소통이 원활해져서 사람들의 내왕이 끊이지 않는다. 다른 사람의 허물이 나의 허물이 될 수 있고, 나의 장점이 너의 장점이 될 수 있다. 그러므로 서로 신뢰하고, 보완해 나가면서 살아야 서로가 즐겁게 오래 갈 수 있다. 자기는 다 옳고, 다른 사람은 다 틀렸다고 생각하는 사람 곁에 있으면 찬바람이 나서 얼른 피하고 싶어진다. 서로가 감싸주고 안아 주는 훈기가 있어야 사람 사는 멋이 느껴진다.

사람의 마음을 아프게 후벼 파면서 질타를 하는 사람은 평범한 사람보다 더 일을 잘하고 많이 하는 사람들이다. 내가 참 부족하고 잘못하는 일들이 많다고 생각하는 사람은 다른 사람들을 향해서 이러니저러니 말할 겨를도 없고 미안해서 질타하지도 못한다.

어느 직장에서 직위에 있는 사람이 이제 갓 들어온 사람이 정리도 잘 못하고 동작이 느리자 "이런 것을 제때에 정리를 하지 못하고 방치하는 것은 도둑질하는 것과 같다"라고 질타했다. 그러한 꾸중을 들은 아랫사람이 집에 와서 "나는 도둑질하지 않았는데……" 하면서 엉엉 울었다는 이야기를 들었다. 그동안 습성에 배여서 고쳐지지 않는 것을, 시간을 두고 잘해 나가도록 타일러서 고쳐 나가면 되는데, 자기의 기준에 맞지 않는다고 매섭게 몰아붙이는 사람은 너무 차갑다. 단 한 가지도 잘못한 일이 없다고 생각하는 사람, 자기의 옳음만을 주장하는 사람은 더 이상 발전할 가능성이 적다. 사람은 다른 사람들과 함께 일을 해야 하는데, 따뜻한 인간적인 모습을 느끼지 못하기 때문에 그에게 책잡힐까 봐 말하기를 싫어하고, 더구나 충고나 제안은 간섭한다고 생각하기에 아예 하지도 않는다.

오랫동안 형성되어 온 한 사람의 습관을 하루아침에 내 방식대로 어떻게 고쳐서 바로잡겠는가? 그것은 지나친 자가당착이고, 교만에 사로잡힌 우월주의이다. 상대방이 부족하고 약한 부분은 내가 보완해 주고, 반대로 상대방이 잘하고 내가 취약한 부분은 도움을 받아서 함께 잘되게 하는 것이 사람 사는 세상에서 향내를 함께 내는 방법이다.

사람들은 저마다 치명적인 약점을 가지고 있다. 아무리 그만두고 싶어도 끊지 못하는 악습을 가지고 있다. 찰거머리처럼 끈질기게 몸과 마음에 붙어서 어느 순간 자기도 모르게 깊은 나락으로 추락해 버리는 부끄러운 점을 가지고 있다. 친구들 중에 담배가 몸에 해롭다고 충고를 듣고는 몇 달을 끊었다가, 심지어 1년 가까이 피우지 않았다가 다시 피우는 친구들도 있다. 술을 매일같이 먹으면 간에서 제대로 해독을 하지 못하고 축적이 되어서 해로운 줄 알면서도 중독이 되어 결국 돌이킬 수 없는 중병으로 이어지는 사람도 있다. 한두 잔의 커피는 몸에 큰 영향이 없지만, 매일 아침 일어나자마자 원액의 진한 커피를 먹어야 정신이 들어 일을 시작하는 사람도 있다. 그런가 하면 상대방의 이야기를 다 듣고 나서 자기의 의견을 말하면 되는데, 무슨 난리가 쳐들어온 것처럼 참지 못하고, 꼭 중간에 말을 잘라서 하거나 내가 주도해서 거침없이 말을 해야 직성이 풀리는 사람도 있다. 일을 벌여놓기만 하고 뒷수습을 전혀 못하는 사람도 있고, 일을 해 보지도 않고 겁부터 먹고 아예 시작도 못하는 이론가도 있다.

자신이 참으로 부족한 사람이라고 뼈저리게 느끼는 사람과 자신은 부족함이 없는 사람일 뿐만 아니라 자칭 의인이라고 생각하는 사람 가운데, 내일을 열어가는 가능성은 누구에게 더 있을까?

누가복음 18장 9-14절에 바리새파 사람과 세리의 비유 말씀이 나온다. 주님께서는 스스로 의롭다고 확신하고 남을 멸시하는 바리새파 사람과 하늘을 우러러볼 엄두도 못 내고 가슴을 치며 "아, 하나님! 이 죄인에게 자비를 베풀어 주십시오"라고 말하는 세리 가운데 하나님으로부터 의롭다고 인정을 받고서 자기 집으로 내려간 사람은 세리라고 말씀하신다. 그리고 누구든지 자기를 높이는 사람은 낮아지고, 자기를 낮추는 사람은 높아질 것이라고 하셨다.

주님은 율법학자들과 바리새파 사람들을 향해서 "너희들은 회칠한 무덤으로, 너희에게 화가 있다. 잔과 접시의 겉은 깨끗하게 하지만, 그 안은 탐욕과 방종으로 가득 차 있다. 지식의 열쇠를 가로채서 너희 자신도 들어가지 않고 또 들어가려고 하는 사람도 막고 있다. 너희들은 무거운 짐을 묶어서 남의 어깨에 지우지만, 그 짐을 나르는 데 손가락 하나도 까딱하지 않는다. 나는 의인을 부르러 온 것이 아니라, 죄인을 불러서 회개시키러 왔다"라고 말씀하셨다.

사도 바울은 로마서 7장 15-24절에서 "나는 내가 하는 일을 도무지 알 수가 없습니다……내가 원하는 선한 일은 하지 않고, 도리어 원하지 않는 악한 일을 합니다. 내가 해서는 안 되는 것을 하면, 그것을 하는 것은 내가 아니라, 내 속에 자리를 잡고 있는 죄입니다……아, 나는 참 비참한 사람입니다. 누가 이 죽음의 문에서 나를 건져 주겠습니까?"라고 고백했다. 인간의 근원적 죄에 대해서 인간의 노력이나 수행에 의해서 해결될 수 없음을 분명하게 말씀하면서 "우리 주 예수 그리스도를 통하여 나를 건져 주신 하나님께 감사를 드립니다"라고 고백한다. 죄 문제의 해결점은 예수 그리스도의 대속에 의한 구원의 은총에 의한 것이다. 현재 내 모습 그대로를 주님 앞에 내어놓고 회개함으로 새 사람을 옷 입어야 한다. 그분 앞에서 잘못된 나의 속성과 치명적 약점을 고백하면서 성령의 인도하심으로 고치려고 부단히 노력해서 그 뿌리를 제거해야 한다.

6년째 밭농사를 지으면서 제초제를 사용하지 않으니 풀과의 전쟁이라고 해도 과언이 아니다. 그중에 국화과에 속하는 해넘이 한해살이 풀인 개망초가 있는데 그것이 한참 크면 긴 줄기를 내면서 흰 꽃을 피우는데 나중에는 대가 단단해져서 뽑기도 힘들 뿐만 아니라 뿌리채 뽑지 않으면 잘린 자리에서 잔 줄기가 여러 개 다시 나와서 하나의 군락을 이루게 된다. 그리고 개비름이 있다. 이놈은 캐내더라도 수분이 조금만 있으면 금세 다시 살아난다. 끈질긴 생명력으로 조그만 뿌리가 남아 있어도 삽시간에 잔디밭을 점령해 버린다.

나의 죄와 허물을 속죄하려고 죄 없으신 하나님의 아들 예수 그리스도가 십자가에 달려서 돌아가신 그 보혈의 능력을 믿음으로 새로운 삶의 대열로 들어가서 오늘의 값진 삶을 살아가야 한다.

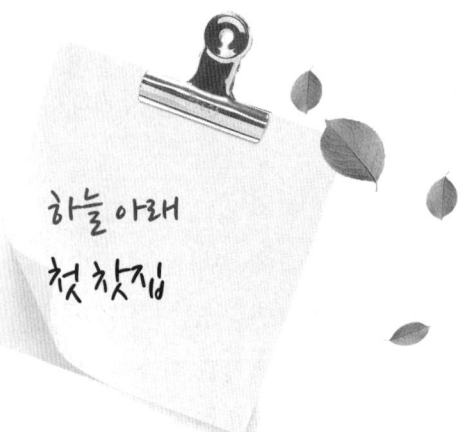

2014년 4월 28일
<아림신문> 기고

　우리는 매일 일을 하면서 살아갑니다. 혼자서 일을 하는 사람도 있고, 공공기관이나 기업체에 소속되어 일을 하기도 합니다. 자기가 하는 일에 100% 만족하면서 살아가기는 어렵지만, 긍지와 자부심을 가지고 즐거운 마음으로 일을 할 수만 있다면 이보다 더 좋은 것은 없을 것입니다. 이런 사람이 바로 행복한 사람이라고 생각합니다.

　지난 14일(월)에 60세 이상 된 거고 동문 10명이 금귀봉(827m)에 갔습니다. 날씨도 화창할 뿐만 아니라 비가 온 뒤라 짙은 초록색으로 덧입혀지고 있는 산지는 가는 길목에 곱게 핀 진달래와 어우러져서 더욱 아름다웠습니다. 산정에 이르렀을 때 우리는 주변 경관에 탄성을 자아내기도 했지만, 오랫동안 걸어왔기에 갈증을 느끼기도 했습니다. 이때 우리를 반갑게 맞이하는 분이 계셨습니다. 거창 군청 산림녹

지과 소속 산불 예방 감시원 신원범 님이셨습니다. 그는 우리와 잠시 인사를 나누고 초소 안으로 들어가더니만 조금 있다가 따끈한 커피를 타 가지고 나와서 한 잔씩 주었습니다. 우리가 가지고 간 음식물을 서로 나누어 먹었는데, 직접 타서 주는 그 커피 맛에는 비할 데가 없었습니다. 그분은 가조면 동예리에서 이곳으로 매일 출퇴근을 하면서 거창읍과 주상, 남하와 가조의 산불을 감시한다고 했습니다.

"날씨가 좋은 날이 한 달에 10여 일 정도 되는데, 이런 날은 멀리 지리산 천왕봉, 가야산, 덕유산까지 보입니다. 거창이 훤히 펼쳐 보이는 이곳이 얼마나 좋습니까?" 우리가 모여서 사진을 찍으려 하자 "제가 일류 사진사입니다. 저에게 카메라를 주십시오. 경관이 다 드러나 보이는 이곳이 좋습니다" 하면서 사진을 찍는 모습은 숙달된 전문가였습니다. 매일같이 산지를 오르내리면서 제한된 장소에서 산불 감시하는 일을 '하늘 아래 첫 다방' 주인으로 자칭하면서 이곳을 찾아오는 등산객들에게 거창의 산하를 잘 설명하면서 차를 대접하는 신원범 님은 '거창의 진정한 홍보대사'일 뿐만 아니라, 메말라진 우리에게 사람 사는 따뜻한 향내를 말없이 전하면서 자신이 하는 일에 삶의 의미를 더하고 있습니다.

하산하는 길에 부산에서 온 등산객 30여 명이 금귀봉에 오르고 있어서 우리도 기분이 좋아서 "반갑습니다" 하고 인사를 하니까 한 분이 "거창 사시는 분들은 좋은 산을 곁에 두고 살아서 그런지 표정이 모두 밝네요"라고 하셨습니다. 저는 산정에서 이들을 반갑게 맞이할 신원범 님을 생각하니 절로 신이 났습니다. 이분의 정성과 따뜻한 마음 앞에 산불 조심에 대해서 경각심을 가지지 않을 사람은 없습니다. "이곳을 찾아오신 여러분을 환영합니다. 아름다운 산을 지키고 보존하는 것은 누가 감시하고 감독해서 될 일이 아닙니다. 우리 모두가 주인 된 마음으로 함께 노력하면 좋겠습니다." 내가 하는 일에 집중해서 최고의 가치로 개선하고 개발해 나가는 것은 자신의 몫입니다.

세월호의 침몰로 302명의 희생자가 발생한 참담한 현실 앞에서 할 말을 잃습니다. 우리의 사회구조는 톱니바퀴가 맞물려 돌아가듯이 서로 연계되어 있음을 봅니다. 내가 담당해야 할 역할에 따라서 생명을 살릴 수도 있고, 죽음으로 내몰 수도 있다는 사실을 지켜보고 있습니다. 배가 침몰되어 가는데도 밖을 나와 보지도 못하고 차갑고 어두운 바다 속에서 숨져 간 어린 생명들을 생각하면서 우리는 너와 나를 구분짓지 말고, 서로 연대감과 책임감을 가지면서 내가 할 일에 소명의식을 가지고 진정으로 혼신의 노력을 다할 때입니다.

금귀봉서 신원범 님과 함께(2014. 4.)

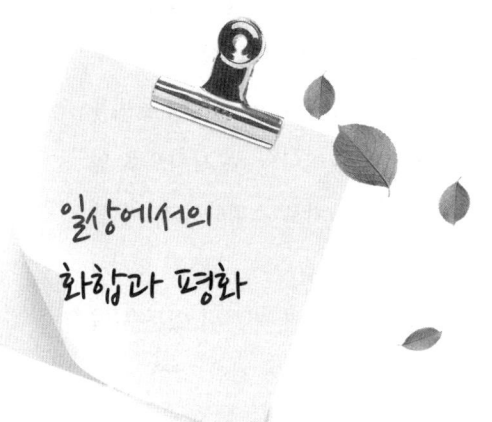

일상에서의 화합과 평화

2015년 12월 5일

    나의 의견과 다른 사람을 존중하면서 살아간다는 것은 쉬운 일 같지만 나이가 들어갈수록 더 어렵다는 사실을 실감하면서 살고 있다. 사소한 차이로 인하여 감정을 상해서 돌이킬 수 없는 막다른 길로 가게 되면 서로에게 유익한 것은 아무것도 없다. 내가 상대방의 마음을 상하게 했다면, 즉각적으로 내가 잘못했음을 시인하면서 사과를 하고 화해를 해야 한다. 나이 70줄에 앉은 사람이 자기의 잘못을 친구들 앞에서 진심으로 부끄러워하면서 용서를 구하는 것은 결코 쉬운 일이 아니다. 그러나 이것만이 금이 간 두 사람의 관계를 회복할 수 있는 유일한 대안이다. 내가 먼저 사과를 해야지, 상대방이 먼저 사과하기를 바라면 시기를 놓쳐서 서로가 평행선을 긋게 되고, 다시 돌이키기엔 너무 늦다.

"그리스도는 우리의 평화이십니다. 그리스도께서는 유대 사람과 이방 사람이 양쪽으로 갈라져 있는 것을 하나로 만드신 분이십니다. 그분은 유대 사람과 이방 사람 사이를 가르는 담을 자기 몸으로 허무셔서, 원수 된 것을 없애시고, 여러 가지 조문으로 된 계명의 율법을 폐하셨습니다. 그분은 이 둘을 자기 안에서 하나의 새 사람으로 만들어서 평화를 이루시고, 원수 된 것을 십자가로 소멸하시고, 이 둘을 한 몸으로 만드셔서, 하나님과 화해시키셨습니다. 그분은 오셔서 멀리 떨어져 있는 여러분에게 평화를 전하셨으며, 가까이 있는 사람들에게도 평화를 전하셨습니다. 이방 사람과 유대 사람 양쪽 모두, 그리스도를 통하여 한 성령 안에서 아버지께 나아가게 되었습니다. 그러므로 이제부터 여러분은 외국 사람이나 나그네가 아니요, 성도들과 함께 시민이며 하나님의 가족입니다. 여러분은 사도들과 예언자들이 놓은 기초 위에 세워진 건물이며, 그리스도 예수가 그 모퉁잇돌이 되십니다. 그리스도 안에서 건물 전체가 서로 연결되어서, 주님 안에서 자라서 성전이 됩니다. 그리스도 안에서 여러분도 함께 세워져서 하나님이 성령으로 거하실 처소가 됩니다"(엡 2:14-22).

시편 120편 7절에 "나는 평화를 사랑하는 사람이다. 그러나 내가 평화를 말할 때에, 그들은 전쟁을 생각한다"라고 말씀하신다. 하나님께서 인간을 창조하실 때 하나님의 형상대로 창조하셨다. 피부 색깔이나 지식과 지혜의 차이, 돈과 지위의 낮고 높음으로 사람을 구분하지 않고 함께 살았다. 그러나 사람이 늘어나고 인류 문명이 발달하면서 지배계급과 피지배계급이 생겨나고, 부족과 부족 사이, 나라와 나라 사이에 균형이 깨지면서 화합과 평화도 자꾸만 멀어져 갔다. 평화롭게 살던 원주민들이 한 귀퉁이로 내몰리고, 힘의 논리에 의해서 권력을 쥔 사람이 약한 사람들을 억누르고 지배하기 시작했다. 이들은 오래도록 다스리기 위해서 어떻게 해서든지 화합이 되는 것을 싫어하고, 서로를 이간질시키고 대립시키면서 악한 짓을 일삼고 있다. 세상에서 나쁜 사람들의 한 부류는 자기 자신이나 그가 속한 집단이익만을 꾀하기 위해서 서로 간에 갈등을 부추기거나 상반된 이념이나 논리로 서로를 분열시키면서 극한적인 대립구도를 만들어가는 것이다.

우리는 어떻게 해서든지 내가 현재 있는 자리에서 갈라지고 흐트러진 사람들을 다시 화합시키고 평화를 이루어 나가기 위해서 온갖 노력을 다해야 한다. 분명한 사실은 내가 땅속에 묻혀서 썩지 않고, 내가 죽지 않고는 일체감이나 평화를 이루어갈 수 없다는 사실이다. 우리가 진정으로 해야 할 일은 일상에서부터 한 가지씩 화해와 인류 공존과 평화, 동과 서의 일치, 남과 북의 화해를 이루어 나가기 위해서 혼신의 노력을 다해야 한다는 것이다.

지금 내가 서 있는 자리, 나에게 심겨진 이곳에서 사랑과 평화의 최대화를 추구하면서 한 걸음씩 걸어가는 삶이 하나님을 만나는 장소인 불타는 가시덤불이 되어야 한다.

나는 2009년 8월 말에 정년퇴직을 하고 나서 '화합과 평화를 위해서 내가 할 수 있는 일이 무엇일까?'를 곰곰이 생각해 보았다. 1960년에 초등학교를 졸업한 동기생들이 '60년 동우회' 모임을 결성할 초창기에 회원자격으로 '거창 군내에서 졸업한 사람들로 하자', '다른 시군에서 졸업을 해서 거창에서 살고 있는 사람들도 포함시키자'

를 두고 논란을 벌이다가 결국에는 거창 군내로 제한을 하게 되었다. 지금 생각하면 몇 사람의 속 좁은 생각이었다. 그러자 타 시·군에서 거창으로 와서 생활하고 있는 몇 사람이 주축이 되어서 1947년에 태어난 사람들을 중심으로 '거창군 정해생갑계'를 만들었다. 아무런 편견 없이 양측에 중복되어 가입한 사람들도 20명이 넘었다. 내가 60년 동우회 회장으로 있을 때 두 회를 합치려고 노력을 해보았지만, 총회비와 기금이 걸려 있는데다가 개인적인 감정이 뒤엉켜서 물과 기름같이 합쳐질 수 없다는 사실을 알았다.

그러던 중에 친구들이 산에 가는 것을 좋아하는 것을 알고는 '이것저것 따지지 말고 동년배의 친구들이 한 달에 한 번씩 산을 오르내리면서 정을 나누자'는 취지로 뜻이 있는 몇 친구들이 '산정산악회'를 조직했다. 2010년 3월 13일 가야산 산행을 시작으로 지금까지 실행하고 있으니 올해로 7년째 접어드는 셈이다. 처음에 130여 명이 연락을 하면서 시작되었는데, 매달 정기적으로 나오는 친구들은 20여 명 정도이고 특별행사가 있으면 더 늘어난다. 지난 3월 10일에는 19명의 친구들이 차 4대에 분승해서 삼천포 각산에 다녀왔다. 몸이 다소 불편한 친구 4명은 중간까지 가다가 돌아왔고, 나머지 친구들은 산행을 마치고 남해 창선에 있는 횟집에서 점심을 겸해서 먹었다. 오고 가면서 서로 대화도 나누면서 즐거운 마음으로 하루를 지냈다.

나는 어느 모임이나 회의 임원을 맡는 것은 감투나 명예라고 생각하지 않는다. 임기 동안에 회원들이 정말로 필요한 것을 주선하고, 도와주는 일이 무엇인지를 생각하면서 일하기 때문에 하는 일이 즐겁고 마음이 편하다. 그리고 회원들에게 협조하고, 동참할 것을 진심으로 부탁하면 정말로 잘 도와준다. 나는 그동안 초대회장

(2010-2011년)을 맡았고, 임원진으로 쭉 있으면서 사정이 있어서 참석하지 못하는 날을 제외하고는 나의 차를 제공하여 운전을 했고, 사진기로 정상에서 기념사진을 찍어서 친구들에게 나누어주었다. 이런 과정을 통해서 산을 오르고 내려도 크게 지장을 받지 않을 정도로 내 다리가 좋아졌다.

지금까지 친구들과 산행을 함께 하면서 추연창 친구와 제영해 친구를 잊을 수 없다. 추연창 친구는 웅양면 우두령에서 읍내 주차장으로 나오는데, 겨울철 산행 때 눈이 많이 오는 날은 차가 다니지 못해서 웅양 소재지까지 8km 길을 걸어와서 차를 타고 온다. 이 친구는 맨 뒤에 서서 힘들어하는 친구들과 함께 산을 오르는데, 지금까지 한 번도 참석하지 않은 적이 없다. 나오지도 않으면서 뒤에서 이러쿵저러쿵 말이 많은 사람들에 비해서 회를 맡을 사람이 없어서 와해 위기에 처했을 때 회장직(2014-2015년)을 수락하고, 내가 총무를 맡음으로 다시 활기를 띠기 시작했다. 내가 문자 메시지로 전 회원들에게 산행 일정을 알려 주면 친구는 일일이 전화를 해서 회원들을 독려했다.

제영해 친구는 국립공원 관리사무소 소장을 한 경력을 가진데다가 산을 좋아해서 산행 대장으로 우리의 산행을 나이에 맞게 매달 책임지고 인도하는 친구이다. 아무리 그러해도 열정이 없으면 되는 일이 없는데, 우리는 서로 도우면서 이 모든 사항을 뛰어넘으면서 활기차게 생활하고 있다.

서로 마음에 맞은 사람들끼리 사는 것은 손쉬운 일이지만, 뒤틀린 사람과의 간격을 좁혀 나가기란 참 어렵다. 사람이 만물의 영장이라고 하는데, 서로 원수처럼 으르렁거리다가 죽는다면 이것만큼 비참한 일이 없다. 어떻게 보면 계란으로 바위를 깨는 격이지만, 서로 화해를 하기 위해서 노력하는 일은 결코 헛된 일이 아니다. 사람은 함께 살아갈 때 살맛이 느껴지는 것이다. 사람이 희망이고, 사람 사는 세상에 너와 내가 함께 손잡고 사는 것만큼 아름다운 세상은 없다.

"'네 이웃을 사랑하고, 네 원수를 미워하여라' 하고 말한 것을 너희는 들었다. 그러나 나는 너희에게 말한다. 너희 원수를 사랑하고, 너희를 박해하는 사람을 위하여 기도하여라. 그래야만 너희가 하늘에 계신 너희 아버지의 자녀가 될 것이다. 아버지께서는 악한 사람에게나 선한 사람에게나 똑 같이 해를 떠오르게 하시고, 의로운 사람에게나 불의한 사람에게나 똑 같이 비를 내려 주신다. 너희를 사랑하는 사람만 너희가 사랑하면, 무슨 상을 받겠느냐? 세리들도 그만큼은 하지 않느냐? 또 너희가 형제자매들에게만 인사를 하면서 지내면, 남보다 나을 것이 무엇이냐? 이방 사람들도 그만큼은 하지 않느냐? 그러므로 하늘에 계신 너희 아버지께서 완전하신 것같이, 너희도 완전하여라"(마 5:43-48).

우리가 화합과 평화의 길로 가는 첫 걸음은 다른 사람과 등을 돌리지 않도록, 마음에 깊은 상처를 남기지 않도록, 나 중심의 발상에서 상대방의 입장에 서서 말과 행동에 신중에 신중을 기하는 것이다. 그런데 이것이 쉬운 일인가? 참으로 어렵다. 황혼 줄에 앉은 사람들이 더 편협하고, 기막히게 어둠에 찬 행동과 말들이 많다. 어찌할 수 없는 이런 내 모습을 있는 그대로 전지전능하신 하나님 앞에 내어놓고 자연스럽게 회개의 옷을 날마다 갈아입는 것이 필요하다. 피할 수 없는 분노 속에서 가만히 있는 자체가 비겁하게 느껴지는 일이라면, 상대방이 나의 심경을 알아주거나, 알아주지 않거나 참으로 사랑에 가득 찬 말과 행동으로 내가 먼저 다가서는 것이 상책이다. 내가 아무리 노력을 한다 해도 어찌할 수 없는 인간적인 한계 상황이 올 때는 조용히 주님께로 나아가 기도드림이 필요하다. 분명한 것은 분열과 싸움은 잘못된 일이고, 화합과 일치, 평화를 이루는 길은 주님께서 기뻐하시는 일이다.

사람들과 함께 살아가면서 무엇이 가장 필요할까? 지금까지 내가 살아오면서 몸으로 느껴 온 것은 '자신에게뿐만 아니라 다른 사람을 향해서도 성실성과 진정성을 가지고 일관되게 살아가는 사람'이라고 말하고 싶다. 다른 사람에게 해를 끼치지 않을 뿐만 아니라 자기 자신도 제대로 된 삶을 살아가는 사람은 기본 요건을 갖춘 셈이다.

충북 단양의 제비봉 등반(2011. 10. 12.)

사랑은
나눌수록 커진다

2016년 3월 20일

우리는 결단코 혼자서는 살아갈 수 없다. 누군가의 도움으로 함께 살아가야 하기 때문에 나보다 어려운 처지에 있는 사람들을 도우면서 살아가야 균형 있는 사회가 된다. 온갖 죄로 물들어서 언제, 어떻게 종말을 기할지 모를 만큼 암담해도 세상은 굴러간다. 그것은 말없이 자기를 바쳐서 남을 살려내는 선한 사람들이 곳곳에 있기 때문이다. 이 세상은 나의 처지보다 어렵게 사는 사람들이 훨씬 더 많다. 먹을 것이 없어서 굶어 죽어 가는 사람들, 중병이 든 것을 알면서도 병원에 가지 못하는 사람들, 자기의 소질을 잘 발휘하여 일을 하고 싶어도 받아 줄 곳이 없어서 헤매고 있는 젊은이들, 보다 나은 세상을 바로 세우기 위해서 노력하다가 감옥에 갇혀서 지내는 사람들, 허리 한 번 제대로 펴 보지도 못하고 사는 사람들이 세계 곳곳에 얼마나 많은가? 자연재해로 하루아침에 가족을 잃고 폐허 속에 사는 사람들, 과학과 공업의 발달로 나타나는 환경파괴와 그 역작용으로 신음하고 있는 사람들, 사상과 이념, 종교적 갈등과 분쟁으로 희생되는 사람들과 그 가족 등 이루 헤아릴 수 없는 많은 사람들이 곳곳에서 신음하면서 죽어 가고 있다.

그런데 자기 온 삶을 바쳐서 어려운 환경에 처한 사람들을 위해서 사는 사람들의 모습은 참 아름답다. 이태석 신부님은 아프리카 수단 지역에 가서 병고에 시달리는 사람들, 가난한 사람들, 문명의 혜택을 받지 못하는 사람들을 위해서 자기 목숨을 바치면서 이곳을 개선하기 위해서 노력하셨다. 내가 아는 한 젊은이는 10년이 넘게 한 사람에게라도 복음을 전파하기 위해서 위험을 무릅쓰고 낯설고 물선 곳에서 인생을 불태우고 있다. 소록도에 가서 나환자들과 함께 생활을 하다가 6·25전쟁으로 공산치하에 들어가자, 나 혼자만 피신할 수 없다는 생각으로 나환자들과 함께 순교를 당하신 손양원 목사님도 계신다. 다미안 신부, 슈바이처 박사, 테레사 수녀 등 이분들은 지구의 한 귀퉁이를 밝히는 등불이다.

우리가 직접 도울 수는 없더라도 마음만 먹으면 얼마든지 간접으로 도울 수 있다. 그중에 하나가 다른 사람을 위해서 조용히 무릎을 꿇고 중보기도를 드리는 것이다.

예수님은 사랑하는 제자인 베드로를 위해서 그의 믿음이 떨어지지 않기를 중보기도하셨다.

"시몬아, 시몬아, 보아라. 사탄이 밀처럼 너희를 체질하려고 너희를 손아귀에 넣기를 요구하였다. 그러나 나는 네 믿음이 꺾이지 않도록 너를 위하여 기도하였다. 네가 다시 돌아올 때에는 네 형제를 굳세게 하여라"(눅 22:31-32).

중보기도의 극치는 자기를 죽이는 원수를 위해서 아버지 하나님께 그들에게 죄가 돌아가지 않도록 드리는 용서의 기도이다. 예수님은 십자가에 못 박는 사람들을 위해서 하나님께 간구하신다.

"아버지, 저 사람들을 용서하여 주십시오. 저 사람들은 자기네가 무슨 일을 하는지를 알지 못합니다"(눅 23:34).

사도행전 7장 60절을 보면, 스데반도 자기를 돌로 치는 사람들을 위해서 무릎을 꿇고서 큰 소리로 "주님, 이 죄를 저 사람들에게 돌리지 마십시오" 하고 외쳤다고 기록되어 있다.

우리 어머니는 중풍으로 오랫동안(1988-2011년) 바깥 출입을 하지 못하셨다. 그렇게도 시장으로, 동네방네로, 교회로 다니셨던 분이 집에만 계시니 얼마나 갑갑했는지 지금에 와서야 이해가 된다. 그러나 누구나 우리 집에 와서 어머니를 본 사람들은 참 평온한 모습이라고 말씀을 하신다. 집안 사람들이나 아는 사람들이 찾아오면, "내가 너를 위해서 기도를 하고 있다" 하시는 말씀을 빼놓지 않으셨다. 어머니께서는 새벽에 아침을 드신 후에, 그리고 저녁에 기도 시간을 규칙적으로 가지셨다. 이렇듯 다른 사람들을 위해서 아버지 하나님께 간구하는 모습은 참 아름답다.

온몸을 불태우신 이분들의 숭고한 삶에 비하면, 나는 이 근방에 얼쩡거리지도 못한다. 그러나 마음만 먹으면 곳곳에서 뜻을 가지고 일하는 사람들을 위해서 간접적인 방법으로 도울 수가 있다. 일반 사람들이 상상할 수도 없을 만큼 큰 후원금으로 도울 수는 없지만, 개미 군단으로 내 능력에 맞게 매달 정기적으로 후원하는 일이다. 하나님께서 기적을 일으키는 것은 현재 내가 가지고 있는 가장 소중한 것으로 그 출발점을 삼으신다.

요한복음 6장 1-14절을 보면 주님께서는 디베랴 바다 건너편 빈들에서 한 아이가 가지고 있는 물고기 두 마리와 보리빵 다섯 개를 가지고 축복기도를 드리신 다음에 오천 명을 먹이신 기적을 베푸신다. 출애굽기 4장 1-9절을 보면, 바로의 왕자에서 동족을 살해하고 나서 이드로의 장인 집에서 양을 치는 목자로 생활하고 있는 모세가 권능을 부여받은 것은 양을 치기 위해서 늘 가지고 다니던 지팡이었다.

돈이 있는 곳에 마음이 있다고 했다. 다소 생활에 불편을 겪더라도 나에게 필요한 것을 줄이고, 절약해서 후원하는 일에 동참하는 것이다. 작은 물방울이 모여서 큰 강을 이루어가듯이, 한 사람 한 사람의 작은 정성이 모여서 큰 일을 이루어가는 것이다. 우리는 생명의 빵을 나누어서 먹어야 한다. 사랑은 나눌수록 커지는 위대한 힘을 발휘한다.

지금 우리가 가지고 생활하고 있는 것은 결코 작은 것들이 아니다. 사람에게 있어서 삶의 의의를 갖게 하면서 보람을 느끼게 하는 것은 다른 사람들을 위로하고 돕는 것이다. 내가 지금까지 정기적으로 후원하거나 돕는 곳은 유니세프(Unisef), 고령에 있는 들꽃마을, 무안의 디아코니아 자매회, 이웃사랑복지재단, 이웃사랑선교회, 거창통합복지센터, 흥사단, 거창 YMCA, 그리고 내가 섬기는 거고교회이다. 나는 내 생이 마감되는 순간까지 이것들이 이어지기를 간절히 바란다.

　우리가 예수 그리스도를 사랑한다는 것은 예수 그리스도의 삶을 사는 것이다. 나는 죽고, 내 몸 속에 예수 그리스도가 살아 움직이는 것을 말하는 것이다. 내 속에 사막이 있더라도, 흑암에 싸여 있어도 결코 두려워할 일이 아니다. 사막 자체로 오아시스를 지니고 있으며, 어둠 자체가 바로 새벽을 깨우고 있기 때문이다. 내 영혼이 주님을 향하여 어제보다 나은 오늘을 살아가기 위해서는 내가 지금 가지고 있는 것으로, 나보다 어려운 처지에 있는 사람들을 위해서 어떤 형태로든 도우면서 살아가는 것이다.

오드리 햅번(1929-1993)이 유니세프의 홍보대사로 소말리아에 자원봉사 활동을 할 때 어린이들과 함께(1989)

2015년 10월 31일

    일생을 살아가면서 내가 살고 있는 거창읍과 11개 면 마을을 구석구석 다니면서 이곳에 살고 있는 사람들(2015년 8월 말: 63,032명)을 다 만난다는 것은 불가능에 가깝다. 더구나 경상남도, 우리나라, 전 세계를 생각해 보면 내가 생활하는 반경이 얼마나 좁고 제한적인지를 알 수 있다. 타국의 낯선 곳에서 한 번 만난 사람을 특별한 관계가 없는 한 다시 만나기란 극히 드물다. 오늘 우리 삶의 현장에서 한 사람을 만나는 것은 참으로 신기한 일이고, 그를 통해서 온 우주를 마주보는 것과 다름이 없다. 우리에게 있어서 한 사람과의 소중한 만남은 내 삶의 중심을 잡고 다듬어 나가는 결정적인 요인이 되기도 한다.

    진정한 사랑으로 맺어지는 사람은 서로를 이해하면서 그가 무엇이 필요한지를 체감하게 되고, 어느 한순간도 사랑의 눈길을 놓치지 않으려고 노력한다. 사람을 깊이 사랑하고 신뢰관계를 가지기 위해서는 자기의 시간과 정성, 물질을 내놓지 않고서는 이루어질 수 없다. 번지르한 말만 하고 실천하는 것이 하나도 없다면 누가 그를 죽마고우라 하겠는가? 나는 나이가 들수록 자기 시간을 내어서 다른 사람의 손과 발이 되어 어려운 사람을 돕는다는 것이 얼마나 큰 힘이 되는지를 실감하면서 살아간다. 곁에 소중한 사람들이 있어 서로 의지하면서 돕고 살아가는 것은 말로 다 표현할 수 없는 행복감을 준다.

나의 아내가 요관암 수술을 받고 나서 항암치료와 집에서 투병하는 동안에, "나는 참 인덕이 많은 사람이다"라고 진심어린 말을 여러 번 했다. 주변에서 염려하면서 기도해 주고, 암을 이겨내는 데 필요한 음식을 만들어서 가지고 오는 사람, 산책을 도와주는 사람 등 주변에 좋은 분들이 너무 많다는 말을 자주 했다.

개인적으로 옆에서 지켜보는 남편의 입장에서 보면 참 안타깝다. 1976년에 시집을 와서 참 많은 일들을 겪었다. 여덟 시누 중에서 다섯 명과 사촌동생의 결혼을 위해 함께 노력하고, 세 자녀를 장가, 시집 보냈다. 1988년에 중풍으로 눕게 된 시어머니를 23년간 (2011년) 곁에서 돌보았다. 자기의 아버지와 어머니, 오빠를 떠나 보냈다. 이제 단 둘이 남아서 숨을 돌려 쉬면서 여유를 가지려는데, 정작 본인이 암에 걸려 고통이 심한 중증환자가 되었다. 그런데도 용감하게 항암주사도 잘 견디어 내고, 머리카락이 빠지기 시작하자 머리카락이 날린다고 머리를 박박 밀었다. 옷도 생활하기에 편리한 옷으로 헐렁하게 수선을 해서 입고 잘 적응해 나갔는데……

나에게 호의를 베풀고 잘해 주는 사람을 사랑하는 것은 누구나 잘한다. 이 단계를 뛰어넘을 수만 있다면, 진정으로 자유로운 사람, 삶의 넓이와 깊이를 더하는 사람이 되는 것이다. 그의 반응과는 상관없이 변함없는 사랑으로, 정성으로 감싸 안으면 되는 것이다. 이 세상에는 모질게 사는 사람보다는 선의를 가지고 자기 나름대로 열심히 살아가는 사람들이 훨씬 더 많다. 이 세상은 이런 사람들에 의해서 개선되고, 한 걸음씩 나아가게 되는 것이다. 설령 나를 등지고 떠나가는 사람에게도 돌아오기를 간절히 바라는 마음으로 따뜻한 눈길을 보내는 것이다.

거창읍 대동리에 고순선(65세) 님이 계신다. 남편과 6년 전에 사별하고 2남 1녀를 두었는데, 생활환경이 어려워지자 궂은 일도 마다하지 않고 생활을 하고 계신다. 딸(36세)이 경북 예천으로 시집을 가서 1남 1녀의 자녀를 두고 남편(44세)은 특수작물을 경작하면서 살고 있는데, 남편이 간경화로 사경을 헤매게 되자 부인인 자기 딸이 마침 혈액형이 O형이라서 사랑하는 자기 남편에게 간을 이식하게 되었다고 한다. 딸과 사위의 회복을 위해서 서울 아산병원으로 간병을 가셨다. 의술이 많이 발달했다고 하지만 목숨까지도 위태로울 수 있는 자기의 중요한 장기를 남편에게 제공하는 그 아름다운 마음이 우리 주변을 훈훈하게 한다.

인간적인, 너무나 인간적인 예수님께서는 우리에게 모범을 보여 주셨다.

마태복음 5장 44-48절을 보면, "너희 원수를 사랑하고, 너희를 박해하는 사람을 위하여 기도하여라. 나를 사랑하는 사람만 사랑하면, 이방 사람들과 다를 바 없고, 남보다 나을 것이 하나도 없다.

누가 네 오른쪽 뺨을 치거든, 왼쪽 뺨마저 돌려대고, 너를 걸어 고소하여 네 속옷을 가지려는 사람에게 네 겉옷까지도 내어 주고, 누가 너더러 억지로 오 리를 가자고 하거든, 십 리를 가 주어야 한다"라고 말씀하신다.

대제사장들과 백성의 장로들이 보낸 무리가 칼과 몽둥이를 들고 와서 예수를 잡아가자 "주님과 함께 죽는 한이 있더라도 절대로 주님을 모른다고 하지 않겠습니다"라고 호언장담하던 제자들은 다 도망갔다. 수제자인 베드로는 멀찍이 떨어져서 가다가 대제사장 가야바의 집안 마당에서 하녀와 거기에 있는 사람들이 "당신도 저 갈릴리 사람 예수와 함께 다닌 사람이네요" 하면서 캐묻자 맹세까지 하면서 "나는 그 사람을 알지 못하오"라고 했다. 그리고 예수님을 세 번이나 부인한 베드로는 예수님이 사랑에 찬 눈으로 자신을 똑바로 바라보시자, 주님께서 자기에게 "오늘 닭이 울기 전에 네가 나를 세 번 부인할 것이다"라고 하신 말씀이 생각나서 바깥으로 나가서 비통하게 울면서 회개했다(눅 22:54-62; 마 26:69-75). 이로써 베드로는 새 사람으로 변모되어 주님께서 걸어가신 십자가의 길을 담대하게 걸어가게 된다. 예수님은 자기를 십자가에 못 박는 사람들에게 "아버지, 저 사람들을 용서하여 주십시오. 저 사람들은 자기네가 무슨 일을 하는지를 알지 못합니다"라고 기도하셨다. 곁에 서 있던 사람들과 백부장은 그 일어난 일들을 지켜보고 "참으로 이분은 하나님의 아들이셨다"라고 하였다. 예수님은 죽어서 산 사람이 되신 증거를 보이셨다.

우리에게도 기적이 일어나는 유일한 방법은 매사를 세심하게 살피면서 사랑에 가득 찬 눈길로 나의 도움이 필요한 사람들에게 지극한 정성을 기울여 지속적이고도 끈질긴 노력으로 도와야 한다. 나의 헌신과 희생이 없이는 그 어떤 다른 대안도 없다. 우리의 사랑은 끝이 없다.

우리는 잠시 위임을 받아서
일하는 사람

2012년 7월 10일

    거창에는 6월 말 현재 27,094세대인 63,093명(남: 30,593명, 여: 32,500명)이 생활하고 있습니다. 우리는 각자의 생업에 종사하면서 내는 세금으로 거창이 더 발전되고 행복하게 살아 갈 수 있도록 우리를 대신해서 일할 대표자들을 뽑아서 그분들에게 살림살이를 위임했습니다.

    우리는 1년 단위로 재산세(건축물, 주택, 토지), 지역자원시설세, 지방교육세, 주민세, 자동차세를 내고 상황이 발생할 때마다 소득세, 등록면허세, 취득세 등을 어김없이 내고 있습니다. 이것도 정해진 기간에 납부하지 않으면 연체료까지 물어야 합니다.

    이렇게 우리가 낸 세금으로 군 예산(4,117천억 원)의 자급도가 10.9% 밖에 되지 않아서 부족분 89.1%는 국고보조금, 시·도보조금, 지방

교부세 등의 전입금으로 살림을 살아가는 셈입니다. 한 개인이나 가정이 수입보다 과욕을 부려서 지출을 많이 하게 되면 어려움을 겪는 것은 본인이나 가정으로 끝이 나지만, 그 지역이나 단체, 국가가 살림을 제대로 살지 못하고 허공을 치게 되면, 많은 사람들이 고통을 당하게 되고 걷잡을 수 없는 수렁으로 빠지게 됩니다. 개인 돈보다 공적인 돈이 훨씬 더 무섭습니다. 나라의 돈을 가지고 업무상 서로 주고받는 식이 되거나 영향력을 발휘하여 물 쓰듯이 할 일은 아닙니다. 밝은 내일의 거창을 내다보면서 군민 전체의 시각에서 때로는 밤잠을 설치고 피를 말리는 고뇌를 거듭하면서 해야 할 일들을 결정하고 집행을 해나가야 우리 모두가 함께 잘살 수 있습니다.

7월에 들어서면서 제6대 군 의회 후반기 원 구성을 마치고 군정의 감시자로서, 조력자로서의 역할을 시작했습니다. 군 의회는 예산의 심의와 확정, 결산의 승인, 중요 재산의 취득과 처분, 공공시설의 설치 관리 및 처분에 관한 심의와 의결권을 가지고 있습니다.

하반기 공무원 인사 이동도 승진이 28명, 60명이 전보되었습니다. 행정부와 의회가 새롭게 진용을 갖추었으니 서로 견제하고 협력하면서 위임받은 군정을 잘 이끌어 가시기를 진심으로 바랍니다. 국민이 내는 혈세가 적재적소에 잘 사용되고 있는지, 불필요한 곳으로 새어나가는 곳은 없는지, 시행착오로 헛돈을 쓰고 있지는 않은지 세심하게 살펴보아야 합니다. 이러한 역할의 중심에 서 있는 사람들은 삶의 현장에서 군민과 마주보고 있는 실무책임자들입니다. 깊은 통찰력과 혜안으로 구체적으로 점검하여 실태를 파악하고, 문제점을 찾아내어 개선해 나갈 방안을 제시하는 이분들의 의견이 존중받아야 생기가 납니다.

우리 스포츠파크는 아름다운 경관에 좋은 시설들을 잘 갖추고 있어서 군민들의 생활에 큰 활력소가 되고 있습니다. 한 가지 우려되는 점이 있다면, 이 넓은 지역의 시설물들에 대한 체계적이고 합리적인 관리와 운영으로 낭비되는 요소를 최대한 줄이고, 더 많은 사람들이 참여하게 하여 수익사업으로 전환하는 방안을 꾸준히 강구해야 할 것입니다.

지금은 경제적으로 참 어려운 때입니다. 전국적으로 에너지를 절감하기 위하여 노력하고 있습니다. 더운 여름에도 에어컨의 실내온도를 조절하고, 가로등 개수를 줄이고 불빛을 낮추고 있습니다. 여러 사람들이 말을 하고, 제가 보기에도 스포츠파크에는 가로등에 불이 너무 많이 켜져 있고, 늦은 시간에 몇 사람이 운동을 하면서도 많은 불이 환하게 켜져 있습니다. 운동 시간대를 조절하고, 가로등에 불 켜진 개수를 줄이고, 광도를 낮추는 것이 필요합니다. 이곳에 과다하게 지출되는 비용은 저 신원에서, 북상에서 어렵게 생활하면서 세금을 내는 사람들의 땀방울이기도 합니다. 재물이 있는 곳에 우리의 마음과 인격이 있습니다.

삶의 지혜

2015년 8월 20일

    칠십 평생을 살아오면서 시행착오도 많이 거쳤고 한순간의 잘못으로 가깝게 사는 사람에게 철저하게 외면을 받으며 살아가기도 한다. 그런가 하면 해야 할 일을 제때 하지 못해서 회복 불능상태에 빠져서 어쩔 줄 모르고 헤매는 일도 한두 가지가 아니다. 나의 부족함과 어리석음을 뼈저리게 느끼면서 '이런 경우에는 이렇게 하고, 저런 경우에는 저렇게 해야지' 하는 나름대로의 노하우와 삶의 지혜가 생겨서 남은 날 동안이라도 잘 살아 보려고 노력한다.

    나는 다른 사람들보다 어렵고 힘든 일들을 많이 겪으면서 살고 있는 것 같다. 한시름 놓을라 치면 사고가 다시 일어나고, 이제 좀 나아졌다 싶으면 연이어 다른 병이 나타나서 병원을 수시로 들락거린다. 학교에 있을 때에도 생활지도와 관련된 일이 많았고, 실무책임자로 교무실에서 선생님들과 오랫동안 생활하면서 많은 일들을 겪으면서 살아왔다.

그러다 보니 일이 발생하게 되면 주마등처럼 전개될 일들이 머리를 스치면서 최악의 경우와 최선의 경우를 동시에 보는 습성이 생겼다. '이 일이 좋지 않게 되면 어떻게 되지?' 하는 생각이 들면 아찔해진다. '이렇게까지는 안 되도록 최선을 다해야지'라고 다짐을 하면서 그 마지노선을 넘지 않도록 해결점을 한 가지씩 찾아서 노력해 나가면 마음이 편해지고 실마리가 풀린다. 이렇게 해도 잘되지 않으면 그 상황을 겸허하게 받아들이면서 어떻게 해서든지 내가 책임을 지려는 자세로 임한다. 다행히 일처리가 잘되었다면, '네가 잘해서 그렇게 된 것은 절대 아니야! 또 다른 문제가 언제든지 발생할 수 있으니 정신 차려서 매사에 조심해!'라고 다짐하면서 새롭게 출발하려고 한다.

어쩔 수 없는 상황이 닥쳐오면 이래 맞으나 저래 맞으나 상황은 매한가지이니 죽을상을 짓거나 칭얼대기보다는 닥친 일을 피하지 않고 씩씩하고 용감하게 직시하면서 가장 중요하고 핵심되는 일부터 한 가지씩 실타래를 풀어 나가려고 한다. 내 인생에서 되돌아오지 않는 어제나, 뼈아픈 과거를 잊을 수는 없지만, 내 입술로 두 번 다시 말하지 않고, 오늘 그리고 다가올 내일을 말하고, 청사진을 그리면서 노래를 하리라! 마음으로 눈물을 흘리면서도, 가슴이 찢어질 듯이 아파도 나의 삶을 바로 세우면서 살아가야 한다. 때로는 지금까지 쌓아두었던 모든 것을 훌훌 털어버리고 빈 마음으로 원점에서 다시 출발하는 마음자세를 갖게 되면 그동안 집착과 욕심을 부려서 제대로 보이지 않던 새로운 사실들이 눈에 들어와서 나아갈 길이 보인다. 내가 지금 숨을 쉬면서 살아 있다는 사실이 얼마나 소중한 일이고, 사람들과 함께 살아가고 있는 것 자체가 감사함으로 느껴진다. 내가 지고 갈 인생의 무게는 최종적으로 혼자서 결정하고 책임을 져야 하기에 자신을 추슬러서 모든 것을 긍정적으로, 밝은 쪽을 향해서 가야 한다. 내 삶의 굽이굽이마다 어렵고, 무거운 짐을 홀로 짊어지지 않고, 항상 지켜주시고, 인도해 주시는 아버지 하나님을 믿으면서 살아가는 신앙을 가진 것이 얼마나 큰 축복인지 모른다.

나는 하루 일과를 기록으로 시작해서 기록으로 마친다. 아침에 일어나서 해야 할 일들을 탁상일기에 기록해서 실천하고, 하루를 마칠 때쯤이면 점검을 해본다. 필요한 사항들은 자료로 만들어서 보관을 하고, 일기를 써서 자신을 한번 되돌아본다. 책을 읽다가도, 강연을 들을 때도, 심지어 영화나 방송매체를 보다가도 나를 깨우거나 좋은 말들, 그리고 영감을 주는 말들은 언제나 기록할 수 있도록 종이와 펜을 준비해 가지고 다닌다. 이러한 것들은 내 삶의 이력이 되고, 인생의 좋은 나침판이 될 뿐만 아니라 잘못을 줄이는 기초자료가 된다. 우리가 기록을 하면 그 자체로 40%가 실행된 것이나 마찬가지라고 한다. 내 온 몸의 정성이 펜 끝으로 모아지기 때문에 영적인 불씨가 된다고 한다.

사람과 사람 사이에서 신뢰와 믿음을 쌓아가는 데 가장 중요한 요소는 '사람과 한번 약속한 것은 해로울지라도 잘 지켜나가는 것'이다. 나는 지켜야 할 약속시간이 다가오면 적어도 10분 전에는 도착해야 된다고 조급증이 들 만큼 서두르는 편이다. 아내는 너무 서두른다고 나에게 잔소리를 하지만, 나는 이것을 나의 좋은 점이라고 생각한다. 미리 도착해서 만날 사람도 그려 보고, 서로 의논할 것도 생각해 보면 마음이 편해진다. 헐레벌떡 도착하거나 늦어지면 왠지 불안하고 마음 자체가 정돈이 안 된 상태로 상대방에게 '미안하다'는 인사부터 해야 하니 제대로 일이 잘 진행될 리가 없다.

나는 집을 나와서 국내거나 국외거나 관계없이 외지에서 숙박할 일이 생기면 준비할 목록을 마련해서 한 가지씩 챙겨 나가는데, 하루 전에 마치는 것은 아내에게서 배웠다.

사람이 함께 살다 보면 이런저런 모임을 가지게 된다. 직책을 부담 없이 맡기도 하지만, 경우에 따라서는 나의 시간과 노력, 재정적 부담을 가지면서 책임을 맡아야 할 때도 있다. 이런 경우에 가급적이면 서로 맡지 않으려고 뒤로 물러나 앉는다. 그런가 하면 자기 신변에 유리하다고 판단하여 감투나 명예로 여기면서 서로 하려고 치열한 선거전을 치르는 경우도 있다.

나는 지금껏 내가 나서서 무슨 직책을 맡거나 임원이 되려고 다른 사람에게 부탁하거나 요구한 적이 없다. 서로 하려고 하면 조용히 뒤로 물러나 길을 열어 주고 도와주면 된다. 회의 구성원들이 나를 추천하거나 내가 맡아 주기를 원하면 나는 회장이건, 부회장이건, 총무이건 피하지 않고 회원들을 위해서 봉사하는 마음으로 일을 맡는다. 어떤 직책이건 한번 맡은 이상 회의 발전에 도움이 되거나 활성화가 된다고 생각되면 임원들과 합심하여 최선을 다하려고 노력하지 독단으로 좌지우지하지 않는다.

우리는 살아가면서 도움을 받기도 하고, 도움을 주기도 한다. 지금까지 내가 경험한 바로는 내가 다른 사람에게 도움을 주고, 감사한 마음으로 선물을 주는 것이 훨씬 마음이 편하고 좋았다.

사도행전 20장 35절에 "나는 모든 일에서 여러분에게 본을 보였습니다. 이렇게 힘써 일해서 약한 사람을 도와주는 것이 마땅합니다. 그리고 주 예수께서 친히 '주는 것이 받는 것보다 더 복이 있다' 하신 말씀을 반드시 명심해야 합니다"라고 말씀하신 것처럼 행복과 보람을 느끼는 것은 내가 주는 것에 있다. 일 년 동안 생활하면서 신세를 지거나, 고마운 사람들에게 사위가 고제에서 과수 농사를 지은 사과를 한 박스 선물하는 일이나, 행사나 임원의 임기가 끝난 분들에게 수고했다는 글과 함께 내가 읽어서 감동을 받았던 책 한 권을 드리는 일이나, 밭에서 유기농으로 지은 채소를 이웃에게 전해 주는 일은 내가 훨씬 더 기쁘다. 일반적으로 내가 돈을 쓰면 '나간다', '없어진다'고 생각하는데 사실은 그 반대이다. 한번 손에 들어가면 나올 줄 모르는 사람보다 나가는 사람이 더 복되다. 개울물은 흘러가야 새 물이 차지만, 고여 있는 물은 썩기 마련이다. 내가 지금 손에 쥐고 있는 돈 중 세상을 떠날 때 단 한 푼의 돈도 가지고 갈 수 없다. 다 놓고 간다. 우리가 입을 수의에는 호주머니가 없다.

산정에 머무는 시간은 짧다

2013년 6월 10일

자녀들에게 가장 큰 영향을 주는 사람은 부모이다. '그 아버지에 그 아들'이라는 말이 있는 것도 오랫동안 부모와 함께 생활해 오면서 자연스럽게 익혀지기 때문일 것이다. 아버지와 어머니의 좋은 점은 받아들여서 이어지고, 좋지 못한 점은 고쳐가면서 자녀들이 살아가면 좋겠는데, 세상의 이치가 그렇지 않다. 은연중에 부모로부터 좋지 못한 점을 더 잘 터득한다.

자녀들은 눈에 넣어도 아프지 않을 만큼 부부의 사랑으로 맺어진 유일한 혈육이다. 자녀들로부터 자유로운 부모는 아무도 없다. 평생 동안 가슴에 품고, 웃고, 울면서 함께 살아가야 할 참으로 고귀한 아들과 딸이다. 어떻게 해서든지, 무슨 일을 해서라도 자식들에게만은 잘해 주고 싶은 것이 부모의 마음이지만, 우리가 그들이 될 수 없고, 그들 또한 우리가 될 수 없다. 다만 우리는 그들에게 사랑과 정성을 다하면서, 행복하게 살아가기를 바라면서, 그들을 지켜보면서 살아갈 수밖에 없다.

철따라 이름이 난 산에는 평일에도 사람들이 많이 모인다. 지난 5월 20일에 친구들과 운봉에 있는 바래봉(1,167m)에 철쭉을 보러 갔다. 올라가는 길에 평평하게 돌길을 잘 놓아서 걷는 데 무리가 되지 않았다. 철쭉을 구경하다가 도중에 내려가는 사람보다는 대부분의 사람들이 산 정상을 향해서 정신없이 올라가고 있었다. 우리도 그들의 한 부류가 되어 올라갔는데, 정작 산 정상에 오르니 좁은 공간에 기다리는 사람이 많아서 표지석에서 사진 한 장을 찍고는 잠시 쉴 틈도 없이 내려와야만 했다. 그곳에 머문 시간은 5분도 채 되지 않았다.

우리는 산을 오르내리는 것이 좋아서 산에 가는 것이지 산을 정복하러 가지는 않는다. 우리의 삶도 그렇다. 내 사랑하는 아들과 딸이 그 무엇이 되기 위해서 정신없이 살기보다는 '어떻게 사는 것이 진정 값진 삶인지, 행복한 삶을 사는 것인가?'를 늘 고민하면서 자기의 꿈을 펼쳐 나가기를 바란다. '그 무엇이 되겠다'라고 하는 사람들은 다른 사람들을 '경쟁의 대상'으로 보기에 앞과 뒤를 보지 않고 거침없이 달려 나가서 옆에 있으면 찬바람이 나고, 사람 사는 멋이 없어진다. 반면에 '내가 어떤 삶을 살아갈 것인가?'를 늘 고민하면서 살아가는 사람은 삶 자체에 의미를 두면서 늘 자기 자신과 씨름을 하기에 다른 사람에게도 따뜻함이 느껴지면서 삶에 여유가 있다.

앞으로 전개되는 세상은 더 빠르게 변하면서 편리성을 추구하고 제대로 자격을 갖추지 않은 사람을 어서 오라고 할 곳은 없다. 정신 차리지 않으면 멀쩡한 사람의 간이라도 빼어가는 냉혹한 이 현실 앞에서 과연 우리 자녀들에게 필요한 것이 무엇일까를 곰곰이 생각해 보아야 한다. 사람들은 자기가 가지고 있는 재능을 채 5%도 사용하지 못하고 죽는다고 한다. 누구나 사람들은 자기만의 빛나는 별과 진주를 가지고 있다. 우리 자녀가 무엇에 관심을 가지고 있는지, 잘하는 것이 무엇인지를 찾아내어 자기 능력을 최대한으로 발휘할 수 있도록 성원하면서 어려운 일들을 한 가지씩 잘 극복해 나가도록 격려해야 한다.

지금까지 우리가 살아온 뒤를 돌아보면, 기쁜 일보다는 가슴 아픈 일들이, 잘 이룬 일보다는 잘 이루지 못한 일들이 훨씬 더 많았음을 보게 된다. 그러나 우리를 우리 되게 하기 위해서는 낮이 있어야 하지만 밤 또한 필요함을 절감하면서 살아간다. 캄캄한 어둠과 실패를 경험하지 못하고 자란 자녀들은 다른 사람들의 아픈 마음을 헤아리지 못한다. 대나무가 태풍에 쓰러지지 않는 것은 마디가 지탱을 해 주기 때문이다. 이처럼 자기가 하고 싶은 것을 포기하지 않고 끈질기게 해나가는 의지력이 필요하다. 화가 나는 마음을 잘 추스르고, 낙심이 되어서 주저앉아서 일어서기조차 싫어질 때 먼지를 툭툭 털고 일어설 수 있도록 용기를 불어넣어 주어야 한다.

우리 주변을 아무리 둘러보아도 나 혼자서 이루어내는 일은 아무것도 없다. 모든 것은 다른 사람들과의 관계와 협력에 의해서 이루어져 가고 있다. 성장해 가면서 다른 사람과 더불어 살아가는 지혜를 일깨워 주어야 한다. 자기의 노력과 의지로 모든 것을 이루어간다고 하더라도 다른 사람을 눈물나게 하고, 부당한 방법으로 무엇을 이루어간다면 일순간에 물거품이 된다는 사실 또한 깨닫게 해야 한다. 세상이 아무리 모순에 차 있고, 불의가 판을 치고 있다고 하더라도 악이 선을 능가하지 못한다는 엄연한 사실 또한 알게 해야 한다. 좋은 결과를 얻기 위해서는 과정 또한 정정당당해야 한다. 우리 자녀들이 선한 마음을 가지고 진실되게 살아가면서 행복한 삶을 누리도록, 우리 자신이 그들 앞에서 작은 약속 하나라도 소중하게 생각하면서 지켜 나가고 부끄러움 없이 살아가는 것이 기본이다. 사람들의 신뢰를 받지 못하는 사람만큼 불행한 사람은 없다.

이번 여름 휴가철에는 산이나 바닷가에 '가족 캠핑'을 한번 다녀오는 것이 어떻겠는가? 부모와 함께 쌓는 추억과 경험 속에서 아이들은 쑥쑥 성장한다.

행복지수

2016년 5월 29일

사람이 생명을 유지하면서 살아가는 데는 의식주가 꼭 필요하다. 가난한 사람이나 부요한 사람이나 다소의 차이는 있어도 위의 크기와 소화능력이 한정되어 있기 때문에 한 끼를 먹는 양은 큰 차이가 없다. 세계 각국의 자연적, 문화적인 차이에 따라서 옷의 형태나 질감의 차이는 있지만, 한 사람이 다섯 벌 이상 옷을 껴입고 다닐 수는 없다. 생활하는 공간의 범위나 안온함의 차이는 있지만, 한 사람이 누워 자는 공간은 3m를 넘지 못한다.

행복함이란, '나에게 주어진 처지와 상황을 겸허하게 받아들이면서 어떻게 하면 보람 있는 삶, 가치 있는 삶을 살 것인가?'를 끊임없이 되물어가면서 일상의 작은 것에서부터 큰 것에 이르기까지 해답을 찾아가는 과정이다. 여기에 정답은 없다. 분명한 것은 행복과 화평은 외형적 요소보다는 내면적인 아름다움과 마음의 평화로움에 있다.

잠언 15장 17절에 "서로 사랑하며 채소를 먹고 사는 것이, 서로 미워하며 기름진 쇠고기를 먹고 사는 것보다 낫다"라고 하였다. 다른 사람들과 싸움을 하고 난 뒤나, 화가 잔뜩 난 뒤에 음식을 먹으면 아무리 산해진미로 차려진 밥상이라도 그 맛은 소태보다도 더 쓰고, 모래알처럼 까칠할 것이다. 여기에 비하여 남편이 밭에서 열심히 일을 한 뒤에, 아내가 갓 해서 차려온 따뜻한 밥을 소찬과 함께 부부가 마주보고 앉아서 오순도순 얘기하면서 먹는다면 그 맛은 꿀보다 더 달다. 이것은 일상에서의 평화로운 삶이 얼마나 소중한지를 우리에게 일깨워 준다.

정년퇴직을 한 이듬해인 2010년 7월 말에 김선봉 교장선생님의 배려로 거창고등학교와 자매결연을 맺고 있는 라오스의 찬타부리 고등학교를 학생 8명, 인솔교사 4명과 함께 다녀온 적이 있다. 학교시설은 우리나라의 1960년대를 연상할 만큼 열악했지만, 그곳의 학생들과 선생님들의 표정은 밝았고, 우리를 맞이하는 그들의 모습에는 정성이 가득 담긴 따뜻함이 배어 있었다. 강당에서 우리를 환영하기 위해서 학생들이 민속춤을 추었고, 합창단이 환영 노래를 들려주었다. 교실에서, 운동장에서 뛰노는 그들의 모습은 구김살이 없는 평화로움 자체였다.

학교를 나와서 관광지를 다녀도 사람들은 밝은 모습으로 미소지으면서 우리를 대했다. 작은 바구니에 과일을 담아놓고 파는 모습이며, 대부분의 사람들이 별다른 어려움 없이 오토바이를 타고 출퇴근하는 모습이며, 천막 밑에서 삼삼오오 모여서 음식을 먹는 모습은 참 순박하고 평화로웠다.

　나 자신의 행복지수를 높여 나가는 길은 어디에 있을까? 우리가 정신없이 집착하면서 추구하는 것을 내려놓고, 나를 둘러싸고 있는 거추장스러운 껍질을 벗어버리고, 한 걸음 뒤로 물러서서 참으로 필요한 것을 해 나가는 것이다. 진정한 행복은, 나 자신만의 행복을 위해서 질주하는 것이 아니라, 시야를 넓혀서 다른 사람이 필요로 하는 것이 무엇인가를 세심하게 살펴보면서 서로 의지하고, 도움을 받고, 도움을 주면서 살아가는 데 있다. 우리는 다른 사람의 진심어린 도움을 받을 때 감동을 받고, 때로는 가슴이 떨린다. 나의 정성과 노력으로 어려움에 처한 사람을 도와주고, 어려운 일을 해결해 주고 난 다음에 느껴지는 보람과 행복감은 이루 말로 다 표현할 수 없다. 내가 되돌림을 받을 수 없는 사람에게 선한 동기에서 나오는 아름다운 사랑의 표현은 더욱 그렇다. 인생의 궁극적인 목적은 가치 있는 삶을 살아감에서 오는 영혼의 목마름을 서로가 충족시켜 나가면서 사는 것이다. 자신의 온갖 장식을 다 떼어버리고 빈 마음으로 돌아가서 위로부터 우리에게 명하시는 참으로 해야 할 일들을 끊임없이 자신을 갱신시켜 가면서 이루어가야만 삶의 본질을 찾을 수 있다.

　때로는 우리가 하는 일이 절묘하게 그 상황과 맞아떨어지는 시점이 있는데, 신앙을 가진 나로서는 '하나님의 놀라운 은혜'라고 생각한다. 2015년 10월 12일에 샛별초등학교 전기환 선생님께서 양자로 입양한 두 살 된 준우가 서울대병원 어린이병원에서 오랜 항암치료를 받다가 끝내는 인공방광을 넣는 수술을 마치고 1주일이 경과했다. 배에다 호스를 3개나 밖으로 내어서 불순물을 제거하고 약물 투여를 하는데, 그 어린아이의 고통이 얼마나 심할까? 1주일이 경과하고 주치의 선생님께서 점심 때부터는 죽을 먹어도 된다고 하셨다고 한다. 나는 아내의 요추 부근의 암을 방사선으로 치료하는 시간이 오후여서 잠시 준우를 보러 가면서 전복죽과 빵을 사가지고 갔는데 곧바로 내가 사간 죽을 먹게 된 것이다. 수술 후 처음으로 먹는 죽이 병원의 것이 아니라 내가 가지고 간 죽이라면서 전 선생님께서 기뻐하셨다. 아직도 한 달 이상의 고된 치료가 남아 있는데 정상적으로 걸어서 아버지와 어머니 곁에서 생활하기를 기도했다.

행복은 내가 살고 있는 자리에서 사회적 책임을 느끼면서, 지금 가지고 있는 것으로 아픔과 눈물을 간직한 채 어려운 처지에 있는 사람들에게 손과 발이 되어 주기 위해서 부단하게 노력하는 것이다. 원상의 맑고 밝음의 자리로 되돌려놓기 위해서 혼신의 노력을 다하면서 그 기대치를 바라지 않는 것이다. 하는 일이 좋아서, 그냥 자연스럽게 해 나가는 것이다.

행복은 나에 의해서 만들어지는 것이 아니라, 타인에 의해서 주어지는 은총인 것이다. 선한 동기, 아름다운 마음으로 일하는 사람들은 다른 사람들의 필요가 눈에서부터 온몸으로 전수되어 들어오게 되면 내가 무엇으로 도울까를 생각하면서 스스럼없이 일을 시작하게 되며, 마음이 가볍고 신이 난다. 때로는 더디고 어려움을 겪기도 하지만, 결국 시곗바늘은 정상궤도로 가게 되어 있다.

아파트를 짓는 사람이 '어떻게 하면 이익을 극대화할 수 있을까?'를 우선적으로 생각하면서 일을 하게 되면, 겉을 화려하게 치장을 하고, 자재는 어떻게 해서든지 비용이 적게 되는 것을 선택하게 되고, 공기를 단축하기 위해서 무리하게 추진을 하게 된다. 그러나 사람을 최우선으로 생각하는 사람은 실용성과 안전을 생각하여 기초부터 확실하게 하고, 수많은 자재 중에 견고한 것을 선택하게 되고, 한 가지 한 가지에 온 신경을 쓰면서 결코 무리하게 추진하지 않는다. 그리고 자기의 고정관념을 탈피하여 어떻게 해서든지 새로운 공법, 새로운 편의성을 연구하면서 손에서, 마음에서 하는 일을 결코 놓지 않는다.

어제는 이웃사랑선교회에서 거창 군내에 있는 지체장애인들과 함께 경주로 나들이를 갔다. 봉사자들과 함께 차 2대에 65명이 아침 9시에 출발해서 오후 5시 30분에 도착했다. 올해로 22년째 해오는데, 나는 그동안 매달 후원금을 내다가 정년퇴직을 하고 나서 강태수 교장선생님의 추천으로 군내 시골교회와 장애우, 기초수급대상자를 대상으로 매달 생활필수품을 전해 주는 차량지원 실행위원이 되면서 함께 나서곤 한다. 전날 마리-위천-북상 방면으로 차량지원을 나갔다가 다음날 바로 가려고 하니 빠지고 싶은 마음이었는데, 늘 수고하시는 정필연 사모님께서 "교장선생님, 내일 꼭 같이 갑시다"라고 두 번이나 권유의 말씀을 하셔서 아침에 일어나 가기로 마음을 먹고 나섰다. 저녁에 집에 들어와서 생각하니 하나님께서 이번 행사로 나를 깨우쳐 주셨다는 생각이 들어서 감사한 마음이 들었다.

경주 천마총을 구경하고 감포에서 점심을 먹고 불국사를 구경하는 일이었는데, 우리를 위해서 경북지체장애인협회 경주시 지회에서 네 분의 해설사가 나와서 우리를 안내했다. 우리를 4개 팀으로 나누어서 안내를 했는데, 나는 시각장애인 팀에 소속되었다. 내가 길을 안내한 분은 올해 80세 되시는 조옥성 장로님이시다. 장애인 문화해설사인 최순남 님의 안내를 받았는데, 본인도 팔에 장애가 있는 분이 어떻게 그렇게 설명을 잘하고, 세심하게 안내를 하는지 놀라울 뿐이었다. 나는 거창농림고등학교 3학년 때 시력을 잃으신 장로님과 함께 높은 계단을 오르내리기도 하고, 평지를 걷기도 하면서 12명과 함께 다녔다. 내가 손을 잡으려고 하니 팔꿈을 잡아야 안전하게 갈 수 있고, 계단을 오르내릴 때는 등을 잡아야 높낮이를 알 수 있다고 하시면서, 걷는 것은 큰 무리가 없어서 하루에 4km 정도는 걸을 수 있다고 하셨다.

나는 하루 종일 장로님과 지내면서 나 스스로가 부끄러웠다. 시력장애가 가장 힘든데, 그 얼굴 모습이 얼마나 평온하고 인자한지 모른다. 건축물의 구조나 역사에 대해서 설명을 들으면, 그 구체적인 크기와 형태를 정확하게 판단하고 의심되는 것은 물으셨다. 세계문화유산에 등재된 불국사 석축을 설명하면서 기초를 자연석으로 쌓고, 그 위에 다듬은 돌을 쌓았는데, 오랜 세월을 지나면서도 무너지지 않고 잘 버티고 있다고 설명을 하니, 직접 자기가 만져 보기를 원하셔서 별도의 시간을 내어서 만져 보시게 해드렸다.

오가면서 말씀을 들으니 장로님은 원인 모를 열병을 앓아서 지방 몇 곳의 병원을 갔었지만 시력을 회복하지 못했다고 하셨다. 그 이후 대구에 나가서 공부를 하기는 좀 했지만, 시각장애인을 위한 시설이 제대로 되지 않아서 독학으로 한의학과 침술을 배워 익혔다고 한다. 고향이 합천 봉산인데, 20세 되던 해에 전영창 교장선생님께서 권빈에 내려서 10리를 걸어서 들어와서 청소년들에게 복음의 말씀을 전해 주셔서 하나님을 소개받게 되었고, 그 후 거창읍으로 나와서 23세 때에 창남교회에 나가게 되었으며, 27세에 고향 전도사님의 따님과 결혼을 해서 생활하시면서 나중에 장로로 피선

이 되었다고 말씀하셨다. 슬하에 4남매를 두었는데, 둘째아들은 샛별중학교와 거창고등학교를 나와서 미국으로 유학을 가서 9년째 신학공부를 하고 있다고 하셨다.

나는 요즈음 아내가 세상을 떠난 지 5개월이 되고 나니, 그 공백이 너무 커서 만사가 귀찮고 집에만 있고 싶은 심정이었고 매사에 의욕마저 떨어진 상태였는데, 조 장로님과 함께 하루를 지내면서 내가 얼마나 터무니없는 생각으로 호강에 빠져서 살고 있는지를 깨닫게 되었다. 60년이 넘도록 앞을 보지 못하는 이 불편함 속에서도 최선을 다해서 생활하시는 조 장로님 앞에서 한없이 부끄러움을 느끼면서 다시 정신을 가다듬고 살아가야겠다고 마음을 고쳐먹는다.

이웃사랑선교회의 장애인 경주 나들이(2016. 5. 28)

제4장
살아온 행복과 내일에 대한 소망

〈나와 가족 이야기〉

삶이 유산이다
캄캄한 밤에 별을 본다
쌍무지개
하나로 이어주는 가족여행
ALL STOP
공유
어제와 오늘, 그리고 내일
저녁 노을이 아름다운 것은 그 여백 때문이다
배려
몸이 건강해야 일을 할 수 있다
발걸음이 인생을 바꾼다
나의 사랑, 나의 가족
한 걸음 더 나아간다
나는 아버지의 아들입니다
나는 괜찮다
인생은 선택의 연속이다

삶이
유산이다

2016년 3월 2일

    내가 세상을 떠나고 나면, 지금까지 내가 생활해 왔던 모든 것이 끝나는데 남겨지는 것이 무엇이 있을까? 내가 그동안 사용해 왔던 방 안의 책들, 세면도구, 옷가지들, 사장어른이 선물했던 수석, 친구가 선물한 십자가석은 주인을 잃고 폐기처분이 될 것이다. 나의 가장 소중했던 젊음과 인생의 가장 소중했던 때인 35년간을, 죽전 만당에서 샛별중학교와 거창고등학교를 오가면서 얼굴을 마주하며 생활했던 학생들과 교직원 동료들에게 무엇을 남겼을까? '한 번도 거창을 벗어난 적이 없는 나와 함께 생활해 온 이웃 사람들, 일가친척들에게 무엇을 했는가?'를 생각하면 부끄럽기 짝이 없다.

    나의 혈육인 아들과 두 딸들은 내가 잘했던 점은 잘 이어받고, 부족하고 잘못했던 점은 반면교사로 삼아서 나보다는 더 멋지게,

사람답게 잘 살아가기를 간절히 바란다. 내 서재에서 읽고 생활하면서 필요한 자료들을 잘 정리해서 보관해 두었던 것을 한 번이라도 읽고 인생에 도움이 되었으면 한다. 나의 서재에 있는 책들 중에서 자녀들을 키우면서 생활에 필요한 책들은 아들과 며느리, 두 딸에게 전해 주었다. 설교 자료로 활용하기 위한 주석집과 내가 전해 받은 졸업앨범은 후임 교장에게 전해 주었고, 앨범은 교장실에 두고 나왔다. 나의 수입과 지출의 흐름을 알아두면서 생활하려고, 학교를 시작하면서부터 끝마칠 때까지 봉급 봉투와 명세서를 모아 두었다. 자녀들에게 이것이 무슨 필요가 있겠느냐고 생각할지 모르지만, 많은 식구들과 생활했기에 어렵기는 하였지만 아내와 함께 구차하게 살지 않으면서도 적자인생은 살지 않으려고 무진 노력했음을 전하고 싶다.

내가 세상에 사는 동안 사랑하는 아내와의 사이에 태어난 아들과 두 딸은 눈에 넣어도 아프지 않고, 등에 지고 가도 무겁지 않을 만큼 소중한 우리의 분신이다. 소중한 혈육인 자기 자식으로부터 자유로울 사람은 이 세상에 아무도 없다. 내가 세상을 이별하는 날 살아갈 자녀들에게 유산으로 전해 줄 것은 우리의 삶이지 재물이 아니다. 내가 살던 집, 부모님으로부터 물려받은 산소가 있는 밭, 보험금을 제외하면 아무것도 없다.

나는 사랑하는 자녀들이 우리 부부의 좋은 점은 본받아서 발전시켜 나가고, 부족하고 나쁜 점은 마음에 더욱 각인시켜서 '나는 이 다음에 아버지, 어머니의 이런 점은 본받지 말자!' 하면서 바로잡아 나갔으면 하는 마음이 간절하지만, 어디 그렇게 생각대로 되는가? 부전자전, '그 아버지에 그 아들'이라는 말이 있는 것처럼 오랫동안 함께 생활하면서 자연스럽게 부모의 생활 모습이 자녀들에게 배이기 마련이다. 부모들이 무리수를 두는 것은, 나는 뼈가 부서지고, 온갖 어려움을 다 겪더라도 자식만큼은 넉넉하게, 제대로 된 삶을 살아가기를 바라는 것이다. 그러나 엄연한 사실은 내가 아무리 자식들을 사랑하고, 염려하면서 간절히 바란다고 해도 내가 아들의 삶을 살아줄 수 없고, 아들 또한 내 삶을 살 수 없는 독립적인 존재들로, 자신의 삶을 살아갈 수밖에 없다는 것이다. 자녀들 스스로가 '지금 생활하고 있는 이곳이 하나님께서 함께하시면 기적을 이루어 내는 곳'임을 알고, '일상적인 삶 속에서 거룩함과 고결함을 한 가지씩 실천해 나가야 한다'는 사실을 깊이 명심하고 살아가기를 간절히 바란다.

나의 아버지는 참 내성적이셨다. 여간해서는 화를 내지 않으셨지만, 한번 화를 내시면 참으로 무서운 분이셨다. 이런 모습이 나에게도 내림이 되었는지 평소에는 잘 참아내다가 어느 순간에, '이것은 아니다' 싶으면 앞뒤 가리지 않고 폭발해 버린다. 조금 지나고 나면, 지나쳤다는 것을 알고는 금세 후회한다.

우리 아들이 그대로 나의 영향을 받았나 보다. 대구에서 직장을 4년간 잘 다니다가 구미로 옮겨서 3년째 회사를 잘 다녔는데 34세 때 회사에서 생긴 문제들을 참아내면서 단계적으로 해결해 나가야 할 일을, 사무실에서 욱 하면서 폭발해 실직을 당했다. 부모로서 가슴이 무너져내리고 타들어가도 해결해 줄 것이 하나도 없는 참담함 바로 그것이었다. 며느리와 손녀를 데리고 우리 집에 와서 고개를 숙이고 앉아 있는 모습을 보니 눈물이 앞을 가로막았다.

"아버지, 두 달만 시간을 주십시오. 머리 좀 식히고 바람 좀 쏘이고 오겠습니다." "그렇게 해라." 나는 이 말밖에 할 말이 없었다. 두 달 뒤에 아들이 머리를 빡빡 깎고 집에 와서 우리 식구는 다시 머리를 맞대고 앉았다. 침묵이 흐르는 동안 내가 먼저 말을 했다. "원점에서 다시 시작해 보자. 못다 한 전공을 공부하거나 기술을 익히기 위해서 다시 대학을 들어가서 해 보고 싶은 것이 있다면 마칠 때까지 우리가 뒷받침할 테니 시작해라. 다시 취업을 하기 위해서 준비를 해야 한다면 마음 편하게 준비를 해라." 이렇게 말을 하니까 그동안 회사에서 받은 충격이 얼마나 컸던지 회사는 다시 들어가고 싶은 마음이 없다고 했다. "아버지, 제가 식당을 한번 해볼까 해요. 구미에 미취업자를 위한 요리학원에 등록을 해놓고, 서울에 있는 '홍'S 쭈꾸미' 본점을 찾아가서 상담을 하고, 남부지역에 처음으로 분점을 내기로 약속을 했습니다"라고 말했다.

두 달의 준비기간을 거쳐서 개업을 하고 3년간 영업을 잘하다가 올려 받는 전세금과 인건비가 부담이 되어서 지금은 전세금이 3분의 1로 줄어든 좁은 곳에서 며느리와 함께 업종을 칼제비(칼국수와 수제비를 혼용), 보리 비빔밥, 단팥죽을 주로 하는 '서문 칼제비' 식당을 구미 봉곡동에서 운영하고 있다. 이제 5년째 식당을 운영하고 있으니 열심히 노력하면 생활을 해 나가는 데는 지장이 없을 듯하다.

나는 아무리 어려운 일이 있더라도 일을 피해 가거나 주저앉아서 엉엉 울기만 하지 않았다. 이내 마음을 가다듬고 정신을 차려서 한 가지씩 최선을 다해서 해결해 나가면서 아버지 하나님께 기도를 하면서 생활해 왔다. 아내는 나보다 언제나 한 걸음 앞서 나갔다. 내가 이것저것 생각하면서 마음을 다잡는 동안 아내는 해결해 나가야 할 것을 벌써 시작해 놓고 보는 것이었다. 사랑하는 내 자녀들이 우리 부부를 본받은 것은 얼마나 좋은 일인지 모른다. 아무리 어려운 일을 만나도 씩씩하게 해결해 나가면서 앞으로도 그렇게 살아가리라고 믿는다.

오늘은 장녀의 둘째 딸 변가희가 샛별초등학교에 입학하는 날이다. '오늘 같은 날 우리 집사람이 있었으면 얼마나 좋았을까?' 하는 생각이 들었다. 엄마는 직장일로 서울로 출장 가고, 아버지는 학교에 출근했고, 할아버지는 일찍 돌아가셨고, 할머니는 시집 간 딸의 병간호 때문에 밀양에 가 계신다. 외할머니인 우리 집사람이 손잡고 학교에 가야 하는데, 이 세상에 없으니 말이다. 우리 딸이 나에게 부탁했다. "아버지께서 가희를 입학식에 좀 데리고 가 주세요." 하나님께 감사하면서 외손녀딸의 손을 잡고 내가 입학하는 양 기쁜 마음으로 참석을 했다. 마치고 집으로 돌아와서는 외손녀가 입학식 때의 느낌과 외할머니에게 편지를 써서 내게 보여주었다. 연필로 옆에다가 받침 틀린 것을 조금 고쳐 주었더니 금세 지우고 고쳐서 내게 가지고 오면서 "할아버지, 이것 어디로 보내면 돼요?" 하고 묻는다. "내가 보관하고 있다가 나중에 전해 드릴게"라고 대답했다.

남은 날 동안 내가 할 수 있는 일이 무엇일까? 나와 얼굴을 마주하고 있는 사람들에게 구체적으로 마음의 선물을 전해 주는 것이다. 축하해 줄 일이 있으면 진심으로 기쁨을 나누고, 슬픔과 아픔으로 나의 도움을 필요로 하는 사람들에게는 제때에 찾아가서 위로의 말을 전하면서 격려하는 것이다.

외손녀 변가희의 샛별초등학교 입학식을 마치고(2016. 3.)

깜깜한 밤에
별을 본다

2013년 12월 14일

　가장 절망적인 상황 속에서 하나님의 위대한 역사는 시작이 된다. 사람들이 이제는 끝이 났다고 내팽개치고 도망가는 곳에서, 다시 싹이 나지 못하도록 짓이겨버리는 곳에서 새로운 생명의 기운이 솟구쳐 나온다. 세상 이치의 역습은 완전히 소멸된 곳에서, 땅 밑에 묻혀 썩은 곳에서 새로운 생명이 잉태되는 기적적인 일이 일어나는 것이다.

　사도행전 7장 8절을 보면, 예수님의 부활신앙이 제자들을 통하여 전해지면서 성령의 감동을 받고, 곳곳에서 많은 기적이 일어나게 된다. 대제사장과 그의 지지자들인 사두개파 사람들과 바리새파 사람들은 모두 시기심에 가득 차서 들고 일어나 정치 지도자들과 결탁하여 사도들의 전도를 막기 위한 탄압을 본격적으로 시작했다. 그래서 사도들의 체포와 구금이 잇달아 일어나고, 순교자들도 발생하게 된다. 그 중에 은혜와 능력이 충만해서 백성들 가운데서 놀라운 일과 큰 기적을 행하는 스데반이 순교를 당하게 되면서 예루살렘 교회에 큰 박해가 일어나게 된다. 신도들은 유대 지방과 사마리아 지방 등의 각 지역으로 흩어지게 되는데, 이 흩어짐이 복음의 끝이 아니라, 이들을 통하여 복음이 세계 곳곳으로 전파되는 새로운 전기가 마련된다.

스데반의 죽음을 당연히 여기면서 지켜보았던 사울도 주님의 제자들을 위협하면서 살기를 띠고 믿는 사람들을 닥치는 대로 묶어서 예루살렘으로 끌고 오려고 길을 가다가 다마스쿠스 가까이에 이르렀을 때에 하늘에서 환한 빛이 그를 둘러 비추게 되어 그가 땅에 엎어지게 된다. 그동안 핍박했던 예수님을 이때 만나고 나서부터 새로운 신앙의 사람으로 변하게 되어 개종하면서 멀리 이방 나라에까지 복음을 전하는 위대한 사도 바울이 된다. 그도 스데반처럼, 야고보처럼, 다른 제자들처럼 순교를 당하게 된다.

다미안 신부는 벨기에의 한 가난한 농부의 아들로 태어나서 1864년에 하와이 호놀룰루 섬에서 사제 서품을 받은 후, 33세의 나이로 한센병 환자의 수용소인 몰로카이 섬으로 자원하여 들어가서 그들과 함께 16년간 생활하다가 1889년 49세의 짧은 나이로 생애를 마감했다.

인간 생존에 필요한 기본적인 것조차 없는 '살아 있는 묘지'라 불리는 태평양의 외딴 섬 몰로카이에 신부님이 들어가서 일을 시작했을 때 스스럼없이 그들에게 다가갔지만 그들은 "네가 우리의 고통을 어떻게 아느냐?" 하며 마음을 굳게 닫아놓고 외면했다. 자신이 한센병에 걸리지 않아서 환자들의 고통을 더 이해하지 못하는 것을 안타까워하면서 신부님은 자신의 몸을 돌보지 않고 한결같은 마음으로 그들을 보살피고 사랑해 주며 마음을 다하여 그들과 함께 생활하다가 1885년에 자기 자신에게 감각의 상실이 나타난 한센병의 증상을 느끼게 되었다. 의사로부터 "정말 안됐습니다만 신부님께서 생각하고 계신 그대로입니다"라는 말을 듣고는 다미안 신부님은 담담하게 "아니, 별로 충격을 받진 않았습니다. 벌써 얼마 전부터 그렇게 생각하고 있었으니까요"라고 대답했다. 다음날 미사 때 그는 "우리 나병환자들은……"이라고 하면서 강론을 시작했다. 그 이전과는 비할 수 없을 만큼 사랑하는 한센병 환자들과 함께 주님의 발자취를 따르고 있다는 것을 실감나게 느꼈다. 어떤 신자가 다미안 신부님이 그 이후로도 이전과 같은 모습으로 일을 하시니 옷소매를 잡고 "좀 쉬는 것이 좋지 않을까요?"라고 말했다. 그러자 "쉰다고요? 쉬고만 있을 때가 아닙니다. 죽기 전에 어서 일을 더 많이 해야 합니다"라고 대답하는 것이었다.

다미안 신부님은 새로운 용기를 불러일으켜 매일같이 칼라와오와 칼라우파파 성당에서 미사를 드리고 몇 십 명이나 되는 중환자의 붕대를 갈아 주었다. 그리고 두 손이 말을 듣는 한, 무덤을 파고 관을 만들어 신자들의 장례를 치러 주었다. 그는 사람들에게 "나 자신은 건강을 잃어버렸지만, 하나님께서는 한센병 환자들 틈에서 일하는 내 선교의 열매를 더욱 풍성하게 하시기 위하여 이 희생을 내려 주셨으니 나의 이 희생은 극히 작은 것이지만 나 자신을 위해서는 극히 유익한 것이었습니다"라고 말했다. 지금까지 다미안 신부와 계속 충돌만 해오던 보건당국도 이 희생자에 대해 정중한 태도를 취하기 시작했다. 임종이 가까워지자 곁에서 지켜보고 있던 두턴과 제임스 수사, 그리고 수녀들에게 다미안 신부님은 거친 숨을 내쉬며 "제발, 소녀들을 돌봐주시기를 바랍니다"라고 두 번이나 힘겹게 말했다.

다미안 신부님의 선종 소식이 세상에 알려지자 사람들은 비로소 세상 각지에 퍼져 있는 한센병 환자들에 대해 진정으로 염려하게 되었고, 한센병 연구를 위한 '다미안 연구소'가 설립되었다. 한센병의 실태를 조사하고, 대책을 강구하고, 결의안이 만들어지고, 세계 곳곳에서 한센병 환자들을 위한 구호사업이 일어나기 시작했다. 가장 철저하게 버림받고, 소외당한 한센병 환자들에게 예수님의 사랑을 그대로 실천한 다미안 신부는 2009년 10월 11일 교황 베네딕토 16세에 의해 성인으로 선포되었다.

나는 38선이 없어지고 우리 민족이 하나로 통일이 되는 날을 학수고대하지만, 지금 같아서는 내 생전에 보기 어렵다는 생각이 지배적이다. 우리는 지금까지도 극한적인 이념 대결로 더욱 굳어져서 서로가 이해하고, 용서하고 사랑함으로 하나로 묶어질 틈이 보이질 않고, 두터운 어둠의 벽이 더 둘러쳐지고 있다.

북한은 주민들이 기를 펴고 살 수 없도록 위협과 선동으로 한 길로 몰아가고 있으면서 반대자들의 여지만 보이면 가차없이 처형한다. 2013년 12월 13일에 장성택 전 노동당 행정부장에 대해 특별군사재판을 열어서 국가전복 음모행위 등에 관한 정상적인 재판과정을 거치지 않고 사형을 선고한 뒤 즉시 기관총에 의한 사형이 공개

집행되었다고 밝혔다. 이 뒤를 따라서 관련자들이 얼마나 많이 희생될 것인가? 참 암울하고 기가 막힌 일이다.

    지배체제를 구축한 김정은 조선노동당 제1비서는 자기 고모부와 그와 관련된 여러 사람들을 처형한 뒤에도 아무 일 없었다는 듯이 미소를 지으면서 마식령 스키장, 군 설계연구소 등을 잇따라 시찰을 나가는 등 활동의 폭을 넓히고 있다고 한다. 인간의 가혹하기 짝이 없는 극단적 잔인함을 보여주는 이 현실 앞에서 한파까지 몰아쳐서 남쪽에 있는 우리도 이렇게 추운데, 저 너머의 북한 땅은 더 큰 추위로 대지를 얼마나 더 꽁꽁 얼어붙게 만들까?

    그러나 분명한 것은 이 추위가 맹위를 떨칠수록 봄 또한 멀지 않았다는 사실이다. 그것을 함께 바라보면서 또 다른 소망을 본다. 봄이 오면 얼었던 강물이 녹아나듯이, 눈물을 머금고 씨를 뿌리는 사람들이 기쁨으로 거두는 날이 올 것이라는 사실을 확실하게 믿는다. 생각지도 않은 어느 날 갑자기 우리가 하나가 되는 날이 분명하게 다가오리라! 그때를 소망하면서 내가 할 일이 무엇인가? 아무것도 할 수 없어서 가슴이 답답하고 손발이 저려온다. 지금 살고 있는 이곳에서 사람과 사람 사이에 드리워진 무서운 불신과 이기심의 장벽을 어떻게 허물 수 있을까? 내가 찾은 정답은 단 한 가지이다. 내가 땅 밑에 들어가 썩어서 진정한 사랑과 평화의 새로운 생명의 씨앗을 틔워서 살려내는 길이다.

2012년 12월 24일

2013년이 다가오고 있습니다. 어제는 잘 살지 못했지만, 달이 바뀌고 해가 바뀌면 새롭게 시작해 보고 싶은 소망이 누구에게나 있습니다. 우리가 다른 생명체와 다른 점이 있다면 늘 꿈을 꾸면서 그 꿈을 이루기 위해서 노력한다는 점입니다. 꿈은 우리의 삶을 지탱해 주는 원동력입니다. 힘은 적게 들이면서도 큰 성과를 기대하며 너무 조급하게 서두르다 보면 여러 가지 무리가 뒤따르게 됩니다. 우리의 삶은 다른 사람들과 싸우는 것이 아니라, 매일 자기 자신과의 치열한 싸움입니다. 끊임없는 고뇌와 아픔, 눈물을 머금으면서도 멈추지 않고 뚜벅뚜벅 걸어가야 하는 것이 인생길입니다. 그래서 결과보다는 과정이 더 중요합니다. 열심히 일하다가 좋은 결과가 있으면 다행이지만, 내가 바라는 것이 선뜻 이루어지지 않는다고 낙담할 필요는 없습니다. 아버지가 아들을 잘못된 길로 인도하지 않듯이, 실패와 좌절은 자신을 뒤돌아보게 하고 성숙하게 만들어서 새로운 기회를 제공하기도 하고, 더 좋은 길을 열어 주는 계기가 됩니다.

창세기 6장 5-23절을 보면, 주님께서 사람의 죄악이 세상에 가득 차고, 마음에 생각하는 모든 계획이 언제나 악한 것뿐임을 보셨습니다. 그래서 땅 위에 사람 지으셨음을 후회하시면서, 땅 위에 사는 모든 생물들을 홍수로 멸하시게 됩니다. 그때 그 당대에 의롭고 흠이 없이 하나님과 동행하는 삶을 살아가는 노아와 그 가족만을 구하게 됩니다.

창세기 9장 1-13절에 "내가 다시는 홍수를 일으켜서 살과 피가 있는 모든 것들을 없애는 일이 없을 것이다. 생육하고 번성하여 땅에 충만하라"고 말씀하시면서 "내가 너희와 함께 숨 쉬는 모든 생물 사이에 대대로 세우는 언약의 표시는 바로 무지개이다. 내가 무지개를 구름 속에 둘 터이니, 이것이 나와 땅 사이에 세우는 언약의 표가 될 것이다"라고 하셨습니다.

요한계시록 4장 1-3절을 보면, 하나님의 말씀과 예수에 대한 증언 때문에 밧모 섬에 갇혀 있게 된 사도 요한이 성령에 사로잡히게 되어 이 뒤에 일어나야 할 일들을 보여주셨는데, 하늘에 보좌가 하나 놓여 있고, 그 보좌에 한 분이 앉아 계신 모습이 벽옥이나 홍옥과 같았습니다. 그 보좌의 둘레에는 비취옥과 같이 보이는 무지개가 있었습니다.

위 두 곳의 성경말씀에서 무지개는 하늘 보좌에 앉아 계시는 하나님께서 늘 우리 곁에 계시면서 지켜 주시겠다고 하는 언약의 증표로 표현되었습니다. 오늘을 사는 우리에게도 무지개는 희망과 새로운 비전을 제시해 주면서 용기를 줍니다.

지난 8월 중순에 고제에서 사과 농사를 하면서 소를 기르는 사위

농장에 갔다가 위천면을 거쳐서 마리면 영승마을로 오는데 비가 그치고 쌍무지개가 마을 뒤편에 아름답게 펼쳐진 것을 보고 차에서 얼른 내려 카메라에 담았습니다. 사실 고개를 넘어오는 그때는 마음이 무겁고 착잡했습니다. 사위의 아버지가 갑작스럽게 돌아가셔서 창원대학교 대학원을 졸업하고 연구소에서 하던 일을 그만두고, 고향으로 돌아와서 사과 농사와 소를 키우고 있는데 계속 사료값은 오르고 소값은 떨어지는데다가 2년에 걸쳐서 사과에 우박 피해를 입었습니다. 올해는 태풍까지 만나서 애써 가꾼 사과가 낙과 피해를 많이 입었습니다. 내가 염려를 하면 사위는 늘 "아버님, 괜찮습니다"라고 했습니다. 저는 무지개를 보면서 이렇게 마음으로 성원을 했습니다. '그래, 우리는 언제나 희망으로 사는 것일세. 변서방! 힘내게.'

저는 나이가 들면서 '오늘 하루가 내 생애의 첫날이자 마지막 날로, 참으로 귀한 날이구나' 하는 생각을 더 실감나게 느끼고 있습니다. 전에는 '이것도 해야지, 저것도 해야지' 하면서 많은 계획을 세웠는데 지나고 나면 이루지 못한 것들이 많아서 올해는 최소화시켜서 해야 할 일과 해서는 안 되는 일을 잘 분간하기 위해서 마음의 문을 열고 내면의 소리에 귀를 기울이면서, 타성에 젖어서 딱딱하게 굳은 것은 없는지 살펴보려고 합니다. 우리 몸의 일부가 경화 상태로 진전되면 혈액이 제대로 돌지 않고, 영양분 공급이 차단되면서 다른 장기도 제 기능을 발휘할 수 없게 만듭니다. 이런 사실조차도 전문가의 진단을 받지 않으면 자기 자신의 상태를 잘 모릅니다.

마찬가지로 다른 사람과의 신의, 도덕적 양심, 종교적인 믿음, 정의와 사랑은 변하지 않고 지켜나가야 하지만, 우리의 생각이나 이념, 제도와 규정은 절대적으로 완벽한 것이 없습니다. 마음과 귀를 열어서 다른 사람들의 의견을 존중하면서 가로막지 말고 인내심을 가지고 끝까지 잘 듣고 나서 자기의 의견을 말하는 것이 좋습니다. 상대방의 의견이 옳고 바르면 겸허한 자세로 공감을 하면서 수긍하고, 내가 잘못 알고 있거나 모르는 것이 있으면 고치고, 배워 나가는 것이 상식이 있는 보통 사람의 자세입니다. 빈 그릇이 되어야 물이 담겨질 수 있습니다.

새해에는 저 자신에게 '지금, 여기에 네가 왜 살고 있는가?'에 대한 존재 이유를 되물으면서 해야 할 일을 하면서 생활하고 싶습니다. 지금까지 고맙게도 너무나 많은 혜택을 받고 살아왔는데 여기에 더 가지려 하고 더 차지하려고 버둥거리는 것은 욕심이고 집착이라는 생각이 듭니다. 사람들은 산을 올라가는 것보다 내려오기가 더 어렵다고 말합니다. 노련한 등산가는 혼자 달아빼지 않습니다. 앞뒤를 두루 살피면서 뒤처지는 사람과 보조를 맞추면서 함께 산을 오르내리면서 즐깁니다.

제가 존경하는 목사님께서 열흘간 단식을 했다는 말씀을 들었는데, 이전보다 얼굴이 더 맑아 보였습니다. 내 몸속을 비움으로 노폐물을 다 걸러내면 참 좋을 것 같은데 간이 좋지 않은 저로서는 단식을 해볼 용기가 나지 않지만, 내 곁에 있는 사람이 무엇을 필요로 하는지, 내가 지금 할 수 있는 일이 무엇인지를 찾아서 한 걸음을 내딛고 싶습니다. 건강을 유지하기 위해서 마냥 소일하기보다는 일을 하기 위해서 건강했으면 좋겠습니다.

구한말 일제 강점기에 민족을 위하여 필요하다면 어느 곳이나, 어느 때나 뛰어가는 정열가로, 백발 청년으로 사셨던 월남 이상재 선생님(1850-1927년)은 70이 넘은 나이에 이런 말씀을 하셨습니다. "내가 청년이 되어야지, 청년더러 노인이 되라고 해서야 되겠는가? 내가 청년이 되어야 청년들이 청년다운 청년이 될 것일세!" 자신은 요지부동으로 가만히 있으면서 다른 사람이 바뀌어야 된다고 소리치는데 정작 변해야 할 사람, 바뀌어야 할 사람은 바로 우리 자신입니다.

하는 일이 너무 힘이 들어서 주저앉고 싶을 때가 있습니다.
가슴이 터질 듯이 아파서 어찌할 줄을 모를 때가 있습니다.
모두가 다 떠나가고, 빈들에 나 홀로 서 있을 때가 있습니다.
어둠이 깊어서 도무지 앞이 보이지 않을 때가 있습니다.

그러하더라도 가던 길을 멈추고 원점에 서서 오는 새해에는 아름다운 무지개를 마음에 품으면서 서로 사랑함으로 행복하시기를 바랍니다.

영승 마을 뒷산에 드리워진 쌍무지개(2012. 8.)

하나로 이어 주는 가족여행

2014년 1월 18일

임종을 앞둔 사람의 70%는 가족들과 함께 여행하기를 희망한다고 한다. 아버지와 어머니가 자녀들과 스스럼 없이 대화를 나누면서 서로를 이해하고, 일체감을 이루는 데 가장 좋은 것 중 하나는 여행이다. 며칠이든 간에 여행은 새로운 것들을 보고, 체험을 하게 함으로써 사람들의 기분을 좋게 할 뿐만 아니라 서로의 마음을 열게 하는 마력을 지니고 있다. 최근 들어서 지역별로 특색 있게 만들어놓은 둘레길이나 올레길 같은 곳을 자녀들과 함께 걷는 것도 효과가 있지만, 해외여행을 가면 더 좋다.

하나투어 여행사에서 주선하는 베트남의 하롱베이와 캄보디아의 앙코르왓트를 4박 6일(2014.1.11-16) 동안 다녀오는 단체여행에 거창에서 친분이 있는 여덟 사람이 동행을 하게 되었는데, 김해공항에서 합류한 사람들은 주로 남부 지방에 거주하는 사람들로 35명이나 되었다. 인원이 너무 많아서 우려를 했으나, 여행을 다녀본 사람들이 많아서 서로를 이해하고 배려하면서 진행이 되어 참 좋았다.

하루 이틀이 지나면서 이들 구성원 중에 참 아름다운 모습이 눈에 띄었다. 그중에서 부산에서 칠순이 넘은 어르신이 중학교에 다니고 있는 외손자와 손자를 데리고 오셨다. 함께 여행을 하는 동안에 말들이 별로 없고, 줄곧 스마트 폰을 보고 있는 것으로 보아 평소에도 좀 문제가 있는 듯이 보였다. 아마도 부모님의 생각에, 방학 동안에 집에 같이 있으면서 이러니저러니 여러 말을 하면서 부딪치기보다는 아이들에게 세계의 견문도 넓혀줄 뿐만 아니라 할아버지께서 변환기에 있는 손자들을 더 편하게 대해 주면서 정도 듬뿍 주시리라는 기대감 때문에 보냈을 것이다.

할아버지는 특별히 무엇을 해주기보다는 함께 다니면서 필요한 것을 사주고, 그 지역의 특산물도 사서 함께 먹는 모습이 참 좋아 보였다. 우리와 함께 간 일행도 다 현직에 있거나, 교직에 있었던 사람들이라서 그들을 격려하면서 "너희들은 참 행운아다"라고 말을 해주었다.

그 외에도 울산에서 회사에 다니는 분이 휴가를 내어서 아내와 함께 대학생 딸과 오기도 했고, 구미에서 아버지는 바빠서 같이 오지 못하고 어머니가 초등학교에 다니는 4학년과 5학년 두 아들을 데리고 온 경우도 있었다. 나는 이렇게 해 보지 못했는데, 자녀의 교육과 견문을 넓히기 위해서 부모님들이 노력하는 모습이 참 좋아 보였다.

거창고등학교의 교목으로 계시면서 주일날 거고교회에서 말씀을 전해 주시는 유보성 목사님이 계신다. 그분은 두 아들을 두었는데 차남은 서울대학교 음악대학(피아노 전공) 3학년에 재학 중이고, 큰아들은 꼭 초등학교 교사가 되기를 희망해서 대구교육대학교를 졸업하여 포항에서 교사로 근무하면서 작년 12월 초에 같은 교직에 있는 여선생님과 결혼을 했다. 겨울방학이 되자 흩어져서 생활하는 가족들이 서로 시간을 맞추어서 3박 4일간 일본을 다녀왔다. 우리와 가까이 있는 후쿠오카 지방을 부산에서 배를 타고 왕복을 하면서 주로 휴식을 겸한 온천 여행이었다. 부모의 마음은 이제 새 며느리가 그동안 줄곧 생활해 왔던 친정에서 우리 집안에 들어왔으니 마음을 안정하면서 새롭게 생활해 나갈 수 있도록 위로하고, 여행을 하면서 가족 간에 친분을 두텁게 하기 위함이라는 생각이 든다.

'나도 이 다음에 이런 계획을 세워야지' 하지만 그때가 언제가 될지는 모르겠다. 가족여행을 생각하면 처남이자, 거창고등학교 1년 선배(12회)인 이대원 형의 눈물겨운 뉴질랜드 여행이 나의 뇌리에서 떠나지를 않는다.

처남은 1986년에 간을 한번 앓았다가 서울 성모병원에 입원을 해서 치료를 잘 받은 후 나왔다. 그러다가 대홍기획의 국장으로 있을 때 IMF를 맞으면서 회사가 어려워지자 후배들에게 길을 열어주고, 자기는 명예퇴직을 했다. 회사를 나와서 개인 사업을 하다가 실패를 하면서 생활의 어려움이 계속되자 영업용 택시를 3년간 하다가 개인택시로 전환하여 운행해 왔다. 그동안 무리하게 여러 가지 일들을 해나가면서 병원에 가서 제대로 검진 한번 받아 보지 못했다. 2010년 가을에 몸에 이상을 느껴서 병원에 가서 검진을 받으니 완치되었다고 생각했던 간염이 재발하여 간암 4기에서 폐까지 암세포가 전이되었다는 사실을 알게 되었다. 집에서 가까운 세브란스 병원에서 항암치료를 받으면서 극복해 나가려고 노력하였지만 기력이 떨어져서 거동하기도 어려운 상태가 되었다.

처남은 자기가 세상을 떠나고 나면 어머니와 누나와 함께 살아가야 할 그의 유일한 장남이 생활하고 있는 뉴질랜드에 꼭 다녀오고 싶어 했다. 북섬 타우랑가에서 아르바이트를 하면서 컴퓨터 공학을 공부한 지 1년이 지났는데, 가족들과 주변 사람들이 몸에 무리가 된다고 극구 만류를 해도 처남은 아들을 만나기를 원했다. 그의 마음이 얼마나 간절하고, 적극적이었는지 도무지 우리 가족들이 거역할 수가 없었다. 직접 여행일정을 잡고, 관광회사를 찾아다니면서 여러 곳을 알아보았다. 관광회사에서는 책임문제가 따르기 때문에 패키지 상품으로 아들이 있는 북 섬에서 개별적으로 며칠간 머물다가 남 섬에서 다른 팀들과 합류를 해서 관광하는 경우는 없다고 했다.

가족들과 협의한 끝에 여동생인 집사람과 내가 동행하기로 했다. 여행일정(2011.1.11-23)이 잡히자 대원 형은 아들이 생활하는 데 필요한 물품들을 최대한 많이 가지고 가려고 애를 썼다. 원래 여행 자체가 생활환경이 다른데다가 이동거리도 길고 음식이 달라서 강행군을 하는 경우가 다반사인데, 여행하는 동안에 대원 형이 어떻게 버텨낼까 걱정을 많이 했다. 그런데 놀라운 일이 일어났다. 아니, 그것은 기적적인 일이었다. 12일을 여행하는 동안에 식사도 잘하고, 한 번도 몸져 누워 있지 않았다. 우리가 도착하니까 아들은 휴가를 내놓고 우리 가족들을 위해서 북 섬의 여행계획을 다 세워놓고 차까지 렌트해 놓았다. 아들과 함께 7일간 북 섬을 여행하는 동안 밤늦게까지 부자지간에 무슨 얘기가 그리 많은지 때로는 웃기도 하고, 울기도 하는 소리가 옆방에 있는 우리에게까지 다 들렸다.

현지에서 사업을 왕성하게 하고 계시는 고려대학교 선배도 만나고, 아들이 아르바이트하고 있는 식당에도 가 보고, 다니는 교회에 가서 예배도 드리고, 장로님의 집에 초대를 받아서 목사님과 교우님들과 함께 식사를 하면서 담소를 나누기도 했고, 저녁 노을이 지는 긴 해변가도 함께 걸었다. 우리의 사연을 전해 들었는지 만나는 사람들마다 얼마나 정성을 다해서 맞이해 주셨는지 모른다. 이별하는 날 아버지와 아들은 부둥켜안고 울면서 작별인사를 했다. 남섬 여행(5일간)은 현지 여행사의 패키지 일행에 속해서 다녔다.

'무엇이, 어떤 힘이 여행을 가능하게 했을까?' 하는 생각을 하게 되면, 아들에게 많은 재산을 유산으로 남겨 주는 것이 아니라 아버지의 애틋한 사랑과 정성을 온몸으로 표현해서 전하고 싶어 하셨을 것이다. 미리 이별을 하면서 하늘나라에서 다시 만나리라는 확신 때문이기도 했다. 돌아와서는 투병 생활이 계속되었다. 병원을 오가면서 항암치료도 받고, 복수를 빼고, 투약을 받으면서도 몸이 조금 괜찮아지면 기력이 허용하는 한 개인택시 핸들을 놓지 않으셨지만 삶에 집착하지는 않았다. 한 가지씩 내려놓고 비우셨다. 그런 와중에도 그동안 신세를 졌거나 어려운 일들을 함께 나누었던 친구들과 친지들을 만나고, 떠나고 난 다음의 일들을 부탁하기도 했다. 특히 회사 일로 생활에 쫓기다 보니 고향 거창에 있는 친구들을 만나지 못해서 미안해하면서 꼭 가서 식사를 한번 대접하기를 원했다. 하지만 5월 하순부터 끝내 일어나지 못하고 2011년 6월 23일 65세로 생을 마감하셨다. 사랑하는 아들이 곁에서 지켜보지 못했지만, 우리와 참으로 아름다운 이별을 하셨다. 무더운 여름날인데도 거창의 아버지 산소로 대원 형이 온다는 소식을 전해 들은 고향 친구들이 장지로 와서 조문을 했다. 그리고 서울에서 같이 잘 지냈던 회사동 료들과 택시 기사분들, 친지들이 먼 거창에까지 왔다.

우리가 삶을 지탱하면서 존재하고 있는 것은 내일에 대한 소망과 희망이 있기 때문이다. 새로운 만남에 대한 기다림은 인간의 가장 아름다운 모습이다. 이 따뜻한 봄날에 아버지의 이름으로 지금도 아들 곁에서 숨쉬고 있을 형이 그리워진다. 오늘 얼굴을 마주하면서 살아가는 가족들과 이웃들이 더욱 소중하게 느껴진다.

"사랑하는 여러분, 이 한 가지만은 잊지 마십시오. 주님께는 하루가 천 년 같고, 천 년이 하루 같습니다"(벧후 3:8).

■
뉴질랜드에서 아버지와 아들의 밝은 모습(2011. 1.)

ALL - STOP

2014년 6월 13일

　전혀 예상하지 못한 어느 순간에 지금까지 해 오던 모든 일들이 중지될 때가 있다. 잘 가던 시계추가 갑자기 멈추어 선 것처럼 아무런 대책도 세울 수 없이 멍하게 백지상태가 된다. 사람들은 '내일은 이렇게 해야지! 열흘 뒤에는 이렇게 되겠구나!' 하면서 기대감에 부풀어서 계획을 세우고 일을 추진해 나간다. 사람들에게 이런 꿈, 이런 희망이 없다면 살아갈 의욕도 낙도 없어진다. 그러나 상상조차 할 수 없는 일이 어느 순간에 밀어닥쳐서 그동안 추진해 오던 모든 일들이 일순간에 물거품이 되면서 다시는 돌이킬 수 없는 깊은 나락으로 추락하는 순간이 온다.
　거창고등학회를 재직하다가 퇴직을 한 교직원들 중심으로 북부 유럽을 다녀오기로 계획(6.24 - 7.5)을 세웠다. 내가 간사로 실무책임을 맡으면서 가려는 사람들 11명과 여러 번 만나서 의논하고 준비 사항을 갖추어 나갔다. 드디어 10여 일이 지나면 기대에 찬 여행을 가게 되었다.

그리고 6월 12일에는 영남 지역 파크골프대회가 거창에서 열리는데, 나는 심판요원으로 연수를 받고, 조까지 편성되어 있는 상황이었다. 이날 행사를 마치는 대로 음악을 좋아하는 8명과 함께 대구 시민회관으로 가서 저녁 7시 30분에 음악연주회를 관람하기로 예매를 해놓은 상태였다.

농사를 짓는 일도 바쁘게 돌아간다. 마늘도 캐야 되고, 팥 심을 곳도 준비해야 하고, 친구로부터 받아 심은 두 그루의 소나무에 매일 물도 주어야 살고, 토마토, 가지, 오이, 수박도 순과 가지치기를 해야 하고, 금방금방 자라는 잡초도 매야 한다.

아내는 거창합창단의 단원으로 가입하여 1년 동안 매주 화요일 저녁에 모여서 연습을 해오다가 발표회를 앞두고는 일주일에 두 번씩 나가서 연습을 한 후 드디어 6월 17일 저녁 8시에 발표회를 갖는다고 단원복도 맞추고, 프로그램의 다른 사람들과 함께 사진까지 찍은 상태였다.

그런데 이 모든 계획이 일순간에 멈추어버렸다. 아니, 추진할 수 없게 되었다. 좀처럼 병치레를 하지 않던 아내가 며칠 전부터 아랫배가 아프면서 소화가 잘 되지 않고, 가스가 차는 것 같다고 하면서 고통으로 밤에 잠도 제대로 자지 못했다. 지난밤에는 너무 아파서 거창 적십자병원 응급실에 가서 당직선생님께 혈액검사, 요 검사를 받고, CT를 찍고 진찰을 받으면서 신장에 이상이 있다는 말씀을 듣고 바로 입원을 하게 되었다. 다음날 내과 과장선생님께서 보호자 면담을 요구한다는 연락을 받고 내려갔더니 심각하게 말씀을 하셨다. 왼쪽 신장이 부어 있는데다가 중심부에 0.9mm의 종양이 확인되고, 요로가 좁아진 데다가 섬유화가 진전이 되어 구멍이 나서 주변에 염증이 많이 보인다고 하셨다. 조직검사를 하고 치료를 하자면 속히 큰 병원으로 가는 것이 좋겠다고 말씀하셨다.

나는 다른 생각은 아무것도 들어오지 않고, 부랴부랴 서울의 대형 병원에 진료예약을 해서 다음날 이른 새벽에 구미에 있는 아들과 함께 서울로 올라갔다. 비뇨기과 과장님께서 가지고 온 자료를 검토하고는 위급사항임을 아시고 곧바로 입원을 해서 그 다음날 수술 스케줄에 포함시켜 주셨다. 나는 아내를 입원시켜 놓고, 그동안 추진해 오던 일들을 하지 못하게 된 사정을 말하면서 해당 사람들에게 양해를 구했다. 북부유럽에 여행 가는 것을 취소하고, 파크 골프대회 심판을 다른 사람으로 교체하도록 연락을 하고, 아내는 합창 발표회에 참석할 수 없음을 단장님께 말씀드렸다. 농사 일은 거창에 있는 막내사위와 딸에게 하우스 안에 물을 주도록 부탁을 했다.

아내의 갑작스런 병으로 그동안 내가 추진하던 일들이 ALL-STOP된 것이다. 원점에 멈추어 서서 겸허하게 나에게 닥친 현실을 보면서 "야, 이형원! 이것저것 곁가지 치면서 정신없이 살아가지 말고, 참으로 중요한 일이 무엇인지, 인간답게 사는 길이 무엇인지 생각하면서 제대로 살아가야 한다"라는 주님의 경고 말씀으로 들렸다. 내가 무슨 일이나 다 할 듯이 날뛰지만 불과 몇 시간 뒤, 며칠 뒤의 일도 알 수 없는 참으로 미약한 존재임을 확인하는 순간이다.

주님께서 나를 그냥 놔두지 않으시고, 다시 한 번 가다듬고 출발하라는 사랑에 찬 ZERO 섬의 기회를 주셨다.

수술한 아내 곁에서 병실에 홀로 앉아서 나 자신을 바라보면서 되뇌어 보았다. '그동안 무엇을 가장 소중하게 여기면서 여기까지 살아왔지? 너는 지금 어디를 향해서 방향 키를 잡고 나아가고 있는 거야? 지금 일하고 추진하는 일들이 참으로 값진 일인가?' 나는 가던 길을 멈추어 서서 하늘을 바라본다.

이런 상념에 젖어 있는데, 밤 12시 30분경에 우리 입원실로 환자 한 분이 응급실을 통해서 들어오셨다. 다음날 아침에 사연을 들어 보니 목포에서 살고 있는 56세 되는 아주머니였는데, 슬하에 딸 셋을 두어서 둘은 출가를 시키고 막내딸과 함께 병실로 왔다고 하셨다. 그동안 병원에 한 번 가지 않고, 약 한 번 먹지 않고 건강하게 잘 살아왔다고 하셨다. 배우지 못한 것이 한이 되어 작년부터 고등학교 검정고시를 준비하면서 남편과 함께 열심히 농사를 지으셨다고 하셨다. 그런데 지난달에는 도무지 몸에 힘이 없고, 배가 아파서 인근 병원에 갔더니, 큰 병원에 가 보라고 해서 이곳으로 와서 진단을 받았더니, 췌장암 말기로 지난주에 수술을 받고 퇴원했는데, 통증이 너무 심해서 재입원을 하게 되었다고 하셨다. 담당 교수님께 살 날이 얼마 남았는지 솔직하게 말씀을 해 주시도록 부탁을 드렸더니 6개월 정도 남았다고 말씀하셨다고 한다. 그러면서 담담하게, 그래도 이렇게 딸 곁에서 지금 살아 있으면서 맛있는 것도 먹고, 여행도 할 수 있어서 행복하다고 말씀하셨다. 아침을 조금 먹고는 곁에 있는 딸이 누워 있는 어머니 귓밥을 꺼내 주고 있는 모습이 너무 아름다웠다. 내가 눈시울이 뜨거워졌다.

내가 오늘 살아서 숨을 쉬고 있는 자체가 얼마나 귀하고 기적적인 일인지 모른다. 내가 내일 무슨 일을 하겠다고 허공에 붕 떠서 오늘을 제대로 살지 못하면 얼마나 어리석은 일인가? 이제는 나의 중심에서 다른 사람을 향한 진정한 관심과 사랑으로 살아가는 것을 최우선과제로 해야 한다.

"깨어 있어라. 너희는 너희 주님께서 어느 날에 오실지를 알지 못하기 때문이다. 이것을 명심하여라. 집주인이 도둑이 밤 몇 시에 올지 알고 있으면, 그는 깨어 있어서 도둑이 집을 뚫고 들어오도록 내버려 두지 않았을 것이다. 그러므로 너희도 준비하고 있어라. 너희가 생각하지도 않은 시각에 인자가 올 것이기 때문이다"(마 24:42-44)

마태복음 25장 13절에 "그러므로 깨어 있어라. 너희는 그날과 그 시각을 알지 못하기 때문이다"라고 우리에게 경각심을 주셨다.
우리는 ALL-STOP 되는 때를 알지 못하기 때문에 더 겸손하게, 더 진지하게, 나의 전심전력을 다해야 한다. 그러면서 내가 없어지면, 내가 중심이 되어서 하는 모든 일들이 끝난다는 이 엄연한 사실을 뼛속 깊이 깨달아야 한다. 내가 독점해서 일할 것이 아니라, 나를 대신해서 일할 사람, 나의 진정한 마음을 이해하고 이어가서 더 잘할 사람, 다른 사람들이 TEAM-WORK를 이루어서 더 발전해 나가도록 항상 열린 마음으로 미리미리 준비하면서 일을 해야 그 맥이 끊어지지 않는다. 사람이 전부이다.

■
40년을 함께 살아온 아내와 나

2015년 12월 26일

    내가 가지고 있는 권한, 전문지식, 생각과 지혜, 재물까지도 나와 함께 일하고 있는 직장동료, 생활하고 있는 사람들과 서로 의견을 나누고 정보를 교환하면서 좋은 점을 찾아서 개선해 나가고, 창의적으로 새로운 일을 찾아간다면 그 집단은 살아 있다. 나 혼자서 일을 효율적으로 잘할 수 없으니 젊고 유능한 사람에게 권한을 위임하고, 나의 부족한 점을 보완하기 위해서 그 일에 핵심적으로 필요한 사람에게 자유롭게 참여할 수 있도록 협조를 요청해 나간다면, 참 아름다운 모습의 기관이다. '너는 나보다 못한 사람', '나와는 차원이 다른 사람', '나와는 생각을 달리하는 사람'으로 철저하게 차단시키고, 선을 그어 제외시켜 나간다면 우선은 일하기 편리하고, 효율적이라고 생각할지 모르지만, 서로 다른 여러 사람들이 함께 일하기 때문에 적어도 반 이상의 사람들에게 공감을 얻지 못한다.

무한한 우주 공간에서 우리가 살고 있는 곳을 비추어 보면 한 개의 점에 불과한 것을 놓고 티격태격하면서 다른 사람들을 단죄하고, 차디차게 잘라내면서 자기를 세워 나가는 사람은 자기최면에 걸린 꽉 막힌 사람이다.

"우리가 지향하는 공동의 선을 이루기 위해서 참으로 당신의 도움이 필요하오!"

"이 어려운 상황을 해결해 나가기 위해서 지금까지 살아오신 당신의 혜안으로 고견을 듣고 싶소. 정도를 말씀해 주십시오."

"지금 이 문제가 발생한 원인을 곰곰이 살펴보니 이것도 잘못했고, 저것도 잘못한 사람은 바로 나요. 내가 어떻게 하면 원점으로 되돌려놓을 수 있겠소? 허심탄회하게 충고를 좀 주시오."

이런 자세와 마음으로 서로 마음을 열고 머리를 맞대고 앉아서 난관을 해결해 나가는 사회는 희망이 있다. 동력이 끊어진 사회는 상대방을 흡혈귀처럼 못 잡아먹어서 안달이 나 있고, 이분법으로 상대를 몰아붙여서 꼼짝달싹도 못하게 묶어놓고 자기에게 충성을 다해서 따라오게 하는 사회이다. 21세기를 사는 우리에게 이것은 이방 지대에 사는 것 같게 만든다.

그렇다. 우리는 다른 사람을 탓하거나 다른 사람에게 뒤집어씌워서는 일의 본질을 해결해 나가는 데 아무런 도움이 되지 않는다. 우리의 삶의 터전에서 나의 삶을 제대로 살아가야 할 책임과 의무가 있다. 우리의 도움이 절실하게 필요한 사람에게 최선의 길을 열어 주고, 나의 부족한 부분이나 영향력이 미치지 못하는 부분은 나와 같이 일하는 또 다른 전문가에게 의뢰를 하는 것이다. 정의가 강물처럼 흘러서 우리 모두가 밝고 투명한 사회에서 함께 살아가기 위해서 검은 것은 검다고, 흰 것은 희다고 말하면서 개선해 나가야 한다. 그러나 모든 것에서 최우선으로 할 것은 항상 나 자신을 들여다보면서 모순되고 잘못한 일들은 철저하게 반성하고, 매일 새로운 마음으로 다잡아서 처음처럼 발걸음을 옮겨놓는 것이다.

아내가 서울대학교 암 병원에서 항암주사를 맞으면서 잘 버텨왔지만, 요추 부근으로 전이가 되자 통증이 심해져서 방사선 치료를 받고나서부터 급격하게 체력이 떨어졌다. 지금까지 정성으로 잘 치료해 주시던 김범석 교수님께서 한 달간의 회복기간을 가지고, 다시 '탁솔' 주사제로 3주 단위로 항암치료를 해 보자고 하셨다. 나는 안타까운 마음으로 교수님께 "지금 아내의 몸 상태로는 거창에서 서울을 오가면서 주사를 맞기 힘든 상태입니다. 거창에서 가까운 칠곡 경북대학교 암병원에서 진료를 받았으면 합니다"라고 말씀을 드렸더니, "사실은 그렇습니다. 제가 잘 아는 혈액종양내과 강병욱 교수님께 협진의뢰를 하겠습니다" 하시면서 간호사를 통해 그동안 치료했던 영상자료와 병원기록물을 상세하게 전해 주면서 소개서까지 작성해 주셨다.

지난 12월 23일에 진료를 받으러 갔더니 강병욱 교수님께서 "김범석 교수님의 메일도 받고, 전화도 받았습니다"라고 말씀해 주셨다. 아주 가까운 이웃처럼 반갑게 맞이해 주시면서 가지고 간 자료를 바탕으로, 다시 CT를 찍고, 검사자료를 확인하면서 현재의 상태와 앞으로의 치료 방향을 명쾌하게 설명해 주셨다. "지금 상태로는 치료단계로 들어가기가 좋지 않아서 통증완화로 하는 것이 좋겠습니다. 저희 병원에서는 항암치료 환자 위주로 입원을 하는데다가 현재 대기자도 많기 때문에 신청을 해서 기다려야 하는 처지입니다"라고 하셨다. 나는 어떻게 다른 할 말도, 방도도 나오지 않았다. 서울에 있는 처남댁과 함께 간병을 하는데, 밤을 지샌 나에게 "구미에 있는 아들 성균이 집에서 좀 쉬다가 오세요"라고 말씀을 하셔서 30분 거리에 있는 아들 성균이 집에서 12월 23일 저녁을 지내게 되었다.

일찍 자리에 들었지만 뒤척이다가 잠이 오지 않아서 새벽 2시경에 깨었다. 아내는 더 이상 치료를 할 수 없는 단계이다. 2-3개월의 생존 가능성에 대한 선고와 다름없는 이 사실 앞에서 지금까지 40년간 아내와 함께 생활했던 날들이 주마등처럼 지나갔다. 내가 아내를 너무 고생시켜서 이 지경에 이르게 했고, 그동안에 내가 잘못한 일들이 너무 많이 떠오르면서 하염없이 흘러내리는 눈물을 주체할 수 없었다. 새벽에 조금 눈을 붙이고 일어나서 일찍 칠곡병원으로 왔다. 처남댁이 "고모부, 어제 저녁에 잘 주무셨습니까?"라고 물어서 "아닙니다. 잠이 잘 오지 않는데다가 지금까지 제가 잘못한 일들이 많이 떠올라서 많이 울었습니다"라고 했더니, 옆에서 가만히 듣고 있던 아내가 "여보, 내가 잘못한 일들이 더 많은데, 자기가 울면 어떻게 해!" 하는 것이었다. 우리는 이렇게 서로가 잘못이 많다고 생각하면서 지금까지 함께 생활해 왔다.

다시 일어서서 거창 적십자병원으로 돌아왔다. 최준 과장님과 간호사들에게 인사했다. "새롭게 다시 시작하려고 합니다. 잘 부탁드립니다." "네, 저희들도 최선을 다하겠습니다." 먹지도 못하는 아내는 흰 영양제 주사를 맞으면서 주렁주렁 치료약제를 다시 맞기 시작했다. 힘줄이 잘 나오지도 않는 아내의 팔뚝에 하도 많이 주사침을 꽂아서 어렵게 되자, 왼쪽 가슴쪽에 삽입 시술을 해서 주사를 맞았다.

성탄절 새벽이다. 지금까지 살아오면서 성탄절 이브에 거고교회에서 불기둥주일학교 발표회와 샛별중학교의 새벽송을 듣지 못한 적이 한 번도 없었는데, 지금은 병원에서 지낸다. 나는 전날 집에 가서 보관 중이던 크리스마스트리를 만들어 놓고, 손님 맞을 준비를 해두었는데, 처남댁으로부터 저녁 늦게 선생님들과 함께 다녀가면서 산타클로스 인형과 예쁜 카드를 남겨둔 것을 전해 받았다. 아내와 나는 병실 복도를 걸으면서 대화를 나누었다. "여보, 우리, 이별 뒤에 하나님 품에서 새로운 만남을 준비하는 거야!" "주님, 아내의 통증이 멎기를 간절히 바랍니다."

나는 샛별중학교와 거창고등학교를 오가면서 35년간을 생활하다가 정년퇴직을 했다. 지금 생각해 보아도 참 부족했고 실수도 많이 했다. 훤히 잘못한 일이 눈에 보이는데도 함께 교직의 길을 가는 동역자로 따뜻하게 감싸안은 도재원 교장선생님에 대한 고마운 마음을 늘 가지고 산다. 전임 교장선생님이 퇴직을 하고 나서, 도재원 교장선생님께서 법인 이사장직을 수행하실 때였다. 후임 교감을 선임하는 과정에서, 차를 한 잔 마시면서 편안한 마음으로 자연스럽게 나의 의견을 듣기 위해서 시내의 한적한 찻집에서 마주앉았다. 교장선생님께서는 선생님들의 의견을 종합적으로 물으시면서 "이 교장은 어떻게 하는 것이 좋겠어?"라고 물으셔서 진솔하게 나의 의견을 말했다. 임명은 법인에서 하지만, 단위학교를 대표하는 사람에게, 중요한 결정을 하기 전에 종합적인 의견을 듣는 자체가 살아 있는 기관이라는 생각이 들었다. 함께 살아가는 따뜻한 사람들의 향기가 나는 '전체를 위한 물음과 질문, 그리고 자연스럽게 의견을 개진하는 자체가 참 소중하다.

　나와 의견이 다르다고 해서 상대를 절대로 인정하지 않으며, 불의의 세력으로 단절해 버리는 사회는 분명 병든 사회이다. 한 치 앞도 알 수 없고, 분간할 수도 없는 것이 사람인데, 전체를 위한 의견은 없고, 단독자로서 어떻게 해서든지 자기편의 우열 점령과 이익만을 추구하면서 겹겹이 자기 주위를 둘러싸고 있는 사람들은 언젠가는 아침 이슬처럼 사라지게 될 것이다. 우리는 잠시 동안 나에게 주어진 직책을 맡으면서 해야 할 본질적인 일에 혼신의 힘을 다하고 조용히 뒤안길로 사라져야 한다. 나는 길을 내는 사람으로서 내 뒤에 오는 사람이 훨씬 더 일을 잘해 나갈 것을 믿고 신뢰를 보내면 된다. 왜 그렇게 무엇을 더 가지고, 차지하려고, 떠난 뒤에도 인간적인 집착과 욕망으로 또 다른 일들을 획책하려고 난리를 치는지 모르겠다. 참으로 어리석고, 미련한 짓이다. 내일 일은 그들의 몫으로 남겨두어야 한다.

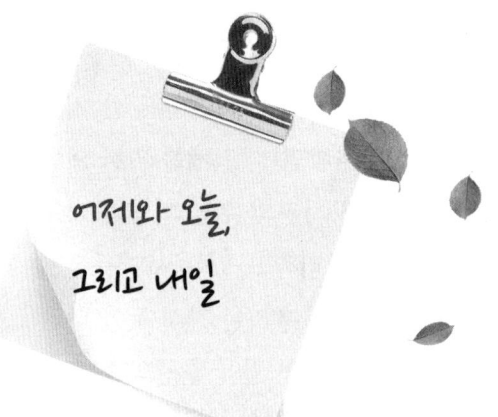

어제와 오늘, 그리고 내일

2013년 11월 28일

　오늘 내가 존재하는 것은 어제로부터 비롯된다. 과거가 없는 현재는 존재할 수 없고, 한번 지나간 날은 인류 역사상 다시 되풀이되지 않는다. 오늘이 내 생애의 처음 날이자 마지막 날이다. 우리의 삶은 재방송도 없고, 언제나 생방송으로 단 하루로 마감된다. 지나온 날들을 후회하면서 아무리 다시 시작해 보고 싶어도 벌써 저만치 달아나 있어서 어떻게 해 볼 도리가 없다. 시간은 냉혹하리만큼 우리를 기다려 주지 않고, 여운만 남긴 채 바람처럼 우리 곁을 떠나간다. 어제의 잘못에 대한 후회와 번민, 자책에 내 발목이 잡혀서도 안 되지만, 다른 사람들에게 상처를 주고 눈물나게 한 일이 있다면 처절하게 반성을 하면서 당사자에게 사과를 하고 용서를 빌어야 한다. 그렇게 해야만 다시는 그런 일을 되풀이하지 않으려는 자신의 다짐과 의지로 희망의 싹이 보이면서 순백의 마음으로 원점에 서서 마음을 다잡고 새롭게 출발할 수가 있다.

우리는 참으로 내일을 알지 못한다. 한 시간 뒤에 나에게 어떠한 일이 일어날지를 미리 알고 있다면 난리가 날 것이고, 기대감이 무너져내린 허망함에 사로잡혀서 값진 삶을 살려고 하는 의욕이 없어지는 재미없는 세상이 될 것이다. 참으로 다행인 것은 우리 모두가 공평하게 한 시간 뒤, 몇 분 뒤에 일어날 일들을 잘 모른다는 사실이다. 천 년 만 년 살듯이 쌓아두고 다른 사람들을 모질게 구는 사람들도 눈 깜빡할 사이에 천 길 낭떠러지로 떨어질 수도 있고, 순간의 실수로 비극적인 생을 마감하는 사람들도 있다. 우리는 이 엄연한 사실 앞에 언제나 처음 걸음마를 떼는 조심스런 마음으로 겸허하게 순응하면서 살아가야 할 불완전한 사람들이다. 내일 일을 아무도 모르기 때문에 예측 가능한 것을 준비하면서 우리에게 허락하신 오늘에 전심전력을 다해서 살아야 한다.

마태복음 6장 25-34절을 보면, "한 날의 괴로움은 그날에 겪는 것으로 족하니, 내일 걱정은 내일이 맡아서 할 것이니 무엇을 먹을까, 무엇을 마실까, 무엇을 입을까 하고 걱정하지 말아라. 한 날의 괴로움은 그날에 겪는 것으로 족하다"라고 말씀하셨다.

2009년 8월 말에 학교를 정년퇴직하고 밖으로 나와서 마음을 가다듬고 한 가지씩 정리하면서 새로운 일을 하는 출발점으로 삼아야겠다는 생각이 들었다. 우선 사람들과 어울리기 위해서 퇴직한 중·고등학교 교원들 모임인 중등사우회에 들어가게 되었는데, 회갑을 지난 나이지만 회원 중에서 나이가 가장 적은 신참이었다.

2011년 3월에 임원을 개선하는데, 젊다고 나를 보고 총무를 하라고 했다. 회의 성격을 잘 모르는 상태였지만, 회원들을 위해서 봉사하는 마음으로 매달 25일이 되면 회장님과 상의를 해서 모임을 주선했다. 4월이었다. 회원들이 다 떠나가고 맨 나중에 남아서 정리를 하고 나오는데, 신고 간 랜드로바 신발이 없어졌다. 나는 발과 무릎이 좋지 않아서 특별히 발이 편한 신발을 사 신는다. 우리 외에도 다른 손님들이 많이 오는 곳이라서 누가 신발을 바꾸어 신고 갔나 보다 하면서 둘레둘레 찾아 보아도 남은 신발조차 없었다. 주인이 미안해하면서 슬리퍼를 내 주면서 신고 가라고 했다.

　그 다음 5월 모임은 이 식당이 맞은편으로 이사를 가서 우리가 모이는 장소를 이층에 있는 별도의 큰 방으로 정한 탓에 다른 손님들이 올 수 없는 상황이었는데 이상한 사태가 발생했다. 이번에도 정리를 하고 맨 나중에 나오는데 지난달에 잃어버린 내 신발이 신발장에 놓여 있고, 새로 사서 신고 간 랜드로바 신발이 없어졌다. 우리 회원들 중에서 신발을 바꾸어 신고 간 사실이 명확해졌다. 회원들에게 사실대로 말을 해서 찾으려 하다가 불현듯 이런 생각이 내 머리를 스쳐갔다. '회원 중에서 내 신발이 탐이 나서 신고 갈 사람은 아무도 없다. 어느 한 분이 정신이 약간 이상해서 이렇게 하는구나.' 이 모습이 10년 뒤, 아니 내일의 나의 모습으로 각인되어 내 마음이 저며왔다. 나는 가까운 친구에게만 이 이야기를 하고 이 일을 접고 말았다. 나는 지금도 그분이 누구인지 모르고 알려고도 하지 않았다.

　우리 집 큰사위는 고제 원 농산에서 한우 사육과 함께 사과도 생산해 낸다. 올해도 상품성이 좋은 사과도 판매하지만, 약간 흠집이 난 사과는 가격을 낮춰 판매를 하는데, 아내가 나서서 주변 사람들과 친지들에게 소개를 하고 주문을 받아서 내가 차에 싣고 아내와 함께 배달을 했다. 11월 초였다. 주문 받은 사과를 뒤 트렁크에 여섯 박스를 싣고, 스포츠파크에서 운동을 하고 있는 파크골프 회원 네 사람에게 전해 주면서 한 박스에 3만 원을 받았다.

그런데 아내가 한 분 사모님께 사과를 주고 3만 원을 받았는데, 자기는 돈을 받은 기억이 나지 않는다는 것이었다. 사모님이 난감해하시면서 다시 한 번 확인해 보라고 하면서 헤어졌다. 집에 와서 전화를 걸어 받은 기억이 없다고 재차 말씀을 드렸다. 조금 있다가 아내가 호주머니 속에서 받은 돈을 전부 꺼내어 확인해 보니 여섯 박스 금액이 맞았고, 그 사모님께 받은 것이 확실해졌다. 나는 "전체 금액을 확인해 보지도 않고 왜 전화부터 했느냐?"라고 아내를 야단쳤다. 그제서야 아내는 경황이 없어 돈 받은 자체를 잊었다는 것을 알고는, 다시 전화를 걸어서 정말 죄송하다고 정중히 사과를 하면서 용서를 구했다. 그러면서 다음에 식사를 한번 대접하겠다고 말씀을 드렸다. 돈을 주었는데 받지 않았다고 계속 말을 해대니 얼마나 속상하고 당황했겠는가?

그 다음 정기 파크골프 월례대회가 있는 날, 나도 남편 되는 분을 만나서 정중히 사과를 하니까 하시는 말씀이 "아이고, 괜찮습니다. 우리 나이에 확인된 것만 해도 다행입니다. 충분히 이해합니다" 하시는 것이었다. 그 말씀이 얼마나 위로가 되었는지 모른다. 이처럼 금방 한 일도 도무지 기억이 나지 않을 만큼 나이가 들어가고 있다. 참 한심한 일이지만 이것이 지금 우리의 모습인 것을 어떻게 하겠는가?

  칠순을 앞두고 있는 지금은 하나님의 은총에 의해서 살고 있다. 우리 아버지의 삶에 비하면 10년이나 더 살고 있는 셈이다. 지금 이 나이에 무엇을 더 욕심내고, 못 가져서 안달이 나고, 나에게 서운한 말을 한다고, 싸늘하게 외면을 한다고 그것이 무슨 큰 난리라도 일어날 일이겠는가? 다 부질없는 짓이다. 점점 왜소해지는 자기 몫의 삶을 관조하면서 살아가는 것이 필요하다. 내가 지금 발을 딛고 생활하고 있는 이곳에서 맺혀진 응어리를 풀면서 서로 사랑하고, 용서하고, 화해하여 손잡고 함께 살아가기를 바라는 마음이다.

  나이가 들어가면서도 가지고 있는 기득권을, 명예를, 재물을 놓지 않으려고 버둥거리는 추태를 부리는 일이 없었으면 좋겠다. 생을 마감하는 날은 움켜진 손은 펼 수밖에 없고, 수의에는 주머니도 없는데…….

저녁 노을이 아름다운 것은
그 여백 때문이다

2014년 4월 5일

　영호강변을 따라서 집으로 오는 길이었다. 저녁 7시경이었는데, 해가 서산으로 뉘엿뉘엿 넘어가고 있는 저녁 노을이 참 아름다웠다. 낮 동안의 활동 시간이 점점 줄어들면서 밤의 휴식으로 이어지는 낙조의 시간이다. 우리에게 낮에 일하는 시간만 있고, 밤에 쉬는 시간이 없다면 이내 지쳐서 삶을 지탱할 수 없을 것이다. 저녁은 자신을 돌아보면서 '생각의 힘'을 키울 수 있는 귀중한 시간으로 창의력의 원천이 된다.
　사람들에게 늘 밝고 좋은 일들만 있고, 그늘과 아픈 일들이 없다면 다른 사람들을 이해하고 배려하면서 성숙해 가는 모습이 사라질 것이다. 사람들이 태어나기만 하고, 이 세상을 떠나가는 사람이 없다면, 아마도 지구는 포화상태가 되어서 살아가기가 더욱 힘들어질 것이다. 내 삶의 흔적, 추억은 언제 없어질지 모르지만, 내가 떠난다 해도 나와 함께 생활했던 사랑하는 가족들, 가까운 친척들, 평생 함께 생활했던 사람들에게는 그 여운이 남겨진다.

1963년에 거창고등학교에 갓 입학하고 나서 나는 기관지염으로 고생을 하면서 조금씩 철이 들어갔다. 부모님께서 시장 노점에서 채소장사를 하면서 나를 공부시키기 위해서 애를 쓰고 계시는 모습이 눈에 들어오면서 장남으로서 우리 가정에 대한 책임감도 느껴지기 시작했다. 믿지 않는 가정에서 처음으로 신앙을 가지게 되었으니 이것 또한 고민이 되었다. 신학기 초에 학생들을 개별 면담하는 과정에서 이 사실을 안 나성순 담임선생님께서 나를 위해서 기도해주시면서 용기를 북돋아주셨던 모습이 50년이 되어가는 지금도 생생하다. 나에게 책도 한 권 선물해 주셨는데, 그 책을 지금도 가지고 있다. 찰스 셀던이 지은 《예수님은 어떻게 하실까?》였다.

아버지께서 초겨울 이른 새벽에 나를 데리고 묵실 동네 앞에 있는 파밭으로 가서 파를 캔 후 지게에 지고 시장으로 가서 우리 전자리 맞은편 가게인 '영동집'으로 가서 따끈한 시래기국과 함께 밥을 먹었던 기억, 설날과 추석 전날에 밀린 외상값을 받으러 식당으로 가는데 우리가 올 줄 알고 아예 자리를 피하거나 이런저런 이유를 대면서 주지 않을 때 나의 손을 잡고 힘없이 걸어 나오시던 아버지의 모습을 잊을 수가 없다.

나이가 들면서 분명하게 알아야 할 사실은 내가 긴 한숨을 내쉬면서 죽음으로 가는 길목까지 최종적으로 지켜 줄 사람은 사랑하는 아내이다. 아내와 함께 사는 동안에 여행도 다니고, 못다 한 일들도 한 가지씩 하면서 살아가기를 간절히 바라지만, 기력도 쇠하고 의

지력도 떨어지면서 기회를 놓치게 된다. 같이 세상을 떠났으면 좋으련만 어디 그렇게 되는 법이 있는가? 우리 주변에는 남편이 먼저, 혹은 아내를 먼저 사별한 사람들이 겪는 어려움이 너무 크다는 이야기도 종종 듣는다. 같이 있을 때가 가장 좋다. 어떻게 해서든지 후회하기 전에 여행도 하고, 할 일들을 함께하면서 살아가야 한다.

지난 2007년 8월에 네덜란드 암스테르담에 살고 있는 제자와 거창에서 간 다섯 사람과 함께 차를 타고 라인 강변을 따라 여행한 적이 있었다. 독일의 쾰른을 가기 전에 언켈 마을의 게스트하우스에서 하루를 묵게 되었는데, 그곳은 성지순례를 하는 분들이나 은퇴한 신부님들을 위해서 마련한 아주 소박한 숙소였다. 저녁 노을이 짙은 강변 식당의 창 곁에 80살이 넘어 보이는 노부부가 마주 앉아서 무엇이 그렇게도 좋은지 소곤소곤 이야기하면서 다정하게 식사하는 모습이 참 아름답게 보였다.

다음으로 우리가 알아야 할 사실은, 이 세상을 떠날 때는 아무것도 가지고 갈 수 없다는 것이다. 다 소진하고, 다 열어놓고 맨몸으로 이별을 해야 한다. 이제는 내려가야 할 때이다. 산에 갈 때면 몸을 가볍게 해야 한다. 휴대폰도, 자동차 키도 무겁게 느껴진다. 무엇에 미련을 두고 아쉬워하면서 그렇게 꼭꼭 숨겨두고 보물처럼 여기면서 움켜쥐고 있을 것인가? 자식들 때문인가? 그들대로 잘 커나가게 놔두어야지, 자식들에 대한 지나친 걱정과 염려는 그들 스스로 헤쳐나갈 힘을 잃게 해서 결국은 그들을 망치게 한다.

내가 하는 일에 대한 집착과 욕심을 버려야 오늘의 내 삶을 자유롭게, 행복하게 살 수 있다. 아직도 가슴에 피멍이 든 뭉치가 남아 있어서 밤잠을 이루지 못하고 뒤척이고 있는가? 이것이 얼마나 수

명을 단축시키는 흉기가 된다는 사실을 아직도 모르고 있는가? 용서하지 못하면 마음에 진정한 사랑과 평화가 없다. 회생할 가망이 없는 위중한 상태에서 생명을 조금이라도 더 연장하기 위해서 집안 사람들의 생활은 아랑곳하지 않고 돈을 소진하면서 아등바등할 필요가 있을까? 겸허하게 수용하면서 가족이 지켜보는 가운데 웃으면서 조용히 생을 마감할 수는 없을까?

한 개인이 세상을 마감하는 이별은 하나님 앞에서 새로운 삶의 시작이니 생의 연장선상에서 천 년을 하루같이 값지게 살아가면 되는데…….

황병기 교수님(1936~)은 서울대학교 법과대학을 나오신 분이지만, 30대에 국악의 길에 인생을 걸고 연마를 하셔서 현대 국악을 개척하면서 민족적 경계를 뛰어넘는 '범아시아적 음악을 꿈꾸는 국악인', '가야금의 명인'으로 여든을 앞둔 지금도 왕성한 활동을 하고 계신다. 지난 9월에 가야금 인생 40년을 돌아보는 "황병기 가야금 작품의 밤 시계탑연주회"도 열면서 1960년대부터 1990년대까지 자신이 작곡한 대표작을 직접 해설까지 하셨다. 후배들에게 "무엇을 하든지 잘하고 싶겠지요. 잘하려면 가장 중요한 것이 그 일이 좋아서 하는 거예요. 인생에서 그것부터 찾아야 해요. 진짜 좋아하고 즐기는 일을 찾으면 그건 틀림없이 잘하게 되고 성공하게 됩니다"라고 하셨다. 2014년 12월 2일 TV 프로그램 〈아침마당〉에 나오셔서 대담하는 그분의 모습은 참 평안하고, 곱게 늙어 가신다는 생각이 들었다.

영원한 현역 송해 선생님(1927~ , 황해도 재령)은 매주 일요일에 방영되는 〈전국노래자랑〉을 34년째 1,700회 이상 진행해 오고 있다.

기네스북에도 오를 만큼 최고령, 국내 최장수 MC이다. 그는 연기자 최불암 씨와 대담을 하면서 장수의 비결로 이런 말씀을 하셨다. "내가 방송을 하러 가게 되면, 미리 그 지방을 돌아보면서 특색을 익히고, 주민들과 이야기도 나누고, 공연에 나올 사람들이 편안하게 노래를 부를 수 있도록 격려를 한다. 작가가 직접 쓴 글씨 대본을 항상 4-5번 꼼꼼하게 읽으면서 확인을 한다. 나이가 들어가면 체력이 떨어져 가니 발효음식을 즐겨 먹으면서 영양분이 있는 음식도 먹는다."

나를 살펴보면, 머리가 자꾸 빠져서 이마가 더 위로 올라가고, 눈 밑의 근육은 처져서 볼품이 없다. 어깻죽지는 좁아지고, 얼굴은 말할 것도 없고, 목과 손의 주름이 늘어만 간다. 피부는 탄력이 없어서 거칠어진다. 그러나 몸은 쇠약해 가지만, 마음과 영혼은 나날이 새롭게 가다듬고 몸에서 기름 한 방울이 다 소진될 때까지 나의 촛불을 밝혀 나가기를 간절히 소원한다. 여력이 있는 한 지금 하고 있는 일을 온 힘을 다해서 하고 싶다.

* 유기농으로 밭농사를 지어서 이웃들과 우리 가족이 먹을 수 있도록 일하고 싶다.

* 여름과 겨울방학 동안에 월평빌라에 가서 정신장애 학생과 함께 공부를 하고, 이웃사랑선교회 사람들과 봉사활동도 계속 하고 싶다.

* 내가 평생 동안 생활해 왔던 거고동산, 거고교회에 나가면서 우리 사회의 등불이요, 내일의 희망이 될 학생들을 위해서 기도하면서 마음으로 성원하고 싶다.

* 친구들과 가끔 산에 오르면서 대화를 나누고, 사람들과 어울려서 파크골프도 하고 싶다.
* 글을 쓰고 싶을 때, 책을 보고 싶을 때면 나의 방에 그냥 혼자 있고 싶다.
* 자신에게 청량제 역할을 하도록 음악 감상을 하러 가고, 가끔 가다가 국내는 물론 외국으로 여행을 가서 마음의 눈을 넓혔으면 좋겠다.

저녁 노을의 아름다움

2014년 5월 22일

    정년퇴직을 하고 나서 나의 처지를 이해하면서 여백의 시간을 활용해서 취미생활을 잘하도록 길을 안내해 주신 고마운 분들이 있다.

    그중에 한 사람은 거창고등학교 김선봉 교장선생님이다.

    나는 초·중·고등학교를 다니면서 음악을 전공한 선생님께 직접 교육을 받지 못했을 뿐만 아니라, 우리 집안은 하루하루 살아가기도 어려워 음악을 접하면서 악기를 다루는 것은 꿈도 꾸지 못했다. 음악을 좋아하지 않아도 생활을 해나가는 데는 별 지장이 없었지만, 나이가 들어갈수록 음악이 없는 생활은 참 무미건조하고, 작은 일에도 감정 조절이 잘되지 않는 것을 실감하고 있다. 모임 자리에서 노래 한 곡을 잘 부르면 분위기도 띄우고 좋으련만

박자에 맞추어서 잘 부르지 못해서 어떻게든 피하려 하고, 하지 않으려고 한다. 할 수 없이 노래를 하게 되면 미리 말을 하고 시작한다. "나는 노래를 잘 부른다고 생각하는데, 다른 사람이 들으면 다 도망친다"라고.

이런 나를 잘 알았는지 정년퇴임을 하고 며칠 있다가 김선봉 교장선생님이 농사를 짓고 있는 우리 밭으로 '독일제 오디오 세트'를 가지고 와서 설치까지 해주었다. 중고품이었지만 내게는 얼마나 귀한 선물이었는지 모른다. 김 교장선생님은 클래식 음악에 관한 한 동서양은 물론이고 고전과 현대 음악가들의 특색과 깊이, 음색까지 잘 알고 있으면서 매일 음악과 함께 생활한다고 해도 과언이 아닐 정도로 조예가 깊다. 이제 나도 밭에 나가서 일을 시작하면서 오디오를 켠다. 음반으로 듣기보다는, KBS1의 FM 92.1MHz에 주파수를 고정시켜 놓고, 24시간 진행되는 음악방송을 주로 듣는다. 그중에서도 오전에 장일범 아나운서가 진행하는 〈가정음악〉 시간, 오후에 카이가 진행하는 〈세상의 모든 음악〉을 좋아하는데 중간중간에 들려주는 멘트는 생활에 청량제 역할을 한다. 음악을 들어가면서 일을 하면 마음이 편해지고, 밭에 심은 곡식들도 춤을 추는 것같이 느껴진다.

한 걸음 더 나아가서 요즘은 현지 공연을 듣기 위해서 거창 내에서 뿐만 아니라 외부로도 나간다. 퇴직한 선생님들과 어울려 대구시민회관, 계명아트센터, 수성아트피아, 진주의 경남문화예술회관으로 간다. 서울에 가서 시간이 남으면 세종문화회관, 예술의 전당에 가서 직접 콘서트를 들으면 연주하는 분들의 심취한 모습과 단원들의 하모니, 관객들의 분위기와 어우러진 내가 새로운 세계에 접목되는 것 같다. 음악이 삶을 얼마나 풍요롭게 하고 여유를 가지게 하는지 조금씩 알면서 '내가 왜 진작 음악을 모르고 살았지?' 하는 아쉬움도 들지만, 이제부터 나의 삶은 음악과 함께 시작된다.

다른 한 분은 도재원 교장선생님이시다. 도 교장선생님이 뛰지도 못하고, 힘든 운동도 하지 못하는 나를 지켜보고 권한 운동이 '파크골프'이다. 일본의 공원에서 시작한 운동으로 내가 생각하기에, 골프와 게이트볼의 중간쯤에 해당되는 것 같다. 골프 규정을 그대로 적용하면서 필드의 구간 거리는 짧다. 골프에 비해서 공이 크고 채는 단 하나다. 멀리 가지 않아도 되고, 원하는 시간에 언제라도 나가서 칠 수 있다. 나는 매일같이 나가서 치지는 못하지만, 한번 나가면 2시간 정도 필드에서 공을 치면서 걸어야 하기 때문에 참 좋다.

좀 늦게 시작했지만, 배구와 축구를 해온 나로서는 운동신경이 발달해서인지 다른 사람들에게 뒤지지 않는다. 파크골프는 다른 사람들과 견주면서 경기를 하지만, 나는 나 자신과 대화하면서 하는 경기로 여긴다. OB를 많이 하고 범타를 많이 해서 다른 사람들에게 많이 뒤지더라도, '홀인원 한 번만 하면 된다'고 낙관적으로 생각하면서 경기를 마칠 때까지 점수에 신경 쓰지 않고 즐겁게 치려고 노력한다.

지난 5월 22-23일에 충주에서 제6회 국민생활체육 전국 파크골프 대회가 있었는데, 경남 지역 대표선수로 '거창클럽 선수' 남자 3명 중에 내가 선발되었다. 이진우 교장선생님과 박영수 선배님께서 외부로 나가 보지 못한 내게 한번 다녀오라고, 자기들은 할 일이 있다면서 차순위에 있는 나에게 양보해 주셨다. 이진우 교장선생님은 격려의 메시지도 보내 주셨다. "좋은 성과 거두고 잘 다녀오세요." 나는 이런 답을 보냈다. "이 교장선생님! 배려해 주셔서 고맙습니다. 곁에 계심으로 제가 행복합니다." 아내에게서 이른 아침에 전화가 왔다. "주눅 들지 말고 잘 치고 오세요." 내 딸 장녀는 가기 전날 집에 와서 맛있는 것 사먹고 오라고 격려금도 주고 갔다. 전국에서 모여든 사람들의 기량은 대단했지만, 조금 더 연습하면 크게 뒤지지 않겠다는 생각도 해 본다. 같은 조에 속한 대전에서 온 분은 장애인으로 한 팔로 공을 치는데, 두 팔이 있는 나보다 훨씬 뛰어났고, 공 하나하나에 정성을 다하면서 얼마나 집중해서 치는지 내가 감명을 받았다.

사람들은 작은 일에 감동을 받는다. 작은 것이지만, 그 안에는 커다란 마음이 들어 있기 때문이다. 사소한 일이 때로는 삶의 방향을 좌우하는 중요한 변수로 등장하기도 한다. 배려는 사람에 대한 작은 정성이고 예의이다. 서로의 입장과 처지를 바꿔 생각하면서 자기를 비우고 낮추어서 그 사람에게 자연스럽게 다가가서 필요한 일들을 도와주고 격려하는 것이다. 세상을 이끌어가는 원동력은 날쌘 힘을 가진 사람이 아니라, 배려와 사랑을 지닌 사람들이 세상을 아름답게 만들어가고 있는 것이다.

모든 것은 사람에게서 시작된다. 서로 손잡고 함께 가는 것이다. 배려는 자기 자신에서 다른 사람에게로 향하는 삶의 여유다. 마음으로 성원하면서 한 발 다가서거나, 한 발 뒤로 물러서서 성원하면서 필요한 사람에게 용기와 힘을 더해 주는 견인차 역할을 한다. 이러한 배려는 작은 것 같지만 눈물겹도록 고마운 것이다. 물방울이 모여서 낮은 곳으로 찾아 흘러서 개울을 이루고, 시냇물이 모여서 큰 강을 이루어 바다에 이르듯, 세상은 따뜻한 사람들, 창조적인 소수의 사람들에 의해서 개선되고 발전한다.

김선봉 교장선생님의 배려로 정년퇴직 후, 라오스 찬타부리 고등학교와 자매결연 학교 방문에 동행했다.(2010)

몸이 건강해야 일을 할 수 있다

2015년 3월 15일

　우리가 살아서 활동하는 동안에는 건강해야 한다. 병에 끌려 다니면서 죽을까 봐 겁에 질려서 살아가서는 안 되지만, 정말 자기가 좋아하고, 하고 싶은 일을 하기 위해서는 건강에 신경을 써야 한다. 병이 들고 나면 하고 싶은 일을 할 수 없을 뿐만 아니라, 가족 전체의 생활리듬이 깨어진다. 나의 건강이 곧 가족의 건강과 생활에 직접적으로 영향을 준다.

　옛날에는 손을 써 보지도 못하고 꼼짝없이 죽을 병도 의술이 나날이 발달하고 있어서 일찍 발견하기만 하면 고치지 못할 병이 없을 정도이다. 아주 작은 암이라도 시기를 놓쳐서 다른 부위로 전이되면 단 한 번의 수술로 끝나면 될 것을, 암을 다 제거하지도 못한 채 항암치료와 방사선 치료의 어려운 과정을 거치면서 환자는 초

죽음이 될 정도로 힘들어한다. 심하게 한번 뒤틀어진 몸은 어느 단계에 들어서면 회복 불능상태에 이르게 된다.

우리의 몸은 참으로 정교하게 이루어져 있어서 신비롭기만 하다. 나의 몸에 조금이라도 이상이 생기면 그 아픔이 느껴지고, 빨리 회복을 하라는 신호를 보내온다. 이러한 때 미미한 상태의 변화에도 세심하게 귀 기울여서 대처해 나가거나 정기적으로 검진을 해서 잘 대처해 나가는 사람은 참 현명하다. 침묵의 장기인 간과 폐, 췌장도 바이러스의 침입을 받으면, 우리는 잘 느끼지 못하지만 몸 안에서 기능이 다 떨어질 때까지 치열하게 싸움을 계속한다.

내가 경험한 바로는, 뼈는 연골과 인대로 서로 연결되어 있는데 이곳이 파열되거나 끊어지게 되면 제대로 힘이 실리지 않고, 뻐근하게 부어오른다. 감기가 오는 단계는 몸이 나른해지면서 목이 아프고, 기침과 열이 동반된다. 초창기 때 야단법석을 떨면서 노력을 해도 바이러스는 잘 없어지지 않고 그대로 진행이 되어서 요즘은 감기가 오면 '그동안 무리를 했지? 좀 쉬어라' 하면서 진행과정에 맡기는 셈이다. 간이 나쁘면 눈이 황색으로 변하고, 피부가 까칠해지고, 의욕이 떨어지면서 온몸이 나른해지고 힘이 빠진다.

위와 대장이 나쁘면 속이 쓰리고 더부룩하다. 혈압이 오르면 쉽게 흥분하고 목 뒤가 뻐근해진다. 심장이 좋지 않으면 가슴이 답답하고, 기관지가 나쁘면 숨이 차 온다.

지금까지 내가 살아오면서 뼈저리게 느끼는 것은 병에 관한 한, 어디가 어떻게 아픈지, 왜 고장이 났는지 그 원인을 종합적으로 진단해서 정확하게 파악한 다음에 치료하는 것이 가장 중요하다고 생각한다. 이것을 모르는 사람은 없겠지만, 병을 대수롭지 않게 여기거나 잘못 대처해 나가면 바늘로 막을 것을 나중에 가래로 막아도 고치지 못할 치명적인 병으로 발전할 수 있기 때문이다.

6년 전에 건강검진을 받으니 혈압이 150을 넘어서 혈압약을 먹어야 할지를 결정하는 과정에서 지금까지의 경험을 토대로 나는 그 원인이 어디에서 오는지를 파악하고 약을 먹기 위해서 서울에 가서 종합검진을 하니 수술할 정도까지는 가지 않았지만 협심증에 고지혈증까지 있음을 확인하고 약을 매일 먹고 있다.

약간 의심쩍은 점이 있으면서 '이것은 중병이다'라는 생각이 들면, 해당 분야에 권위를 가진 분을 찾아가서 진료를 받도록 노력해야 한다. 그것도 두 곳 이상에서 진단을 정확하게 하여 치료해 나가는 것이 필요하다. 요즘은 병원에 대한 정보가 인터넷으로 다양하게 공개되어 있기 때문에 병원마다 서로 열려 있어서 환자들에게는 참 다행이다. 또 전 병원의 진료기록과 영상자료를 본인이 요구하면 친절하게 잘 전해 준다.

나는 어릴 때부터 병약하여 여러 가지 병을 지니고 다녔다. 병원에 가기가 참 싫고 어려워도 가서 보면 많은 것을 보고 배운다. 그 많은 환자들과 함께 오는 보호자들, 그리고 분주하게 오가는 의사와 간호사들을 보면서 생에 대한 의미를 다시 느끼면서 감사하는 마음을 가진다. 아무리 건강하게 살려고 노력을 해도 우리 몸은 치명적인 병과 어려움을 가지고 살아갈 수밖에 없기에 그 병과 자연스럽게 친해지려는 노력이 필요하다.

나는 불편한 다리로 40년 이상을 C형 간염 바이러스에 의한 만성간염으로 살아왔다. 이러다 보니, 간염을 일으키는 바이러스와 대화를 나누면서 조금 무리가 되면 '내가 너를 잊었구나. 조심할게'

라고 몸을 추슬러서 살아간다. 거창에서 동서울로 가는 첫 버스 6시 30분 차를 타면서 시골에서 병과 함께 애환을 가지고 살아가는 많은 분들과 함께 자신을 뒤돌아보는 시간을 갖는다. 병원에 갈 때마다 암 환자가 왜 이렇게 많은지, 희귀병으로 고생하는 어린아이들과 노인성 질환으로 고생하는 사람들이 왜 이렇게 많은지 모르겠다.

우리의 몸은 움직이면서 활동하도록 되어 있다. 하루에 필요한 만큼 움직이면서 운동을 해 주어야 제대로 몸이 굴러간다. 운동을 하기 싫다거나 귀찮아서 하지 않으면 안 된다. 하루도 거르지 않고, 나만이 할 수 있는 운동을 필사적으로 해야 한다. 맨손체조, 걷기, 자전거 타기, 요가 등 그 어떤 것으로든 규칙적으로 움직여 주어야 한다. 여기에 자신이 즐겨서 할 수 있는 운동을 한두 가지 가지고 있으면 더욱 좋다.

우리 몸에 무리를 가하면서 해서는 안 되는 것들이 있다. 매일같이 습관적으로 먹는 술과 담배는 몸을 상하게 할 수밖에 없다. 간에서 해독을 하고 좀 쉬게 해주어야 하는데, 가장 해로운 것은 우리 몸에 축적성 불순물이 쌓여가는 것이다. 지나친 과식, 편식, 자극적인 음식은 우리의 몸을 한 곳으로 치우치게 해서 그 균형을 잃게 만든다. 기름진 음식을 많이 먹으면 살이 찌게 되어 있고, 과체중된 몸을 정상으로 돌려놓는 것은 참으로 어렵다.

한 달에 한두 번씩이라도 여유를 가지고 숲속을 걷는 시간이 필요하다고 생각한다. 그 상큼한 내음과 숲속이 우리에게 주는 안온함은 그 어떤 것으로도 비교할 수 없는 신선함이다. 우리의 몸이 조화를 이루어 나가도록 하기 위해서는 정신이 맑고 건강해야 한다. 과욕과 욕정, 집착은 몸과 마음을 갉아 먹는다. 마음을 비우는 것에서 오는 충만함과 평화가 우리를 일할 수 있는 진정한 사람으로 태어나게 한다.

우리는 참으로 귀중한 존재들이다. 하나님께서 생명의 기운을 불어넣으셔서 당신의 모습대로 창조하셨다. 우리 몸은 신비로움으로 가득 차 있어서 사도 바울 선생님은 우리 몸이 하나님을 모시고 사는 '하나님의 성전'이라고 하셨다. 또한 신비한 우리의 몸은 무한한 잠재력을 지니고 있는 것이다. 과학자들의 연구 보고서에 의하면, 인간의 뇌 구조는 150억 개의 기억세포를 가지고 있는데, 우리의 시신경줄 하나하나에는 80만 개의 섬유가 매달려 있어서 1억 3천2백만 건의 정보를 뇌에 전달할 수 있다고 한다. 우리의 눈은 빛에너지인 광양자까지 볼 수 있는데, 우리의 눈은 전자동 렌즈이다. 주위가 어두워지면 자동으로 동공이 커지고, 밝아지면 자동으로 작아진다. 우리의 귀는 1,600개의 서로 다른 진동파수를 분석해서 뇌에 전달하여 무슨 음인지 알아듣게 한다. 오늘날 아무리 레이더가 발달했다고 하지만 사람의 귀 만큼 세밀하지는 못하다. 우리의 허파에 있는 3백만 개의 공기 자루는 우리 몸에 있는 3백조 개의 세포에 산소를 공급한다. 우리가 지니고 있는 206개의 뼈와 656개의 근육은 지금까지 알려진 그 어떤 동물보다도 기능적으로 다양한 능력을 발휘한다. 인간의 손가락 안에 있는 피부는 훈련만 받으면, 1만분의 1센티미터밖에 안 되는 요철을 감지할 수 있으며, 엄마들은 아기의 입술에 대보고 섭씨 1천분의 4도밖에 안 되는 체온의 변화를 분간해 낼 수 있다.

우리는 온 천하를 다 주고도 살 수 없는 우리의 몸을 진정으로 아끼고 사랑해야 한다. 모든 것은 나에게서부터 시작해서 나에게서 끝이 난다. 내가 나 자신을 사랑하지 않고는 진정으로 나를 사랑할 사람이 아무도 없고, 자신을 사랑하지 않는 사람은 다른 사람 또한 사랑할 수 없다. 세상에서 가장 무서운 적이 있다면, 다른 사람이 아니라 자기 자신을 가혹하게 몰아치는 '자기 학대', '자기 무시', '절망감'이다. 우리에게는 잘되지 않는 일도 있고, 슬픈 일도 있게 마련이다. 그러나 그 자체만 보지 말고 언제나 구름 너머에 찬란하게 빛나고 있는 눈부신 햇빛을 보는 혜안으로, 어제와 전혀 다른 새로운 오늘을 창조해 나가는 용기가 있어야 한다. 그러기 위해서는 우선 자신의 마음을 평화롭고 맑게 가지도록 노력해야 한다. 영혼의 풍만함, 마음의 풍부함이 있어야 다른 사물이나 사람을 제대로 볼 수 있다. 하루에 시간을 정해 놓고, 자기 자신과 대화하면서 내면의 소리를 듣는 시간이 필요하다. 신앙인에게는 하나님께 조용히 기도하는 시간을 갖는 것이 생명의 공급원이 된다. 나는 이청준 신부님의 '향심기도'의 강론 말씀을 듣고, 하루에 성경을 다섯 장씩 읽고, 아침과 저녁에 기도시간을 20분씩 가지려고 노력한다. 대동교회 백용현 목사님의 '40일 기도학교'에 참석하고 나서 하루의 생활 자체가 기도가 되기를 소원하면서 산다.

다음으로 자기를 절제하고 통제할 수 있는 훈련을 규칙적으로 갖는 것이 필요하다. 사람이 하고 싶은 것을 다 하고, 먹고 싶은 것 다 먹으면 몸이 감당하지 못하고 망가지게 되어 있다. 세상의 모든 달콤함에는 바보가 되어야 하고, 현란한 유혹이나 나를 넘어뜨리려는 것에는 정면에서 처절하게 싸워야 한다. 무엇이든지 일을 하려고 하는 사람들은 자기 자신을 방치하면 안 된다. 철저하게 자기 자신을 관리하고 점검하면서 훈련에 훈련을 계속해 나가야 한다. 인간은 외부보다는 내부를 오히려 더 가꾸고 단련해 나가야 한다. 엄청난 잠재력을 가지고 있는 우리의 뇌관에 불을 붙이기만 하면 그 능력이 폭발하는 것이다. 이 뇌관의 도화선 역할을 하는 것이 생각의 변화이고 마음의 자세이다. 우리의 영혼 저 깊숙한 곳에서 울려오는 북소리에 귀를 기울이고 힘차게 행군을 해 나가도록 우리의 삶에 지속적이고도 강력한 동기 유발, 에너지원을 일으키게 하는 열정과 신념이 필요하다.

  자기의 에너지를 최대한으로 활용해서 사용해야 신선한 에너지가 재충전된다. 인간은 그 잠재 능력을 전 생애 동안 10%도 제대로 사용하지 못하고 죽는다고 한다. 사용하지도 않고 그냥 날려버린다면 우리의 인생이 너무 안타깝지 않겠는가! 우리의 귀중한 삶을 최선을 다해서 개발하고 앞길을 개척해 나가도록 끊임없이 노력해야 한다.

발걸음이 인생을 바꾼다

2014년 11월 27일

　매일의 작은 행동들이 모여서 나 자신의 삶의 자세와 방향을 결정한다. 그중 하나가 우리의 발걸음이다. 한 걸음씩을 어떻게 떼느냐에 따라서 나의 모습이 다른 사람에게까지도 내비친다. 친구 다섯 명이서 서로 간에 특별한 일이 없으면, 매주 금요일은 아침 9시경에 모여서 파크골프를 친다. 멀리 가지 않아도 되고, 이런저런 이야기를 하면서 36홀을 다 치고 나서 함께 점심을 먹는데 순번을 정해서 돌아가면서 낸다. 오늘 아침엔 안개도 좀 끼고 이슬이 많이 내려서 잔디 구장이 젖어 있고 초겨울 날씨라 손끝도 시리다. 2라운드를 지나면서 이종영 친구가 "형원아. 너 걸음걸이가 왜 그래? 다리를 들고 걸어야지. 왜 질질 끌면서 걸어. 오늘 같은 날에 그렇게 걸어가니까 바지 끝에 흙과 잔디가 많이 묻어 있잖아"라고 했다. 그러니까 옆에 있는 친구가 북한 군인들이 걷는 폼을 보이면서 "나는 사람들의 걸음걸이를 보면 그 사람의 삶의 모습을 읽을 수 있어"라고 거든다. '와! 그런 혜안을 가지고 사람을 알아보는 친구가 있구나' 하는 생각이 들었다. 내가 보기에도 걸음걸이가 경쾌한 사람은 건강하고 일 처리가 민첩하다. 뒷짐을 지고 거드름을 피우면서 걸어가는 모습을 보면 왠지 어색해 보이고 담벼락이 처진 사람처럼 갑갑하게 느껴진다. 어깨를 펴고 성큼성큼 걸어가는 사람은 대범해 보이고 스케일이 큰 사람 같다. 엉거주춤하면서 다리를 끄는 사람은 병약해 보이고 어딘지 모르게 자신이 없어 보인다.

나는 어느 부류에 속하는가? 아마도 나는 후자에 속하는 것 같다. 그동안 다른 사람들의 옷에는 흙과 잔디가 묻지 않는데, 유독 내 바지 끝에는 지저분하게 흙이나 잔디가 잔뜩 묻어 있는 이유를 알 것 같다. 나의 다리는 온전하지 못하다. 여섯 번이나 무릎에서부터 다리, 발목에 이르기까지 수술을 받은 데다가 평발이라서 걸음 자체가 느리고, 걷기도 힘겨워 조금만 걸어도 피로감을 느낀다. 매사에 자신감이 결여되어 어깨까지 처지면서 성격적으로 소심하고 부끄러움을 잘 타서 사람들의 정면을 바라보면서 똑바로 걷지도 못한다. 시장에서 고생하면서 평생을 사셨던 부모님의 모습을 보면서 자라왔고, 27세에 아버지께서 암으로 세상을 떠나시고, 가난 속에서 아홉 명의 동생들과 함께 생활해 오면서 몸에 젖어든 책임감과 학교에서 생활하면서 훌륭한 교장선생님들을 보면서 상대적으로 자신의 부족에 대한 끊임없는 회의감과 자책감으로 살아가야 하는 운명적인 내 삶인지도 모른다. 이제는 모든 것을 떨치고 그냥 관조하면서 자연스럽게 살아가면 되는데, 아직까지도 내 모습 전체에서 느껴지는 안타까운 사실들이 모여서 이런 걸음걸이에도 나타나는가 보다.

친구의 충고를 듣고, 당장 발을 조금 높이 들어 걸어 보았다. '하하, 이제 바지 끝에 흙이 묻지 않으려나.' 정신을 가다듬으면서 자신감을 가지고 남은 나의 인생길을 한 걸음씩 걸어가야겠다. 나에게 아무리 어려운 일이 닥쳐오더라도 결코 주저앉아서 칭얼거리지 않겠다. 허리를 곧게 펴고 누가 뭐라고 해도 정면을 바라보면서 자세를 흐트러뜨리지 않고 내가 발 딛고 사는 대지를 일자 걸음으로 뚜벅뚜벅 걸어가야겠다.

한 걸음 더 나아가서 예수님께 붙들려서 가는 나의 발걸음이 되었으면 참 좋겠다. 사랑에 찬 마음으로 나와 함께하는 사람들과 손을 잡고, 느림보 걸음도 아니고 혼자 마구 달려빼는 걸음도 아닌, 보통 걸음걸이로 경쾌하게 걷고 싶다.

나의 성향으로 보면 밤을 지새우면서 한자리에 끈덕지게 앉아 있지를 못한다. 하루 동안에도 집 안에만 있으면 가슴이 답답하고 몸에 주리가 뒤틀린다. 한 번이라도 밖에 나가서 하늘을 쳐다보면서 심호흡을 하고 펄쩍펄쩍 걸어봐야 한다.

예수님께서 이 땅에 33년간 계실 때 머리 둘 곳 없이, 밥 먹을 겨를도 없이 백성들의 삶의 현장으로 찾아가셨다. 온 갈릴리 지방을 두루 다니면서 하늘나라의 복음을 선포하시며, 백성들 가운데 갖가지 질병과 고통을 앓는 모든 환자들을 고쳐 주셨다. 제자를 삼기 위해서 비린내 나는 갈릴리 바닷가로 가셨고, 간음한 여인이 붙들려서 돌아 맞아 죽을 지경에 이른 그 현장으로 달려가셨다. 이방인들이 사는 곳이라 유대인들이 피해 가는 사마리아 지방의 한복판으로 걸어가는 것을 마다하지 않으셨고, 가나의 혼인잔치에도 참석하여 축하하시면서 사람과 더불어 생활하셨다. 끝내는 우리 죄를 대신해서 예루살렘에서 십자가를 지시고 성문 밖 갈보리 산에서 최후를 맞으셨다. 이제는 내가 가는 곳이 허허벌판이든, 운동장이든, 병원이든, 나를 필요로 하는 사람들에게로 발걸음이 향하기를 간절히 바란다.

너무나 지은 죄가 커서 사람들 앞에 차마 나설 수가 없어 이불을 뒤집어쓰고 꽁꽁 숨어 버리고 싶을 때라도 용기를 내어 어제의 잘못을 사과하고 싶다. "지금 나에게는 당신의 도움이 절실히 필요합니다"라고 나에게 요청해 오면 "제가 부족하기는 하지만 한번 해 보겠습니다"라고 말하면서 뒤돌아보지 않고 성큼성큼 달려가고 싶다. 그래서 나는 매일 나 자신에게 자문해 보아야 한다. "너의 발걸음이 어디로 향하고 있는가?"

분명 나의 이익만을 위한 발걸음이 아니라 타인을 향한 발걸음이 될 때 주님께서 나에게 힘이 되어 주시고 기적적인 삶으로 인도해 주시리라 믿는다.

나의 사랑, 나의 가족

2014년 4월 9일

    지금까지 살아오면서 어느 사람 못지않게 많은 일들을 겪으면서도 흔들리지 않고 꿋꿋하게 살아왔다. 27세 되던 해에 아버지께서 후두암으로 세상을 떠나시고, 1976년에 결혼을 해서 아내와 그리고 어머니와 함께 사촌동생을 포함해서 아홉 동생들을 출가시켰다.

    1980년도에 선생님들과 축구를 하다가 오른쪽 무릎을 다친 이래로, 약해진 다리와 무릎으로 무리하게 활동을 하다가 다쳐서 연이어 다섯 번이나 수술을 받았다. 뛰거나 심한 운동은 할 수 없지만 그래도 농사도 짓고, 친구들과 어울려 산에도 가려고 애를 쓴다. 1981년 첫 십자인대와 반월상연골 수술을 받기 위해서 검사를 하는 과정에서 C형 간염을 앓고 있다는 것이 판명되어 지금까지도 정기적으로 만성간염 검진을 받으면서 치료를 해 오고 있다.

제4장 살아온 행복과 내일에 대한 소망

1988년도에는 아내가 대전으로 이사를 간 동생 집을 다녀오다가 마음이 급한 나머지 김천 터미널에서 거창으로 나오는 차를 타려고 길을 가로질러서 가다가 건너편 도로에서 마주 오는 트럭과 부딪쳐서 오른쪽 허벅지의 근육이 파괴되는 큰 사고를 당해서 지금도 다리에 마비 증세가 자주 일어나는 모습을 지켜보면서 생활하고 있다.

　아내가 다친 같은 해에 어머니께서 중풍으로 몸져 누우셔서 우리와 함께 생활하시다가 23년이 되는 2010년 3월에 우리 곁을 떠나셨다. 어머니께서는 13세에 우리 집안으로 시집을 오셔서 17세에 나를 낳고, 연이어 8남매를 두시면서 단 한 명도 실패를 보지 않고 아버지와 함께 채소장사를 하면서 우리를 고이 길러 주셨다. 집에서 손자들을 돌보면서 조금 쉬려고 하실 때 중풍으로 쓰러지셔서 결국은 평생 동안 고생만 하시다가 세상을 떠나는 모습을 지켜보면서 살아왔다.

　샛별중학교와 거창고등학교에 35년 동안 근무하면서 주로 실무책임자인 학생부장, 교무부장, 교감으로 교직원들과 학생들과 함께 생활하면서 밤이고 낮이고 정신없이 죽전만당을 오르내렸다. 때로는 '왜 이렇게도 어려운 일들이 나에게 끊임없이 닥쳐올까?' 하는 의구심을 가지기도 했지만 징징대면서 주저앉거나 머뭇거리면서 일을 피해 가지는 않았다. 주님께서 맡겨 주신 사명으로, 일감으로 순응하면서 한 가지씩 해결해 나가려고 열심히 노력하다가 참으로 감사하게도 2009년 8월 말에 정년퇴직을 했다.

　요사이 젊은 부부들이 자녀들에게 잘하는 모습을 보면 부럽기도 하고, 바쁘다는 핑계로 자녀들에게 소홀했던 나 자신이 참 부끄럽기도 하다. 나는 일과를 마치고 집에 들어오면 몸이 지쳐서 퍼져 버렸다. 아내도 학교에 나가랴, 살림 살랴 정신없이 생활했기에 아이들이 낮에는 외갓집에서 외할아버지와 외할머니와 함께 지내다가 저녁 때 집으로 돌아오곤 했다. 부족한 기초과목을 내가 가르쳐 주지 못하면 학원에라도 보내서 보충했어야 하는데, 고지식하게도 그렇게 하는 것을 싫어했다. 어릴 때부터 책을 가까이하면서 읽는 습관을 가지도록, 내가 곁에서 지켜보면서 책을 많이 읽는 모범을 보였어야 했는데, '머리가 있으니 스스로 해결해 나가겠지' 하면서 독서실에만 보냈다.

그러나 내가 말하지도, 같이 운동을 하지도 않았는데 아들은 이상하게도 나를 닮아서 운동을 좋아하고, 실제로 농구는 거창 군내에서도 잘하는 편에 속했다. 양항주일학교 반사활동도 하고, 친구들과 어울려 다니기를 좋아했다. 주말이나 공휴일, 방학 때는 아이들과 함께 나들이를 하거나 여행을 해서 그동안 소원했던 가족 간의 유대를 다지거나 자녀들과 대화를 많이 해야 했는데, 바쁘다는 핑계로 그렇게 하지 못했고, 휴일은 휴일대로 여러 가지 일들이 꼬리를 물고 일어났다.

고등학교 3학년 담임을 맡았을 때의 일이다. 그날은 어린이날이었는데, 세 아이들과 함께 해인사에 나들이를 가기로 약속을 했다. 학교에 나가서 자습을 하고 있는 학생들을 둘러보고 다른 선생님께 부탁을 하고 가기로 했는데, 학교에 나가니 급한 일이 생겨서 좀 늦어졌다. 기다리던 아내는 화가 났는지 연락도 하지 않고 먼저 가 버렸다. 대구 가는 버스를 타고 가다가 봉산에서 차를 갈아타고 허겁지겁 해인사로 갔는데, 어디에 있는지 몰라서 한참 만에 계곡에 있는 식구들을 찾았다. 점심도 늦은 때라서 아내는 우선 곁에 두었던 빵을 하나 주었다. 허기진 상태라 크림이 발린 빵을 덥석 한 입 베어 먹었는데 입안이 따끔했다. 크림 위에 앉은 벌을 보지도 못하고 먹어서 입속으로 들어간 벌에게 쏘였다. 그날 오후부터 입과 볼이 붓기 시작해서 얼굴이 영 볼품없었다. 다음날 학교에 가니 아내와 싸웠느냐고 선생님들과 학생들이 놀려댔다.

　나는 한번 하기로 마음먹고 결정한 일은 끈질기게 해 나간다. 사람들과의 관계에 있어서도 마찬가지다. 내가 늘 부족한 사람이라고 생각하면서 상대를 존중하기에, 여간한 일 가지고는 이러니저러니 말하지 않고 이해를 하려고 노력한다. 그러나 경우에 어긋나거나 이것이 아니다 싶은 일이 계속 반복되면, 어느 순간 자신을 주체하지 못할 만큼 팽 돌아버린다. 이때부터 다른 사람들은 아랑곳하지 않고 화를 내면서 거친 말들을 쏟아내면서 같은 말을 반복한다. 지나고 나면, '왜 내가 참지 못하고 그런 말과 행동을 했지?' 하면서 후회를 하지만 그때는 이미 늦었다. 그동안 관계를 유지해 왔던 모든 일들이 허사가 된다. 이미 쏟아진 물을 다시 담을 수가 없지만, 주님 앞에서 반성을 하면서 상흔으로 오래 남지 않도록 사과도 하고, 용서를 구하면서 살아가려고 노력해 왔다.

　사랑하는 우리 아들이 구미에서 식당을 하는데 여러 가지가 궁금하지만 바삐 살기에 자주 전화할 수도 없다. 한 달에 한 번 정도는 가지만, 그렇다고 그곳에 가서 살 수도 없다. '지금 내가 할 수 있는 일이 무엇일까?'를 곰곰이 생각하다가 식단에 들어가는 재료를 일부 공급하기로 목표의식을 분명하게 세워서 내 여력이 허락하는 한 이 일을 계속하려고 한다. 조부모님과 부모님의 산소가 있는 360여 평 되는 밭에서 유기농법으로 집에서 먹을 채소류와 함께 깻잎, 무, 당근, 부추 농사를 지어서 농산물을 공급한다. 그동안 못다 한 부모로서의 사랑과 정성을 다해서 농약과 비료를 사용하지 않고 내가 직접 재배한 농산물을 공급함으로써 아들의 사업을 마음으로 성원하기 위함이다.

쭈꾸미 식단에 무가 가장 많이 들어가서 봄과 가을에 걸쳐서 무는 일 년에 두 번 재배한다. 작년 가을 무는 영 값이 없었다. 그래도 아내와 함께 무를 캐서 열 마대에 담아서 땅을 파고 저장을 해서 한번은 성균이가 명절에 와서 싣고 갔고, 한번은 둘째 손녀딸이 태어나서 가는 길에 내가 싣고 갔다.

올해 심은 봄 당근과 무는 이상고온 현상이 나타나서인지 벌써 싹이 났다. 하우스 안에는 깻잎 종자를 포트에 담아서 심을 준비를 마쳤다. 두 곳에 나누어서 심은 후추는 한곳으로 옮겨서 집중적으로 관리를 한다. 나는 성균이의 식당에 찾아오는 사람들이 편안한 마음으로 음식을 들면서 즐거움을 느끼고 따뜻한 사람 사는 향기를 내었으면 좋겠다. 한 걸음 더 나아가서 신앙인으로서 복음의 전도자가 되기를 진심으로 바라면서 기도한다.

식당 홀에는 메뉴와 함께 이런 글귀를 써두었다.

"장사의 목적은 이문을 남기는 것이 아니라 사람을 남기는 것이다." -《상도》중 -

한 걸음 더 나아간다

2008년 1월 12일

제주도 속담에 "누워 있는 나무는 열매가 없다"는 말이 있다. 현무암의 풍화토로 되어 있는 제주도는 비가 많이 와도 물을 지니지 못하고, 땅속으로 다 스며들어서 논농사는 지을 수 없고, 대부분이 밭농사 중심으로 감귤나무와 특용작물 위주로 재배된다. 이런 특수성 때문에 부지런히 제때에 가꾸어야 수확할 수 있다는 주민들의 오랜 경험에서 전래되어 오는 말이다.

나는 부모님으로부터 물려받은 유산은 거의 없다. 우리가 함께 살고 있었던 한옥 집과 할아버지께서 산소로 장만하신 밭 1180㎡가 전부다. 오히려 아버지께서 1974년(59세)에 돌아가시고, 어머니께서 시장에서 혼자 장사를 하시면서 집안 살림을 사는 동안 일수(日收) 빚을 많이 지고 있어서 장사를 그만두실 때는 내가 부채를 갚아야 할 실정이었다.

그러나 고맙게도 나는 부모님께서 살아가시는 모습을 지켜보면서 부지런함을 유산으로 받았다. 오두막집에서 열네 식구의 생계를 유지하기 위해서 눈물겹게 애를 쓰신 부모님으로부터 말없이 전해진 가장 소중한 선물이다. 어떻게 보면 뚜렷한 기술이 없으신 부모님께서 이렇게 하지 않으면 살아갈 수가 없어서 필사적으로 노력할 수밖에 없는 상황이었다. 이런 모습을 지켜보면서 자란 우리 식구들은 그 어느 곳에 처해도 헤쳐 나갈 수 있을 만큼 생활력이 강하고 부지런하다.

아버지의 말씀을 들어 보면, 우리 집안은 산청군 오부에서 천석을 하는 집으로 잘 살았는데 증조부님께서 일찍 돌아가시는 바람에 가세(家勢)가 기울어서 거창군 신원으로 옮겨오고, 여기서도 살기가 힘들어서 거창으로 넘어와서 달동네에 해당되는 죽전 동네 오두막집에서 생활을 시작했다고 하셨다.

아버지께서는 가지리 향교 부근에 기와를 굽는 데서 일을 하다가 결혼을 하고 나서는 시장 노점(露店)에서 채소 파는 일을 하셨다. 처음에는 아버지 혼자 장사를 하시다가 점점 식구가 불어나고 생활이 어려워지자 나중에는 어머니께서도 뛰어드셨다. 이를테면 부부 전업 채소장사 집이었다. 내가 보기에 아버지보다는 어머니가 장사를 더 잘하신 것 같다. 아버지는 함양으로, 고령으로, 진주로, 대구로 다니면서 물건을 주로 떼 가지고 오시고, 어머니가 주로 팔았다.

우리 채소전은 상호도 없이 "팔 딸네 집", "뚱뚱한 아줌마 집"으로 통했다. 우리는 명절인 설이 다가오면 온 식구가 바빠진다. 설

대목에 팔 물건을 미리 다듬고 묶어서 준비를 한다. 그중에서 우리가 하는 일은 집 뒤 공터에 세워둔 파를 좁은 방으로 가지고 와서 밤늦게까지 파의 누런 잎을 떼내고, 흰 대가 나오도록 껍질을 벗겨 놓으면 아버지와 어머니는 예쁘게 단을 묶어놓는 작업을 하셨다. 그래서 다음날 이른 아침에 장만한 파와 다른 물건들을 바지게(나중에는 리어카)에 지고 시장에 가서 전에다 수북하게 쌓아놓으면 어린 마음에도 내가 부자가 된 느낌이었다. 봄이나 가을에는 묵실(지금의 강양)에 있는 파밭을 사서 이른 새벽에 밭에서 작업을 해서 가지고 나오기도 하셨다. 어린 내가 지켜보아도 사시사철 비가 오나 눈이 오나 난전에서 온몸이 으스러지도록 일을 하시면서 제때에 식사도 제대로 못하시니 몸을 지탱하지 못하셔서 내가 27세 때 아버지는 일찍 돌아가시고, 어머니는 집에 모신 지 얼마 되지 않아서 1988년 초겨울에 뇌출혈로 쓰러지셨다.

    나는 다른 사람들 앞에 내세울 것이 정말로 없다. 우리 친구들이 공부를 한 시간 하면 잘해 나가는 것을, 나는 두세 시간 노력해서 이루어가는 자세로 생활해 왔다. 그러나 부모님의 이런 어려움을 겪으면서 생활하신 모습이 나의 뇌리에 남아 있어서 무슨 일을 한번 해야겠다고 마음을 먹으면 포기하지 않고 끈질기게 매달린다. 나의 머리에서 지우려 해도 자꾸만 되새겨져서 손을 놓지 못하게 한다. 지금은 나의 장점이려니 하면서 살아간다.

    나는 학교에 있으면서 자기의 맡은 일을 철저하게 감당하는 자세에 관해 전덕애 선생님으로부터 많이 배웠다. 서울대학교 영문학과를 졸업하시고, 미국에서 석사학위를 받으신 분이 교재 준비를 너무나 열심히 하셨다. 영어를 학생들에게 가르치고 지도하는

데도 아주 엄격하게 하셨다. 우리가 학교를 다닐 때 영어단어를 제대로 외우지 않고 시험을 봐서 성적이 나쁘면 손바닥을 맞는 것은 다반사이고, 영어단어 시험은 재시, 삼시까지 보면서 철저하게 학생들을 챙겼는데, 이런 모습은 나와 함께 근무를 할 때도 변함이 없었다.

전영창 교장선생님의 새벽 보충수업, 나성순 선생님(연세대학교 영문학과 졸업)과 함께 영어를 수준별 이동수업으로 배웠다. 이런 가르침 덕분에 108명이 졸업을 한 우리 동기 중에 육군사관학교 영어과 교수를 역임한 김삼곤, 대한항공 내에서도 영어 실력을 인정받은 전성우 상무이사, 국민은행 부행장을 지낸 정성현, 계명대학교 간호학장 김정남 교수 등의 영어실력은 대단했다.

이제 나이가 들면서는 좀 마음을 느긋하게 가지면서 일을 한 가지씩 해 나가야 되는데, 아직도 시간이나 일에 있어서 앞과 뒤에서 챙기면서 확실하게 하려고 한다. 지난날의 책임감이, 지금은 조급증으로 변해 버렸다. 이렇게 살아온 나를 남에게 줄 수도 없고, 그렇다고 해야 할 일을 어정쩡하게 대충 넘기고 싶지는 않다. 무슨 일을 하든 확실하게 매듭을 짓고 넘어가야 한다고 생각한다.

분명한 것은 개미가 산을 옮기고, 게으른 사람들은 새벽달을 만나 보기 어렵다는 사실이다.

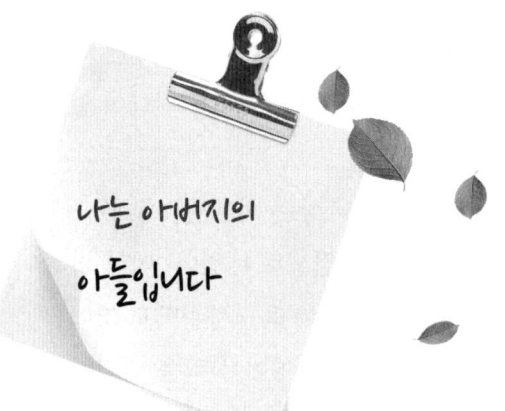

나는 아버지의 아들입니다

2008년 9월 15일

쉬는 날이면 가끔 아내와 함께 가조면에 있는 의상봉(1,046m)까지는 무릎이 아파서 가지 못하고 고견사를 둘러서 내려온다. 몇 번 가다 보니까 이제는 대략 코스가 정해졌다.

고견사에서 물 한 컵을 마시고, 뒤편을 돌아서 조금 오르면 큰 소나무가 주변을 에워싸고 있는 넓은 바위가 있다. 이곳에서 아내와 함께 기도를 하고 내려와서는 '본 사우나'에서 목욕을 한다. 이곳은 가격도 저렴하지만 물도 좋고, 동네사람들이 주를 이루어서 가족탕처럼 느껴진다. 나와서는 선지국이나 추어탕, 보리비빔밥 중에서 하나를 선택해서 먹고 오면 마음이 참 상쾌하고 기분도 좋다.

오늘은 추석 다음날로, 손님들은 다 가고, 우리 식구만 남아서 10월 중순에 결혼을 앞두고 있는 막내딸과 함께 갔다. 누워 계시는 할머니를 도우면서 우리와 함께 예쁘게 생활해 왔는데 이제 시집을 보내려고 하니 영 마음이 아픈지 나와 딸이 차례로 기도를 하는데 아내는 콧물까지 흘리면서 눈시울을 적셨다.

내가 탕 안에 있는데, 한 젊은이가 들어오더니 찬물과 더운물의 수도꼭지를 다 틀어 놓아서 조금 있더니 탕 안의 물이 철철 넘친다. 물을 휘저으면서 잠그지를 않고 계속 틀어놓아서 나는 보다 못해 "요사이 기름값도 비싼데, 이제 잠그면 안 되겠습니까?"라고 정중하게 말을 하니 "탕 안에 때가 있고, 물이 더러워서 그렇습니다"라고 말하면서 겸연쩍게 여기면서 잠그고는 다른 곳으로 옮겨갔다.

바로 옆에 있는 온탕에는 나이 많으신 노인 한 분이 조용히 탕 안에 계셨다가 밖으로 나와서 자리에 앉으니, 저쪽 편에 앉아 있던 두 사람이 곁으로 다가와서 머리와 등, 그리고 온몸을 정성스럽게 씻어주었다. 나는 직감적으로 그가 두 사람의 아버지라는 생각이 들었다.

내가 냉탕에 있으니 흠뻑 젖은 몸에 찬물을 끼얹고는 그 두 사람이 안으로 들어왔다. 나이 많은 어르신을 혼자서 씻어드리는 장면은 간혹 보았지만, 두 사람이 함께 씻어드리는 경우는 아주 드물었다. 조금 젊은 사람은 밖으로 나가고, 나이가 지긋한 사람에게 내가 다가가서 말을 걸었다. "모습이 참 좋아 보입니다. 씻겨드린 분은 누구입니까?" 하고 물으니 "저의 아버지이신데, 올해 여든 일곱입니다. 아직도 기력은 괜찮으신데, 귀가 잘 들리지 않습니다. 어머니는 여든 다섯 살로 집에 계십니다." "저는 읍에 살고 있고, 나이는 62살입니다. 실례지만 올해 나이가 어떻게 됩니까?" "네, 저는 50살이고, 동생은 47살입니다. 6남매인데, 동생은 서울에 있고,

저는 거창에 있습니다." 마음속으로 '참 복 받을 가정이구나!' 하는 생각이 들었다.

아들과 아버지의 관계는 어떻게 하면 좋은 관계로 이루어져 갈까?

이는 하나님께서 우리를 통해서 이어 주신 세상에서 단 하나밖에 없는 혈육관계이면서 독립적인 관계이다. 내 아들이라고 해서 내 의지대로 강요하거나 집착해서는 안 된다. 아버지와 아들 사이는 서로를 존중하며, 언제나 신뢰감이 있다면 더 바랄 것이 없겠다.

내가 지금 아들에게 물려주고 싶은 것이 있다면, 진실한 신앙인이 되어 자신이 하는 일을 통해서 예수님을 전하는 사람이 되는 것으로 족하다.

나는 내 기력이 허락하는 한 자력으로 생활하고 싶다. 그러나 이것이 나의 의지와 노력으로 되지 않는 때가 온다. 스스로 내 몸을 가누지 못할 때, 나를 이해하면서 사랑의 눈으로 바라보면서 마음으로 "저는 아버지의 아들입니다. 제가 지켜드리겠습니다"라는 관계가 되면 좋겠다. 자기들도 똑같은 상황을 맞을 때가 오고, 누구나 가야 할 길이기 때문이다.

자신의 부모를 재산에 관계없이, 신분이나 직업에 관계없이, 학식에 관계없이, 건강에 관계없이 진정으로 존경과 사랑을 보내면서 자랑스럽게 생각하고 있는가?

지금은 핵가족시대로, 바쁘다는 이유로, 멀리 떨어져 있다는 이유로, 가정 사정을 빙자해서 전화 몇 번 하고, 송금을 조금 해드리고, 일 년에 한두 번 찾아뵙는 것으로 아들 노릇을 다한다고 생각하는 세태다.

부모님을 모시기는 고사하고, 살아생전에 자신의 그릇된 일로 생고생을 시키는 사람들도 있다. 나의 주변에는 부모님이 평생을 노점에서 장사를 하면서 돈을 좀 모아서 집과 땅을 장만해서 잘 지내고 있는데, 자기 아들이 사업을 한다고 돈을 요구하자 땅을 팔아서 사업자금을 마련해 주었는데, 그것도 부족해서 부모님이 사시는 집까지 근저당을 잡혀서 대출을 받고서는 부도가 나서 부모님을 길거리로 나앉게 하는 자식도 있다.

기본으로 살 집은 그냥 놔두어야 하는데, 70을 바라보는 노인네가 전세방을 얻어서 사시면서 다시 장사를 하는 모습은 너무나 안타깝다.

평생을 마음 깊은 곳에서부터 부모님께 존경심을 가지고 살아가신 에이브러햄 링컨 대통령은 참 훌륭한 사람일 뿐만 아니라 내가 이런 부자의 관계가 되기를 참으로 바란다.

"나는 1809년 2월 12일, 켄터키 하딘 카운티에서 출생했습니다. 내 부모님은 두 분 다 버지니아 출신입니다. 문벌은 대단치 않습니다. 아마 이류의 가문이라고 해야 옳겠지요. 내 어머니는 내가 열 살 되던 해에 돌아가셨습니다. 나의 친할아버지 에이브러햄 링컨은 버지니아 라킹햄 카운티에서 1781-1782년경에 켄터키로 이주하셨고, 1, 2년 후에는 인디언들에 의해 살해되셨습니다. 전투 중이 아닌 숲속에서 밭일을 하시다가 그런 변을 당하신 것입니다. 할아버지께서 별세하실 때 나의 아버님은 겨우 여섯 살밖에 안 되어 문자 그대로 교육을 받지 못하고 자라나셨습니다. 내가 여덟 살 되던 해 아버지는 켄터키로부터 현재 인디애나의 스펜서 카운티라는 곳으로 이주하셨습니다. 난 어려서부터 농사일을 배우면서 자랐습니다. 그리고 22세까지 농사일을 했습니다."

― 《링컨의 일생》, 김동길 지음, 샘터 ―

링컨의 아버지 토머스 링컨은 처음에는 주로 농사일을 하다가 후에는 구두 수선공으로 일했다. 그는 구두 만드는 솜씨가 좋아서 상원의원들까지도 그의 단골 고객이 되었을 정도였다. 아버지가 세상을 떠나고, 링컨이 대통령으로 당선되었을 때, 상원의원들은 구두 수선공 토머스 링컨의 아들 에이브러햄 링컨이 대통령이 된 사실에 충격을 받았다. 그들은 대부분 명문 귀족 집안 출신인데다가 좋은 학벌을 소유하고 있었다. 그에 비해 링컨은 명문대학은커녕 초등학교도 졸업하지 못했고, 집안도 가난했기 때문에 그의 밑에서 일하는 것을 몹시 불쾌하게 생각했다.

링컨이 대통령에 당선되고 처음으로 상원의원들 앞에서 취임 연설을 하게 되었을 때였다. 링컨이 연설을 시작하려고 하자 거만해 보이는 한 상원의원이 일어나 조롱하듯 이렇게 말했다. "당신이 대통령이 되다니 정말 놀랍습니다. 그러나 당신의 아버지가 구두 수선공이었다는 사실은 잊지 마시기 바랍니다. 가끔 당신의 아버지가 우리 집에 신발을 만들기 위해 찾아왔고, 지금 내가 신고 있는 구두도 바로 당신의 아버지가 만든 것입니다. 지금까지 그런 형편없는 신분으로 대통령에 당선된 사람은 아마 미국 역사에 없을 겁니다."

그의 말이 끝나자 여기저기서 킥킥거리며 링컨을 비웃는 웃음소리가 들려왔다. 링컨은 눈을 감고 무엇인가 생각하는 듯 아무 말이 없었다. 잠시 의사당 안에는 무거운 침묵이 흘렀다. 링컨의 눈가에는 눈물이 가득 고였다. 그러나 그 눈물은 부끄러움의 눈물이 아니었다. 그의 모습은 담대했고, 조금도 흔들리지 않았다. 잠시 후에 링컨은 그 상원의원을 향해서 이렇게 말했다. "고맙습니다. 의원님! 한동안 잊고 지냈던 아버지의 얼굴을 떠올리게 해주시니 감사합니다. 제 아버지는 완벽한 솜씨를 가지신 구두 수선공이셨습니다. 저는 아버지의 솜씨를 따라잡으려고 노력했지만 아버지의 실력을 능가할 수 없었습니다. 이 자리에 계신 분들 중에 제 아버지가 만드신 구두를 신고 있는 분들이 계실 겁니다. 그럴 리는 없겠지만 만약 신발에 문제가 생기면 언제든지 제게 말씀해 주십시오. 그러면 제가 아버지 옆에서 곁눈질로 배운 솜씨로 손봐드릴 수 있습니다. 물론 큰 기대는 하지 마십시오. 왜냐하면 제 솜씨는 아버지 솜씨에 비교조차 할 수 없기 때문입니다. 아버지는 '구두 예술가'이셨거든요. 저는 자랑스러운 아버지의 아들이고, 지금도 아버지를 존경합니다."

링컨은 자신을 조롱하고, 비웃는 상원의원의 무례한 공격을 받고도 전혀 불쾌한 감정을 나타내지 않고 온유한 말로 받아넘겼다. 링컨의 말에 상원의원들은 아무런 말도 할 수 없었다. 링컨은 가정형편이 어려워 학교 공부도 못하고 경제적인 혜택도 누리지 못했지만, 부모를 탓하거나 원망하지 않았다. 비록 아버지는 세상 사람들이 볼 때 천한 직업인 구두 수선공이었지만 그는 아버지를 훌륭한 솜씨를 가진 '구두 예술가'라고 자랑했다. 그의 말 한마디는 그 자리에 모인 모든 사람들에게 아버지를 존경의 대상으로 바꾸어놓았다.

- 《백악관을 기도실로 만든 대통령 링컨》, 전광 지음, 생명말씀사 -

2011년 5월 31일

    우리 어머니는 13세 때 우리 집안으로 시집을 오셔서 우리 9남매와 막내 숙부님께서 세상을 떠나는 바람에 숙모님이 우리 집으로 데리고 온 어린 조카까지 키우면서 아버지와 함께 어렵고 고단한 삶을 사셨지만, 한눈 팔지 않고 온 정성을 다해 생활하셨다.

    내가 중학교에 들어가면서 생활이 더욱 어려워지자 아버지 혼자 노전에서 채소장사를 하시는 일에 동참을 하셨다. 그 이후 얼마나 열심히 하셨던지 출산을 하고 열흘이 지나면 퉁퉁 부은 몸으로 시장에 나가셨다. 늘 우리에게 "열 손가락 깨물어서 안 아픈 손가락이 없다"라고 하시면서 우리 모두를 애지중지 최선을 다해 키우시면서 우리가 다 성장하도록 한 자녀도 잃지 않으셨다.

    주로 아버지가 물건을 해 오시면 어머니가 팔았는데 나중에는 어머니가 대구로, 진주로, 농촌으로 신선하고, 좋은 물건을 구하러 직접 나가셨다. 사시사철 시장에서 장사를 하시면서 살림을 꾸려 나가면서도 누구 한 사람 원망을 하거나 힘들다는 말을 하지 않으셨다. 어떻게 해서든지 해결의 실마리를 풀면서 나아가려고 몸부림을 치셨다. 한꺼번에 물건을 사고, 밀린 외상값을 받지 못하면 주로 일수를 써서 돈을 회전시키면서 이어 가셨다. 일수가 얼마나 무서운 고리대금인지 100만 원을 빌리면 20만원을 그 자리에서 떼고, 하루하루 원금을 갚아 나갔다.

 어머님이 늘 빌려 쓰는 풍년 아줌마는 짐차를 가지고 다니면서 물건을 사가지고 와서 시장 상인들에게 공급을 해주는데, 부채를 지고 사는 우리에게는 맨 나중에 찌든 것을 무더기로 주었다. 한번은 어머니가 값싸고 신선한 파를 동네 구장님 집 아저씨에게 사게 되었다. 이 사실을 안 풍년 아줌마는 "왜 우리 파를 쓰지 않느냐?"라고 노발대발하면서 우리 전 앞에 있는 영동집 식당에서 식칼을 가지고 나와서 쌓아놓은 파를 밀치면서 싹둑싹둑 칼로 잘랐다. 어머니가 사정을 봐 달라고 애원을 했지만 아랑곳하지 않고 계속 파를 자르자 아무 말 없이 잘려서 흩어진 파를 모으시는 어머니의 모습과 그날 저녁 집에 와서는 혼자 엉엉 우셨던 모습을 나는 지켜보았고 지금도 기억하고 있다. 어려운 사람을 숨도 제대로 쉬지 못하게 하면서 모질게 한 사람들은 그 뒤끝이 좋지 않다. 중학교의 어린 나였지만, 나는 그때 마음으로 다짐했다. '내가 성장을 하면 일수부터 제일 먼저 정리를 하고, 부모님이 채소장사하지 않게 모셔야지'라고 말이다.

 회갑 직전에 아버지와 사별하고 나서도 어머니는 눈물을 머금고 시장에서 혼자 장사를 하셨지만 역부족이셨다. 4년 뒤에 나는 부채를 정리하고 집으로 모셨는데 이때부터도 집 안에 가만히 앉아 있지 않으셨다. 마을 사람들과 동갑내기, 친분이 있는 사람들과 어울리면서 새롭게 생활을 해 나가셨다. 1985년(56세)에 창동교회에 나가시는 이옥순 집사님과 박경순 전도사님의 정성어린 전도로 교회에 나가기 시작하셨다. 예수님을 신앙으로 영접한 어머님은 '나 같은 죄인을 구원해 주신 주님'께 감사하면서 열정적으로 신앙생활을 하셨다. 집사 직분을 받고 주로 교회에서 밥을 짓는 일과 공동으로 하는 일을 도왔는데, 늘 기뻐하고 감사하면서 '내가 무엇을 하면 좋을까'를 염두에 두면서 일을 하셨다.

그러다가 3년이 채 되기도 전, 1988년 회갑 전 해(아버지가 돌아가신 59세 같은 나이)인 11월 초겨울에 중풍으로 쓰러지셨다. 이때부터 어머니의 제2의 삶이 시작되셨다. 세상 사람들의 기준으로 보면 참으로 안타깝고 불행한 삶이셨지만, 돌아가시기 두 달 전까지 혼자 힘으로 어떻게든 일을 하려고 노력하셨다. 사람의 한계를 뛰어넘는 병상에서의 23년간을 신앙인의 자세를 견지하셨다. 나중에 들은 이야기로는 찾아오는 사람들이 오히려 위로를 받았다고 한다. 이 구동성으로 얼굴이 너무 평화스럽고, 모습이 참 좋았다고 하였다.

오른쪽 반신이 마비가 되고, 서서히 몸 전체가 기력이 떨어져 가면서도 하루 생활은 변함없이 이루어 가셨다. 새벽 5시에 일어나서 몸을 씻고, 찬송가를 부르고, 성경을 보고 나서는 기도를 한참 하셨다. 우리 부부가 학교에 나가고 나면, 아무리 하지 말라고 해도 당신이 할 수 있는 일은 다 하려고 참 애를 쓰셨다. 앉아서 움직이면서 집안 곳곳을 청소하고, 물건을 정리하면서 할 일을 찾아서 하셨다.

그리고 10시, 오후 3시에도 기도를 하셨다. 집 안에 자녀들이나 친척들, 친지들이 찾아오면, 내가 너를 위해서 기도한다고 늘 말씀을 하셨다. 돌아가시고 나서 들었지만, 주일마다 심방을 오시는 전도사님과 집사님들께 선교를 위한 헌금을 꼭 하셨다고 말씀하셨다.

아버지가 후두암으로 돌아가시기 3일 전에 장남인 나에게 세 가지 유언으로 부탁을 하셨다.

* 나는 아무리 어려워도 장사를 하면서 저울추를 속이지 않았다. 정직하게 살아라.

* 장남으로서 고생이 많겠구나. 집안을 책임지고, 형제간에 우애 있게 지내라.

* 어떻게 해서든지 자력으로 생활하고, 남을 도우면서 살아라.

나는 어머님께서도 하실 말씀이 있는지 몇 번이나 물었지만, 어머니는 아무 말씀도 하시지 않고 웃으시면서 "나는 괜찮다"라고 하셨다. "나는 이제 하나님 품으로 가게 되니 내 걱정은 하지 말고, 사랑하는 너희들은 잘 살아라. 나는 너희들에게 삶으로 전했으니, 더 할 말이 없구나! 서로 사랑하고 용서하면서 예수님을 전해다오!" 나는 이런 말씀을 마음으로 전해 받았다.

이 말씀은 곧 예수님께서 십자가를 지고 골고다를 향해 가실 때 울면서 뒤따라가던 제자들을 향해서 하신 말씀으로 들려왔다. "나를 두고 울지 말고, 너희와 너희 자녀들을 두고 울어라." 부활하신 예수님께서 제자들에게 "너희가 정말로 나를 사랑하느냐? 그러면 서로 사랑하고, 내 어린 양을 치고, 내 양을 먹이라" 하시는 말씀으로 나의 마음에 스며 들어왔다.

정년퇴직을 한 후 부모님의 산소가 있는 텃밭에 비닐하우스 한 동과 컨테이너 집을 하나 마련해 놓고, 유기농법으로 농사를 지으면서 부모님을 생각하면서 생활하고 있다. 신앙인으로 나의 삶을 정립하면서 다짐을 하지만, 부모님의 정성에 비하면 한없이 부족하다. 그래도 마음으로 뇌이면서 몸부림을 치면서 실천하려고 애를 쓴다.

"십자가 없이는 면류관도 없다."

"눈물어린 기도는 사람을 회개시키고, 살려내는 위대한 힘이 있다."

"우리에게 기억되는 것이 있다면, 사람을 사랑한 것과 용서한 것밖에 없다."

오랜 시간 병상에 계셨던 어머니

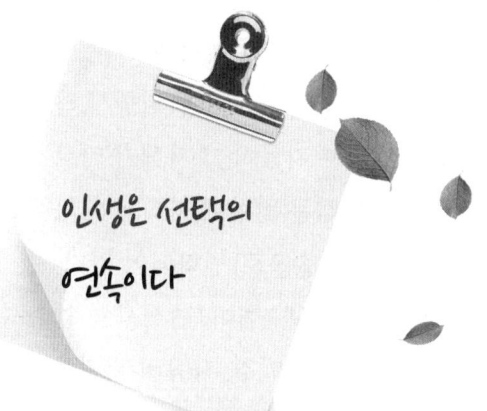

2016년 6월 19일

　하나님께서는 우리를 당신의 형상대로 창조하시되, 제한적인 존재임을 절감하면서 생활하게 하셨다. 그 어느 누구도 두 가지를 동시에 할 수 없게 하셨다. 한 가지를 선택하면 다른 것은 포기해야 한다. 그러나 사람들은 하도 욕심이 많아서 이것도 하려고 하고, 저것도 하려고 야단이지만 가지 수가 많을수록 깊게 뿌리를 내리지 못하고 잔뿌리가 많다. 이처럼 두 가지를 다 하려 들면 부실하기 마련이다. 고귀한 목적의식을 가지고 사는 사람들은, 인간적인 고뇌와 아픔이 있지만 가장 핵심적인 것 한 가지를 선택하고, 겸허한 마음으로 다른 것들을 포기함으로써, 새로운 삶의 이정표를 만들어 간다.

　우리의 삶은 언제나 선택의 연장선상에 있다. 내 인생을 그 어느 누구도 대신 살아 줄 수 없기 때문에, 무슨 일을 하든지 최종 결정자는 자기 자신이고, 그 결과에 대한 책임도 고스란히 자기가 지게 되어 있다. 때로는 우리가 눈이 멀어서, 무엇에 홀려서 본인의 의사와 다른 결정을 하더라도, 다른 사람의 강요나 부탁에 의해서 하지 않을 수 없는 경우라 하더라도, 변명의 여지없이 그 자체가 바로 내 삶의 현주소일 수밖에 없다. 내가 선택하는 방향에 따라서 키가 움직이면서, 밑그림이 그려져서 내 삶의 모습으로 변화되어 간다. 선택해 나가는 과정을 보면, 그 사람의 인생관, 취미, 관심사를 알 수 있고, 이러한 선택들이 모아져서 한 사람의 인격, 사람의 됨됨이가 형성되어 간다.

밤을 지새우면서 고뇌에 찬 결정을 내려서, 하나의 일을 잘 마무리해 놓고 훗날 회상해 보면, 그때 내가 참 잘 했다는 생각이 들 때도 있다. 그러나 앞뒤를 생각해 보지도 않은 채, 너무 성급하게 결정해서 무거운 짐을 지고 가면서 평생 후회하는 경우도 있다. 잘못된 선택을 되돌려 놓기란 참으로 어렵다. 그러나 더 큰 불행을 겪지 않으려면, 다시 원점으로 돌아와서 재출발해야 한다. 늦었다고 생각하는 때가 사실상 가장 빠른 때이기 때문이다. 누가 무슨 말을 하더라도, 달콤한 유혹을 물리치기 위해서는 나의 귀를 막고, 진정으로 가치 있고, 보람 있는 일이라는 생각이 들면 나의 전부를 걸어야 한다.

사람이 무리하게 결정하는 것을 보면, '내가 하는 일에 가시적인 성과를 보아야겠다', '무슨 업적을 남겨야겠다'는 강박관념이나 과욕에 사로잡히게 될 때이다. 참으로 편안한 마음으로, 자연스럽게 하기 위해서는 이러한 마음 자체를 놓아버려야 한다. 내가 결과를 보면 좋겠지만 '내가 디딤돌 하나만 놓으면 돼! 내 후임자가 더 잘하게 될 거야. 나는 이제 쇠하여지고, 그가 더 흥해야 돼!' 하면서 내가 조금 불리해지고, 조금 더 손해를 보고, 더 어려움을 겪으면서 나보다는 타인을 위한 결정을 내리면, 설령 그 일이 잘 풀려가지 않더라도 마음은 한결 편해진다. 그리고 전체의 흐름을 보면서 일을 하면 신이 난다. 내 집착과 욕심, 명예와 허상에 사로잡혀서 결정하게 되면, 처음에는 잘되는 것 같아도 나중에는 하나 둘씩 뒤틀리게 되는 것을 우리 주변에서 많이 보게 된다.

창세기 13장을 보면, 아브람은 이집트를 떠나서 벧엘 부근에 이르러 장막을 치고 살게 된다. 조카인 롯과 함께 양 떼와 소 떼를 치면서 살기에는 좁은 땅이어서, 집짐승을 치는 목자들 사이에서 다툼이 일어나곤 하였다. 이에 아브람이 롯에게 말하기를, "우리는 한 핏줄이 아니냐! 너와 나 사이에, 그리고 너의 목자들과 나의 목자들 사이에 어떠한 다툼도 있어서는 안 된다. 네가 보는 앞에 땅이 얼마든지 있으니, 따로 떨어져 살자. 네가 왼쪽으로 가면 나는 오른쪽으로 가고, 네가 오른쪽으로 가면 나는 왼쪽으로 가겠다"라고 했다. 아브람이 자기의 아들뻘에 해당하는 어린 롯에게 선택권을 주는데, 이쯤 되면 "저는 아직 젊습니다. 숙부님께서 먼저 좋은 곳을 선택하시면, 제가 다른 곳으로 가겠습니다"라고 하는 것이 사람 사는 도리인데, 롯은 덥석 물이 넉넉하고, 푸른 초장이 드넓게 전개된 요단의 온 들판을 선택한다. 후일에 이곳은 소돔과 고모라 성으로 변하여 주님을 거슬러서 온갖 죄를 짓고 있을 뿐만 아니라 사람들이 악하여 멸망당하게 된다. 아브람은 가나안 땅에서 살면서 주님께 제단을 쌓아서 바쳤고 그곳은 축복의 땅으로 변모하게 된다.

지금의 내 생애를 뒤돌아보면 '그때 내가 어떻게 이런 결정을 하게 되었을까?'라는 놀라운 사실을 발견하게 된다. 내 자신에 의한 단독자로서의 선택이 아니라 주님께서 선한 길로 인도하셨음을 믿고 감사를 드린다.

내 인생에 있어서 큰 획이 된 것은 거창고등학교를 선택하게 되어 일생 동안 '나의 사랑, 나의 학교'로 자리를 잡아서 나이가 70이 된 지금도 가까운 곳에 머물면서 살고 있다는 사실이다. 나는 대성중학교 3학년 때 거창에서는 배구를 가장 잘하는 선수였다. 왼쪽 전위사이드 공격수로 지금까지 이겨본 일이 없는 거창중학교와 시합을 해서 이겼다. 군 대표로 진주까지 가서 시합을 할 정도로 그 당시에 키도 크고, 몸이 날렵하여 한번 공격을 하면 포인트로 연결되었다.

나를 눈여겨본 실업계 고등학교 체육선생님께서 "3년 동안 특기장학생을 시켜 줄 테니 우리 학교에 오지 않겠느냐?"라고 권유하셨다. 가난하게 생활해 오던 나는 마음이 쏠렸지만, 한편으로 '과연 내가 평생을 걸면서 배구선수로 생활할 만큼 대단한 선수일까? 촌에서 간 우리가 주눅이 들기는 했지만, 진주에 있는 선수들은 훨씬 키도 크고, 기량이 뛰어났다'는 생각이 들면서 회의감이 들었다. 그때 죽전 동네에서 함께 커온 친구들(전성우와 백복흠, 이영균)이 인문계인 거창고등학교로 간다면서, 나보고도 같이 가자고 했다. 나는 부모님께 인문계로 가서 공부를 더 하고 싶다고 말씀을 드리고, 거창고등학교로 진학하였다.

1학년에 다니면서 부활절 새벽기도회에 참석하고 나서부터 하나님의 아들 예수그리스도를 나의 주님으로 모시는 신앙을 가지게 되었다. 3년간의 학업을 마치고, 대학으로 진학하고, 다시 모교로 돌아와서 교원으로 생활하다가 정년퇴직을 하게 되었다. 지금도 거고동산은 내 삶의 뿌리를 이루고 있으면서, 나를 항상 지켜 주시면서 인도해 주시는 주님을 믿으면서 생활하고 있다.

내 인생 최대의 행운은, 사랑하는 나의 아내인 이희원을 만난 것이다. 거창고등학교 3년 후배로 많은 말은 하지 않아도, 서로 이해하면서 의사소통이 되고, 내가 하는 일에 신뢰를 보내면서 편안한 마음으로 전념하게 하였다. 신앙인으로 교직 생활을 하면서 대 식구인 집안일을 해나가면서, 여러 가지 어려운 일들이 많았지만 신경질을 내면서 불평하는 일을 보지 못했다. 그냥 조용히 참아 내면서 자기의 할 일만을 해 나갔기에 나보다 일찍 세상을 떠난 것 같아 마음이 아프고, 참 슬프다.

우리는 과거의 올무에 갇혀서는 안 된다. 오늘 그리고 내일을 향해서 언제나 밝고 긍정적인 방향으로 선택하고, 한 걸음씩 나아가야 한다. 과거의 업적이나 공을 내세울 것은 더구나 아니다. 나이 70에 앉아 있는 지금, 무엇을 위한 삶을 살아가야 하는가? 목숨을 부지하기 위해서 하루하루를 연명해야 하는가? 내가 진정으로 해야 할 일이 없다는 말인가? 나의 도움이 필요한 사람들을 향해서 선택적 아름다운 일을 해 나가야 한다. 손에 쥔 것을 놓고, 마음을 활짝 열고 비워서, 그들을 향해 따뜻한 사랑의 눈길을 보내면서 성원하는 길을 가는 것이다.

제5장

내일을 향한 단상

교통사고 방지
함께 걸어가야 멀리 갈 수 있다
꽃기린의 생명력
원점에 홀로 서서
우리 거창의 지향점
깊은 수렁에서 하늘의 별을 본다

2013년 2월 10일
<아림신문> 기고

　우리에게 자동차가 없다면 생활 자체를 할 수 없을 만큼 자동차는 이제 우리와 불가분의 관계를 맺고 있습니다. 거창에는 15,587세대에 63,103명이 함께 생활하고 있는데, 25,190대(거창 군청 2012년 통계)의 자동차를 보유하고 있습니다. 전국적으로 읍·면 지역에서 거창 지역만큼 자동차 보유 대수가 많은 곳도 흔치 않습니다. 한 가정이 1대 이상을 가지고 있으니 활동 연령층에 있는 사람들은 매일같이 운전을 하면서 생활하고 있는 셈입니다. 만에 하나라도 일어나서는 안 될 일이 있다면 저는 서슴없이 교통사고라고 말하고 싶습니다.

　단 한 번의 실수라도 교통사고가 발생하면 그것만큼 후회가 되고 허망한 일이 없습니다. 아무리 작은 사고라도 차체에 손상이 나면 그 비용이 10만 원 밑으로는 거의 없습니다. 그래도 차는 수리해서 사용하면 큰 문제가 없지만, 인명 피해는 어떻게 돌이킬 수도 없고 그 상흔은 너무나 큽니다. 멀쩡하던 사람이 눈 깜짝할 사이에 평생을 불편한 몸으로 살아갈 수도 있고, 천하를 다 주고도 살 수 없는 소중한 사람이 우리와 영영 이별할 수도 있습니다.

교통안전공단 통계 자료에 의하면, 2011년 한 해 동안에 전국적으로 221,711건의 교통사고가 발생했는데 그중에 사망자가 5,229명이었고, 부상자 수는 무려 341,391명이나 된다고 합니다. 하루 평균 14명이 목숨을 잃고, 다치는 사람은 938명이나 됩니다. 교통사고는 개인과 가정뿐만 아니라, 국가적으로도 너무 엄청난 손실이 발생하여 그 피해는 금액으로 환산할 수도 없습니다.

교통사고가 일어나는 것을 곰곰이 살펴보면 그 원인이 발견됩니다. 먼저, 마음이 불안정한 상태일 때 발생합니다. 시간에 쫓겨서 다급해지면 좌우를 제대로 살피지 않고 무리하게 차를 운전하게 됩니다. 다른 사람과 다투거나 여러 가지 어려운 일로 머리가 복잡해지면 주행하는 데 집중이 잘되지 않습니다. 다음으로 운전하는 데 있어 자만심은 금물입니다. '나는 사고와는 무관하다'라고 생각하면서 과속을 일삼는 사람들도 있는데, 과속을 하게 되면 불가항력적인 상황이 발생했을 때 대처 능력이 떨어집니다. 음주를 하고 나서도 '나는 정신이 멀쩡하다'고 자신감을 가지고 운전을 하는 사람도 있지만, 술을 먹고 난 뒤에는 몸이 둔감해져서 속도감을 제대로 느낄 수가 없어집니다. 사람의 몸은 한계가 있는데 몸이 아파서 독한 약을 먹고 있는 경우나, 전날 밤 늦게까지 무리하게 일을 했다면 생체 리듬상으로 의지력의 한계를 벗어나게 됩니다. 앞뒤 사람들과 잡담을 늘어놓거나, 전화를 하는 경우와 같이 방심은 사각지대를 놓칠 수가 있습니다. 그리고 운전하는 날의 날씨와 사회 환경도 소홀히 할 수 없습니다. 눈이 온 뒤나 비가 오는 날, 몹시 추운 날과 더운 날, 명절과 연휴가 계속되는 날, 계절변화에 따라서도 세심한 준비와 점검이 필요합니다.

사전 예방이 최고입니다. 마음의 여유를 가지고 운전을 하기 위해서는 미리 점검을 하고 준비를 해서 한 발 앞서서 출발하는 것이 좋습니다. 운전을 할 때도 기본적으로 지켜야 할 규칙과 예절이 있습니다. 좁은 길에서 길을 열어 주는 사람에게는 고마움을 표시하고, 방향 전환을 할 경우는 미리 알려 주어야 뒤따르는 사람이 당황하지 않습니다. 교통신호는 다른 사람의 생명을 지키려는 자신과의 약속선입니다. 교통사고에서 자유로운 사람은 아무도 없습니다. 자신뿐만 아니라 가족, 친구들, 사랑하는 이웃들에게 상처를 주지 않으려는 진지하고 겸허한 자세로 운전대를 잡는 것이 필요합니다.

거창 읍내에서 출·퇴근시간에 차가 정체되고, 사고가 빈번하게 일어나는 곳은 북부사거리에서 법원사거리, 읍사무소로 연결되는 거열로입니다. 이 지역은 초·중·고등학교(10개교)와 아파트, 주택, 기관들이 밀집되어 있는 곳인데, 단위 기관이나 주택으로 진입해 들어가는 간선도로는 하나뿐입니다. 제가 제안하는 것은, 가지리 개화~거열로 4길~웅양로와 주곡로(개봉~월천~주상 방향)를 연결하는 동서방향의 간선도로를 만들고 지선을 넓히면, 배후에서도 진입할 수가 있어서 이 지역의 교통 흐름을 원활하게 하면서 사고를 줄일 수 있습니다. 이곳으로 이동하는 학생들과 교직원들만 하더라도 아침과 저녁으로 5,291명(학교 홈페이지 자료, 학생: 4,831명, 교직원:460명)이나 됩니다. 거창은 자타가 공인하는 교육도시인데, 주변의 도로 여건도 신중하게 검토해서 개선되어야 외부에서 진입해 들어오는 손님들에게도 편리하고, 교통사고도 줄어들 것입니다. 개발에 우선하는 것은 이곳에서 매일같이 생활하는 사람들의 안전입니다.

함께 걸어가야 멀리 갈 수 있다

2015년 11월 17일

　사회가 발전하고 복잡해질수록 핵가족 중심으로 갈 수밖에 없다. 가족에 대한 사랑과 애착은 우리 삶의 기본이다. 가족이 무너지면, 사회의 근간이 흔들리고 불안해서 살 수 없다. 가정을 평화롭게 하지 못하는 자는 밖에 나와서도 기를 펼 수 없고, 그가 하는 일들은 원동력을 잃게 된다. 모든 생활 패턴이 가족의 안위와 직결되어 있다 보니 자기와 직접적으로 관련된 일이 아니면 냉정하게 차단시켜 버리거나 무관심하게 흘려 보내기 일쑤다.

　사람이 살아가는 곳에는 어디든 양면성이 있다. 우리는 사회적인 관계로 거미줄처럼 연계되어 양지와 음지를 오가면서 살아간다. 가족밖에 모르는 사람은 남의 아픔이나 눈물, 한숨을 한낱 소문거리로 치부해 버린다. 자기와 직접적으로 관계된 일에는 하나에서 열까지 뛰어들면서 해결해 나가고, 자랑하고 싶은 것이 있으면 앞뒤도 분간하지 못하면서 침이 마르도록 말을 해댄다. 나 혼자 차지해야 직성이 풀리고 다 가진 것이라 생각한다. 상대방을 무너뜨리고 높은 성을 쌓아야 오래 잘살 것이라 생각한다. 하지만 그렇지 않다. 나 혼자서 맛있는 것을 먹을 때 맛이 있는가? 여러 사람들과 함께 어울려서 웃어가면서 먹어야 맛이 있고, 먹는 재미가 있다. 상대방을 적으로 여기면서 편을 나누고, 공격할 궁리를 하게 되면 상대방 또한 다른 방법으로 나를 공격해 올 것이고, 더 큰 파고가 나를 덮쳐올 것이다. 너와 내가 함께 있고, 이웃이 있고, 겨레가 있고, 인류가 시계톱니처럼 맞물려서 돌아간다. 네가 행복해야 내가 행복하고, 함께 사는 이웃이 평화로워야 내 마음도 평화롭다. 진정한 평화와 행복은 서로가 서로를 이해하고 공감대를 이루어서 같이 걸어갈 때 가능하다.

    내가 지금까지 살아오면서 가장 어렵고 해결하기 힘든 것은 이념간의 대립과 사상적 차이에서 오는 이질감이다. 나의 이념과 사상은 하루아침에 이루어진 것이 아니라 수십 년간 살아가면서 이루어진 것으로 어떻게 바꿀 수가 있겠는가? 아무리 나의 합리적인 이론과 논리로 설명을 하더라도 다른 사람을 바꿀 능력은 내게 없다. 우리는 남과 북이 대치하고 있어서 다른 나라들과는 다르다고 말한다. 세계 유일의 분단국가로 존재하는 자체가 참으로 가슴 아프고 비극적인 일이다. 자의에 의해서 우리가 단독으로 나누었는가? 나의 고착화, 다른 사람과의 대립으로 장벽만 높이 쳐져 지금에 와서는 무력과 폭력으로 서로를 점령할 수도 없고, 그렇게 하려고 하는 순간 공멸이다. 나와 우리 집단의 이익만을 추구하기 위해서 더 부추기고, 대립각을 세워서 싸우게 하면 할수록 궁극적으로는 자신은 물론이고 우리 모두를 주저앉게 만들고, 주변국들만 유리하게 만든다.

내가 이 세상에 유일무이한 사람으로 존중받아야 할 사람인 것처럼, 다른 사람 또한 한 가정을 가지고 행복하게 살아갈 책임과 의무가 있다. 우리는 한 겨레, 한 민족이지만 지금 우리만으로는 어떻게 살아갈 수가 없다. 다문화가정을 이루어서 하기 힘든 일도 나누어 하면서 지구촌 가족으로 갈 수밖에 없는 세상으로 변해 가고 있다.

내 생전에는 요원해 보이지만, 남과 북이 하나로 통일되기를 진심으로 소원한다. 이 길이 우리가 내일을 향해서 질주해 나갈 수 있는 유일한 희망이다. 우리가 주역이 되어서 유라시아 대륙으로, 환태평양을 향해서 무한대로 뻗어 나갈 수 있는 중심축에 서게 되는 것이다. 우리는 겸허한 마음으로 서로의 실체를 인정해야 한다. '당신 또한 이 세상에서 가장 소중한 사람입니다.' 봄이 오면 온 대지에 내린 눈과 얼음이 소리 없이 녹아내리고 따뜻한 기운이 돌아나듯이, 천륜을 어기는 사람들은 언젠가는 홀로 뒤안길에 서게 되어 있고, 우리에게서 멀어지게 된다. 너무 조급할 필요는 없다. 어찌하든지 우리가 서 있는 장소에서, 하는 일을 통해서 함께 길을 가기 위해서 부단히 노력해 나가야 한다.

꽃기린의 생명력

2004년 7월 20일 / 2015년 2월 20일

나는 난(蘭) 종류나 분재한 식물을 잘 기르지 못한다. 어떤 것은 물을 너무 많이 주어서 탈이고, 어떤 것은 집을 오래 비우거나, 너무 물을 주지 않아서 말라 죽는다. 그러다 보니 식물 기르기를 좋아하는 나는 열악한 환경에서 관리를 잘 못해도 오래 사는 식물들을 모아서 기르고 있다.

지금 살고 있는 아파트가 19층인데도 용케 잘 견디면서 자라고 있는 난 종류가 7종, 일반 식물이 15종 있다. 그중에 하나가 향나무이다. 이곳으로 이사 오기 전 죽전 동네의 한옥집에 살 때, 대구에 있는 셋째 매제가 큰 향나무의 곁가지를 뿌리째 떼어서 화분에 옮겨 심어 준 것이 벌써 30년이 넘었다. 나이가 든 표시가 외형상으로 잘 나타나지 않아도 밑둥치를 보면 오랜 세월과 함께 자란 흔적이 나타난다. 정년퇴직을 하고 농사를 짓기 시작하면서 밭으로 옮겨 심었는데 무성하게 잘 자라고 있다.

또 하나는 푸른 잎을 유지하면서 사시사철, 일 년 내내 짙은 연분홍 꽃이 피는 꽃기린이다. 이 꽃기린은 생명력이 모질다 못해 경이롭다. 꽃이 피고 지고, 벌써 40년이 다 되어 간다. 3년 전에는 병이 들어서 다 죽어 가는 줄 알았는데, 어느 날 보니 뿌리에 생명이 조금 붙어 있었는지 기사회생하여 또다시 활기차게 줄기가 뻗어나고 꽃이 핀다. 여러 사람들에게 줄기를 잘라 주어서 전파를 했다. 서울에 있는 여동생 집에도, 부산과 마산에 있는 여동생 집에도, 숙부님 댁에도 옮겨 심었는데 잘 자라고 있다고 한다. 3년 전에 학교에도 옮겨 심어야겠다는 생각이 들어서 줄기를 잘라 우리 학교 생물을 담당하고 있는 조성식 선생님 옆자리에 두었다. 그가 꽃을 좋아하는 데다가 특히 야생화에 관심이 많아서 선물로 드린 셈이다.

작은 화분에 심었는데 날이 갈수록 가지가 크게 잘 자랐다. 큰 가지 세 개가 위로 뻗어 나가서 옮겨 심어야겠다는 생각이 들어서 우리 원예부 강수련 학생과 비가 온 뒤 특별활동 시간에 학교 뒤편 나무 밑의 기름진 흙을 화분에 담고, 전정가위로 줄기를 잘라서 정성껏 옮겨 심고 물을 주었다. 그런데 희한한 일이 발생했다. 전에는 가지를 잘라서 옮겨 심으면 잎이 누렇게 변하면서 대부분 떨어지고 난 뒤에 새 잎이 돋아났는데, 이번에는 3주가 지나도 원래의 잎이 네 개만 떨어지고 그대로 초록색을 유지하고 있다. 꽃망울도 그대로 지니고 있다. 뿌리도 없이 줄기를 자른 부분에서 나온 하얀 진액이 땅기운을 받아 곧바로 활동을 하기 시작한 모양이다. 나는 대단한 재생력에 감탄했다.

2014년 10월에 시장 묘목 장수에게 천리향을 한 그루 사서 화분에 심어 양지바른 베란다에 두었다. 아, 그런데 이 천리향이 지난 1월 말부터 꽃을 피웠는데, 그 향이 얼마나 강한지 집 안에 가득하다. 뿌리가 더 튼튼하게 잘 내리도록 밭에 있는 기름진 흙을 날라다가 위를 더 덮어 주었다.

그런데 참으로 기이한 일이 일어났다. 2014년 11월에 난이 웃자라서 옆으로 넘어가는 바람에 밭에 있는 개량 뼈리똥나무 가지를 잘라서 난 곁에 지주로 세우고, 끈으로 넘어가는 난 줄기를 여기에다 묶어 주었다. 와! 세상에 꺾어다가 그냥 지주로 꼽아놓은 이 뼈리똥나무 가지에서 순이 나오기 시작한 것이다. 난에 주는 수분을 그 가지가 흡수하여 잎을 틔우기 시작한 것이다. 이 뼈리똥나무는 나의 친구 백광석 교장선생님의 주상 집에서 세 그루를 얻어다가 밭에 심어서 열매를 많이 따 먹고 있는데, 일년생 가지를 잘라다가 받침목으로 화분에 꽂아두었는데, 이곳에서 새순이 나왔다. 더 잎이 커지면 큰 화분에다가 기념으로 심고 가꾸려고 한다.

우리가 살고 있는 곳에서 어려운 일이 닥쳐와서 벼랑 끝으로 내몰려도, 도무지 앞이 보이지 않는 캄캄한 밤이라도 희망을 가지고 새벽을 깨워 나가야 한다. 참으로 아프지만 줄기가 잘려짐을 현실로 받아들이고, 필사적으로 온몸에서 발하는 끈덕진 생명력으로 뿌리내림을 시작한다면 그 자체가 얼마나 큰 용기와 힘이 되겠는가? 누가 뭐라 해도, 아무도 말을 해주는 사람이 없을지라도 사시사철 꽃을 피우고 줄기에서 뿌리를 내리는 강인함만 있다면 그 누가 두렵겠는가? 인천에서 전학을 온 강수련 학생이 몸이 약해서 그동안 약을 많이 먹었는데 이곳에 와서 많이 좋아져서 약을 적게 먹는다고 했다. 이 꽃기린처럼 강한 정신력을 가졌으면 좋겠다.

원점에 홀로 서서

2012년 11월 8일

제18대 대통령 선거(2012.12.19.)를 앞두고 문득 이런 생각이 들었습니다. '살아 있는 동안에 앞으로 몇 번이나 더 투표할 수 있을까?' 하는 물음 앞에, 몇 번이 될지 그 자체도 알 수 없는 이 엄연한 사실 앞에 오늘을 사는 저의 삶은 더욱 진지하고 겸허해질 수밖에 없습니다. 저의 존재 여부와 관계없이, 새벽이 오면 어둠이 걷히듯이 역사의 수레바퀴는 보다 투명한 사회로, 함께 손잡고 더불어 살아가는 자유로운 사회로 발전해 나갈 것입니다. 이기심으로 가득 차서 남을 무너뜨리고, 나와 내가 속한 집단만 살리려고 하는 곳에는 진정한 평화가 없습니다.

대통령의 권한은 참으로 막중합니다. 대한민국을 대표하는 국가원수로서 대법원장, 대법관, 국무총리, 각부 장관, 감사원장, 검찰총장 등의 480여 명에 달하는 최고위직 공무원의 임명권과 행정부에 관한 최종 결정권을 가지고 있습니다: 우리나라 전체 예산(2012년 325조 4천억 원)을 집행하는 권한을 가지고 있기에, 대통령이 어떤 철학으로 어디에 중점을 두고, 누구와 함께 손발을 맞추면서 국정을 운영하느냐에 따라서 국민들도 그 체감온도를 느낄 수 있습니다.

선거를 38일 앞두고 있는 지금, 각종 신문, TV 등의 언론매체들은 후보자들에 대한 보도 자료를 쏟아내고 있습니다. 내가 듣고, 보아서 아는 지식은 한 부분이지 전부가 될 수 없습니다. 나와 의견이 다르다고 해서, 단정적으로 선을 긋거나 담을 쌓을 필요가 없습니다. 딱딱하게 굳은 땅에는 물이 스며들지 못해서 곡식이 제대로 자랄 수가 없습니다. 마음 문을 활짝 열어놓고 서로의 의견을 스스럼없이 교환하고 종합하여 최선의 것을 선택해서 자신의 것으로 세워 나가면 되는 것입니다. 저는 마음이 혼란스럽거나 결정하기 어려운 일이 있으면 원점으로 되돌아가서 흰 종이 위에 한 가지씩 기록해 나가면서 그 해답을 찾아봅니다. 이번 선거에 입후보자들이 펼쳐내는 정책을 끝까지 지켜보면서 소중한 한 표의 권한을 행사하려고 합니다.

우리 나라의 면적(9.9만㎢)은 미국 50개 주의 하나인 캘리포니아 주(40.3㎢)보다도 4배나 좁은 나라입니다. 이런 곳에서 살고 있는 국민들을 사분오열시켜서 서로 대립하고, 갈등을 부추기는 사람들보다는 서로의 역량을 결집시켜서 신명나게 자기의 할 일을 개척해 나가도록 꿈과 희망을 불어넣는 지도자가 필요합니다. 특히 젊은 이들에게 세계를 향해서 자기의 소질과 재능을 맘껏 발휘할 수 있는 기회를 제공하고, 노후에 본인의 의지로 몸을 지탱할 수 없는 사람들은 국가에서 책임을 지고 보살펴주는 복지정책을 펼쳐 나갈 사람이 필요합니다.

사랑과 진실이 최고의 정책임을 깨닫고 국민 위에 군림하지 않고, 백성을 섬기는 참된 사람말입니다. 에이브러햄 링컨 대통령은 "피부의 색깔로 사람을 구분지어서는 안 된다"는 인간의 존엄성 앞에 한없이 낮아져서 재임하는 기간 내내 아픈 마음으로 내전을 겪었습니다. 끝내는 자기의 목숨까지 잃으면서 자유와 평등에 바탕을 둔 민주주의 국가의 초석을 놓았습니다.

공평과 정의가 살아 숨쉬는 나라가 되도록 최선을 다하는 사람으로, 국민들로부터 신뢰와 존경을 받는 신실한 대통령을 간절히 소원합니다.

환태평양 시대의 중심축에 서서 급변하는 세계 정세에 대처해 나가기 위해서는 더 넓게, 더 멀리 보면서 정책을 세워서 국민들의 공감대를 형성하고, 일관되게 실천해 나갈 사람이 필요합니다. 고도의 창의력과 통찰력, 분별력과 결단력으로 자신을 비우고, 깨끗한 마음을 가진 사람만이 문제의 본질을 바로 보고 그 해결책을 찾아서 한 가지씩 실천해 나갑니다.

누가 말을 하지 않아도 봄날이 오면 얼었던 대지는 자연스럽게 녹아내립니다. 입후보자들은 국민이 지켜보는 밝은 대낮으로 나와서 서로 열띤 토론과 실현 가능한 정책대결로 정정당당하게 맞서보기 바랍니다. 선거에는 이기는 당선자만 있는 것은 아닙니다. 우리 모두가 승리자가 되는 아름다운 축제의 날이 되기를 기원합니다.

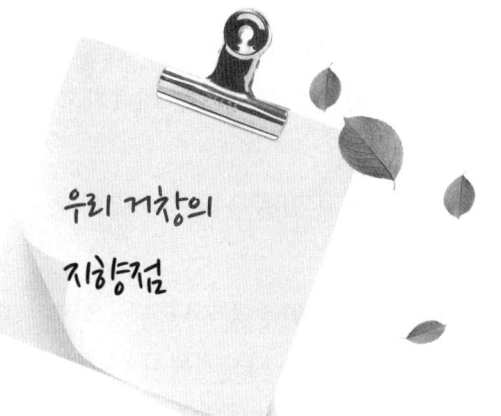

우리 거창의 지향점

2011년 11월 22일

나는 거창에서 태어나서 거창에서 생을 마감할 것 같다. 어디에 가서도 거창에 관한 소식에는 눈이 번쩍 뜨이고, 귀가 쫑긋 솟는다. 우리의 자손들이 지금보다는 더 발전되고, 평화로운 가운데 살아가기를 간절히 바란다.

서로 얼굴을 마주보면서 오래 살다 보면 그 사람만이 가지고 있는 독특한 취향과 풍기는 멋이 순간적으로 느껴지듯이, 가정도, 학교도, 지역도 그 특색에 맞게 드러나고 있다.

지난 10월에 해인사로 들어가는 맞은편 산자락과 개울물을 따라서 절묘하게 잘 만들어 진 '소리길'을 두 번이나 걸었다. 이 길을 낸 사람들의 깊이와 정성이 묻어져 있어서 다녀온 사람들은 하나같이 감탄을 한다. 우리 거창은 지금 어디를 향해서 가고 있을까? 국민이 낸 혈세를 가지고 우리뿐만 아니라 대대로 우리 뒤를 이을 후손들, 한 걸음 더 나아가서 이곳을 찾아오는 사람들이 안온하고 평화로움을 느끼면서 두고두고 기억에 남을 만한 일들을, 더디기는 하지만 진지하게 논의하고 검토해서 한 가지라도 제대로 해나가고 있는가?

진정으로 아름다운 거창을 이루어 나기기 위해서 무엇이 필요할까를 제안해 본다.

우리 거창은 자타가 공인하는 빼어난 자연환경을 지니고 있으면서 남부 내륙의 중심지로, 교통의 요지이다. 소백산맥에서 이어져 내려온 덕유산과 지리산, 가야산 국립공원을 품고 있기 때문에 깊은 계곡에서 흘러내리는 맑은 물이 굽이굽이 거창을 휘감아 흐르고 있어서 가뭄이나 풍수해를 거의 받지 않는다. 지금까지 강물이 불어나서 강둑과 1교 다리로 넘친 것은 1959년 9월 15일에 있었던 '사라호 태풍' 때였다. 이 청정 지역이 훼손되지 않도록 잘 보존하고 가꾸어 나가는 것이 가장 확실한 개발이다. 역발상으로 생각해 보면, 개발을 하지 않는 것이 가장 좋은 것이다.

내가 다녀본 뉴질랜드와 오스트레일리아, 스위스와 네덜란드, 미국과 캐나다, 중국과 일본, 그 어디를 가도 자연을 훼손하지 않으면서 개발해 나가려고 나라마다 안간힘을 쓴다. 한번 망가진 자연을 다시 복원하는 것은 거의 불가능에 가깝기 때문이다. 그래서 자연보존 지역은 최대한으로 살리면서 위락시설은 원거리에 두어 걸어서 찾아오도록 엄격하게 분리해야 한다. 경관이 좋은 곳곳에 난립하는 팬션과 모텔, 조형물과 시멘트 포장은 찾아오는 사람들의 눈을 흐리게 한다.

거창은 농업 중심 지역으로 산업이 발전하기에는 장애요소가 많아서 한때 10만 명을 넘었던 인구가 6만 3천 명을 조금 넘어서고 있다. 다른 군에 비하면 감소 추세가 더디기는 하지만, 청·장년층의 유출과 노년층의 자연감소가 계속적으로 일어나고 있다. 인구를 유입시키고, 지속적으로 발전시켜 나가기 위해서는 장기적인 계획을 세워 나가야 한다. 지금까지의 개발축이 군민들의 생활 만족도를 높이기 위해서 하천을 정비하고, 도로를 확장하고, 생활체육시설인 스포츠파크, 노인복지센터와 같은 시설을 갖추는 데 중점을 두었다면, 이제는 군민의 질적인 행복과 재정자립 기반의 확충을 위해서 행정관서는 물론이고 군민 각자가 생산성을 높이는 데 역점을 두고 지혜를 모아야 할 때이다. 우리 거창으로 사람들이 찾아와서 자연과 더불어 편안하게 휴식을 취하면서 지낼 수 있도록 편의시설을 넓혀 나가야 한다.

역사적으로 거창은 신라와 백제의 접경 지역으로 물물교환과 사신의 왕래가 잦았던 곳이고, 지금도 행정상으로 합천과 함양군을 관할하는 세무서와 법원과 검찰청이 거창에 있어서 지방행정의 중심지 역할도 하고 있다.

위천 수승대는 우리 거창의 역사인 문화요소와 자연경관을 잘 갖추고 있어서, 세계적으로 권위를 가진 분에게 의뢰해서 종합적인 마스터 플랜을 장기적으로 세워서 개발해 나가야 한다. 국제 연극제와 미술공예품을 비롯한 전시공간의 확충과 북상의 황점과 송계계곡을 연계시켜서 사계절 관광지로서의 면모를 갖추어야 한다. 꼭 필요한 지역 개발은 합천과 함양, 무주, 김천을 연결하는 통합적인 관점에서 서로 협력해서 갖추어 나가는 것이 필요하다.

가조와 가북은 중부에서 합천 해인사로 넘어가는 지름길이 된다. 어떻게 해서든지 지자체와 서로 협력하여 교통시설을 확보하여 관광벨트화해서 가조의 온천지구와 시민 골프장의 위락시설을 연계해서 발전시켜 나가면 좋겠다. 자연친화적인 농·특산물의 단지화를 계속적으로 지원하고, 발전시켜 농촌 생산 도시로서의 거점을 확보해 나가야 한다. 각 지역마다 농업의 특성화 사업의 경쟁이 더욱 치열해질 것이다. 거창의 기후적 특색과 사회적 여건을 갖추어서 사과-딸기-복수박, 오미자-블루베리-화훼를 더욱 발전시켜서 공신력을 높여야 한다.

　이런 자연자원을 배경으로 계속적으로 발전시켜 나가야 할 것은 '전원학교'의 육성이다. 지금의 교육현실은 상급학교 진학과 취업 준비를 위한 교육으로 내몰리면서 학생들이 중압감에 시달려 몸과 마음이 허약해지고, 학부형들은 자녀들의 사교육비 지출로 허리가 휘어지고 있다. 우리 거창은 농촌교육의 특색을 살려서 삶의 질을 높이고, 평화와 공존을 열어가면서 자기의 길을 개척해 나가는 '학생 중심의 교육'으로 특성화시켜야 한다. 각 학교마다 특성을 잘 발휘할 수 있도록 법적, 제도적인 뒷받침을 계속 추진하되, 자율성이 최대한으로 보장되어야 한다. 아울러 농촌교육의 롤 모델이 될 수 있도록 재정적 지원도 있어야 하고, 국제화 시대에 발맞추어 외국학교와 교류를 실질적으로 확대하면서, 학생들의 시야를 세계로 향해 나가도록 그 마인드를 넓혀야 한다.

　일찍부터 우리 거창은 초·중등교육의 대안적 모델로 자리매김하고 있다. 학생 중심의 창의성 교육과 인성교육, 교원들의 사명감과 헌신으로 실력을 키우는 내실 있는 교육, 다양한 교육 프로그램으로 학생들의 소질과 적성을 발견하여 자기의 삶을 개척해 나가는 정신력을 배양하고 있다. 이러한 교육을 받기 위해서 농촌으로 찾아오는 학교는 전국적으로 보아도 흔치 않다. 명실상부한 교육도시로 계속 발전해 나가도록 행정당국은 더 구체적이고 장기적인 지원체제를 갖추어야 한다.

앞으로는 섬세한 감성과 이성을 조화시키면서 내면의 아름다움을 추구하는 시대가 될 것이다. 우리 거창은 옛 신라와 백제의 문화적 요소가 어우러지고, 영남과 호남, 남부에서 중부를 연결하는 점이지대이다. 한 걸음 더 나아가면 만주벌판을 넘어서 유라시아로, 대륙에서 해양으로, 동양문화와 서양적 문화를 접목시켜서 발전시키는 중심지 역할을 할 수 있다.

우리의 마음을 폭넓게 가지면서 다양한 요소들을 수용하고 품어가는 공동체 정신을 바탕으로 내륙 문화예술의 중심지 역할을 해 나가야 한다. 음악과 미술, 연극, 문학 분야의 훌륭한 예술가를 중심으로 유기적인 관계를 맺으면서 체계적이면서도 종합적인 '문화예술 도시'로 장기적인 안목을 가지고 발전시켜 나가야 한다.

현대사에서 가장 비극적 사건인 6·25전쟁 중에 1951년 2월 9-11일 사이에 거창군 신원면에서 국군 제11사단 9연대의 군인들에 의해서 공비들과 내통했다는 이유로, 무고한 양민들을 집단 학살한 사건이 일어났다. 국군과 적군이 밤과 낮 사이로 뒤바뀌는 상황에서 살기 위해서 몸부림치던 사람들이 영문도 모르고 끌려가서 무참하게 학살되었다. 유족회 조사에 의하면, 희생된 719명(남 327명, 여 329명) 중에 14세 이하의 어린이가 359명, 61세 이상 노인이 74명이었다고 한다. 이 분들의 넋을 위로하고, 명예를 회복하기 위해서 '거창사건 추모공원'이 조성되어서 매년 가을 '국화축제'를 통해서 사람들이 이곳을 찾아보면서 추모를 하도록 노력하고 있다. 잘못된 역사를 반성하고, 인류의 평화와 인권운동에 이바지하고, 한반도의 평화통일을 이루는 데 목적을 두고 올해로 열여섯 번째 '거창평화인권예술제'가 열리고 있다.

이제는 민족의 아픔과 분쟁의 벽을 뛰어넘어 평화 ZONE 지대의 길을 열어서, 평화와 치유의 새로운 길을 열어가야 한다. 영남과 호남 지역을 가르는 사람들은 자기들의 이익을 위해서 끊임없이 편을 가르고, 보지도 않고, 서로가 말 한 번 하지도 않은 사람들을 향해서 욕을 퍼붓고 있다. 급변하는 세계에서 서로 협력하여 일을 함께해도 역부족인 마당에 우리가 분열되어서 이로울 것이 무엇이 있는가? 우리의 역량과 지혜를 하나로 모아서 나아가야 한다. 이런 점에서 지역과 국가를 하나로 연결짓는 상징적 거창으로 발돋움해 나가기를 바란다.

거창은 바다를 접하지 않는 교통적 장애요인이 있어서 대형화된 공업단지는 조성이 어렵지만, 광주-대구 간 고속도로가 4차선으로 확장되었고, 기차선로가 마련되고, 내륙거점 도시로서의 기능을 가지게 되면, 정밀기계 산업이나 부품 산업 개발, 자연친화적인 생약이나 유전자개발 산업, 부가 가치가 높은 신소재 산업 등을 장기적인 관점에서 발전시켜 나가는 것이 필요하다.

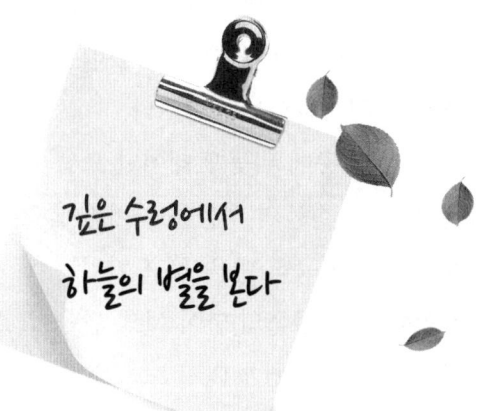

2016년 6월 7일

 살아가면서 '이제 끝장이구나' 하는 절망감이 엄습해 올 때가 있다. 헤어나려고 발버둥칠수록 더 깊은 수렁으로 빠져든다. 그렇다고 여기에서 움직임을 멈추어버리면, 그 어떤 일도 일어나지 않는다. 이럴 때일수록 정신을 가다듬고 원점으로 돌아가서 현재의 상황을 직시하면서 헤어나기 위해서 다시 나를 일으켜 세워야 한다. 내가 나를 사랑하지 않으면 아무도 나를 사랑하지 않는다.

 내가 지금 가지고 있는 것으로, 주어진 상황 속에서 손을 놓을 것은 손을 놓고, 버릴 것은 버려서 몸과 마음을 가볍게 함으로 한 발자국을 떼는 것이다. 그 깊은 수렁에서 용기를 내어서 눈을 들어 하늘의 별을 바라보면, 절망적인 그곳이 바로 가장 희망적이 되고, 눈물과 한숨이 기쁨이 된다는 놀라운 사실이다. 길이 끝나는 곳에서, 새롭게 길을 내는 출발점이 됨을 깨닫게 된다. 나의 힘으로는 도저히 어찌할 수 없는 그 절망적인 순간이 주님을 향해서 드리는 기도가 되고, 우리에게 한이 없으신 주님의 은총을 받는 시간이다. 내가 죽고, 내 속에 그리스도가 살아서 역사하시는 순간이다.

창세기 37장을 보면, 야곱의 열두 형제 중에 뒤늦게 태어난 요셉은 아버지의 사랑을 많이 받았는데, 가끔 형들의 허물을 아버지에게 일러바치곤 했다. 그가 "우리가 밭에서 곡식 단을 묶고 있었는데, 갑자기 내가 묶은 단이 우뚝 일어서고, 형들의 단이 나의 단을 둘러서서 절을 하였어요" 하면서 형들이 자기에게 와서 도움을 요청한다고 하는 꿈 이야기를 형들에게 했다. 그러자 그의 형들이 요셉을 시기하여 아버지가 형들이 들에서 양을 잘 치고 있는지 알아보라고 내보낸 동생을, 들판에 있는 구덩이에 던져 넣어버린다. 이에 요셉이 허허벌판에서 죽게 되었는데, 형제인 그들의 조그마한 양심이 발동하여 죽이지 않고 꺼내서 지나가는 미디안 상인들에게 은 스무 냥을 받고 팔게 되었다. 그들은 요셉을 이집트로 데리고 가서 팔게 되는데, 이 요셉이 나중에는 바로 왕의 재상이 되어 오랜 가뭄으로 굶어 죽게 된 자기 가족을 애굽으로 불러들여 함께 살게 한다.

마태복음 26-27장을 보면, 총독과 대제사장을 비롯한 종교 지도자들과 율법학자들이 예수를 십자가에 매달아 참혹하게 죽이게 되면, 그를 따르는 수많은 제자들과 백성들이 무서워서 벌벌 떨 뿐만 아니라, 이 신앙이 다 끝나는 줄로 알고 참혹한 십자가형으로 죽게 한다. 그러나 예수의 죽음은 부활로 역사하여 새로운 믿음의 불길을 지피는 근원적 출발이 된다. 인생의 반전이 되는 기적적인 은총은 다른 사람이 아니라 나에게서 비롯되어야 한다.

누가복음 23장 26-29절을 보면, 골고다 언덕을 향해서 십자가를 지고 채찍을 맞으면서 힘겹게 가고 있는 예수를 뒤따르던 백성들과 여자들은 가슴을 치면서 통곡하였다. 이에 예수께서 여자들을 돌아다보시고 "예루살렘의 딸들아, 나를 두고 울지 말고, 너희와 너희 자녀를 두고 울어라"고 말씀하신다.

바로 지금이 나에게 최악의 상황이 일어나지 않도록 주변에서 들려 주는 미세한 음성과 경고를 놓치지 않고 들으면서 정신을 바짝 차려야 할 때이다. 내게서 촛대가 옮겨지지 않도록 회개함으로 새롭게 변해야 한다. 이런 경고음이 울려 올 때는 참으로 과감하게, 신속하게, 철두철미하게 되돌아서야 한다.

이와 같은 사실은 내가 살고 있는 지역과 나라에서도 마찬가지다. 한 부분에서 전체를 보고, 전체에서 부분을 보면서 공명심과 책임감을 가지고 대처해 나가지 않으면 일순간에 몰락해 버린다. 그 피해는 개인이 아니라, 온 국민 전체가 뼈아픈 고통을 당하고, 너무나 큰 희생을 치른다. 역사는 돌고 도는데 깨닫지 못하는 백성은 망한다.

일본을 통일한 도요토미 히데요시가 조선을 침략하기 위해서 준비한다는 소문이 돌자, 전쟁을 준비하자는 파와 준비하지 않아도 된다는 파로 대립하여 결국 준비하지 않기로 했다.

왜군은 전국 곳곳을 꿰뚫어보고 1592년 4월에 20만 대군으로 조선을 침략하여 불과 20일 만에 한양을 함락시키고 두 달 만에 평양까지 점령했다. 1598년까지 7년간 전란을 겪으면서 수많은 인명피해와 엄청난 재산과 귀중한 문화재들이 소실되고 약탈되었다. 이

위기를 벗어나기 위해서 준비한 것은 임금이나 군대가 아닌 백성들이었다. 자발적으로 의병대를 조직하고 승병들이 일어났다.

바다에서 이순신 장군은 "죽고자 하면 살고, 살고자 하면 죽는다. 한 사람이 길목을 지키면 천 명을 두렵게 할 수 있다"라고 수병들에게 믿음과 확신을 심어 주면서 일본의 함대를 학의 날개에 가둬 한나절 만에 59척을 격파한, 세계 해전사에 빛나는 한산대첩을 이루었다. 이런 이순신 장군을 모함하여 사형을 처하려 했다가 다시 백의종군을 시켜서 바다로 내보낸 것을 보아도 그 전쟁 중에 궁중 안이 얼마나 썩은 논리에 차 있었는지를 볼 수 있다. 그러나 이순신 장군은 이루 말할 수 없는 악조건 속에서도 빈틈없는 자세로 선봉에 서서 위기를 헤쳐 나갔다. 함께 전투에 나서는 병사들의 두려움을 용기로 바꾸면서 울돌목의 거친 물살 속에서 12척의 판옥선으로 330척의 적의 함대 가운데 31척을 수장시켰다. 마지막 노량해전에서 이순신 장군을 잃은 조선은 그의 숭고한 정신과 전술을 금방 잊어버리고, 조정은 백성들에게 참으로 필요한 것을 모르는 채 당파 싸움에 눈이 멀었고, 나라는 더욱 쇠잔해 갔다.

조선 정벌을 헛된 꿈으로 만든 것은 한산대첩의 학익진을 펼친 명장 이순신 장군임을 고백한 일본의 도고헤이 하치로(1848-1943)는 "내가 가장 존경하는 분은 조선의 수군을 지휘한 이순신 제독입니다. 나를 영국의 넬슨 제독과 비교해도 좋습니다. 그러나 조선의 이순신 장군과는 견줄 수 없습니다. 이 도고가 다시 태어난다 해도 이순신 장군을 따라갈 수 없습니다"라고 이순신 장군을 존경할 뿐만 아니라 그의 업적과 전술을 철저하게 연구했다. 그는 해군장교로 8년간이나 영국에 유학하여 항해술과 넬슨 장군을 연구하고 돌아와서 일본의 해군사령관으로 임명을 받는다. 그리고 만주와 한국의 지배권을 두고 러시아와 일본이 벌인 러일전쟁(1904-1905년)을 일본의 승리로 이끄는 데 결정적 역할을 했다. 대마도해전(1905. 5. 17)에서 당대 최강의 러시아 함대를, 이순신 장군의 학익진을 응용한 T형 전법(전진하는 함대를 T자로 가로질러 포위하는 전술)으로 수장시켰다. 한국의 지배권을 가지게 된 일본은 을사늑약체결(1905.11.)과 한일합방(1910)의 수순을 밟게 된다. 불과 407년 뒤의 일이다.

이순신 장군은 온갖 어려움과 시련을 겪으면서도 백성들과 생사고락을 함께하면서 나라를 지키기 위해서 노력하다가 끝내는 목숨을 잃는 데 비해, 도고헤이 하치로는 이순신을 존경하면서도 전술을 배우고 익혀서 자국의 이익을 위해 해군력을 증강시키고 동북아의 패권을 노리면서 차근차근 준비를 하면서 때를 기다렸다.

독일 베를린 광장에 가면 학살된 600만 명의 유대인들의 넋을 기리고, 다시는 이와 같은 죄를 짓지 않기 위해서 이분들의 무덤을 상징하는 조형물을 광장이 가득 차도록 설치해 놓았다. 그리고 총리를 비롯하여 일반 국민들도 그분들 앞에 무릎을 꿇고 진심으로 사죄를 한다.

여기에 비하여 일본이 동북아를 점령하여 인류을 저버리고 저지른 만행은 이루 헤아릴 수 없다. 난징 대학살 사건, 관동지진 때 무고하게 희생시킨 우리 교포들, 살아 있는 사람들을 생체실험 대상으로 삼아서 처참하게 사망에 이르게 한 사실들, 3·1독립운동 이후 우리 백성들이 당한 모진 고문과 죽음 등에 그들은 진심으로 사죄하지도 않고, 어려운 나라들을 잘 돕지도 않고, 어떻게 해서든지 자국의 이익을 위해서 물불을 가리지 않는다.

지난 5월 10-11일에 칠순기념으로 친구들과 1박2일로 대마도에 갔을 때이다. 천연요새인 아고만을 중심으로 쓰시마 해전에서 펼친 도고 사령관의 전술을 생각하며 한숨이 나왔다. 우리의 찬란한 문물을 전해 주기 위해서 찾아간 '통신사절단의 행렬'을 일찍부터 문호를 개방했다는 것을 미화시켜 관광객을 유치하기 위해서 세계문화유산으로 신청한다는 것을 대대적으로 홍보하고 있었다. 분명 우리 선조들의 숨결이 담겨진 영토인데 빼앗겨서 이곳을 자연생태를 보존하면서 청정해역으로 잘 가꾸고 있었다. 지금도 해군기지 사령부로 사용하면서 방위라는 미명하에 동북아의 패권을 다시 꿈꾸고 있다. 그러나 함석헌 선생님이 "회개하지 않는 민족, 깨닫지 못하는 민족은 망한다"라고 하신 경고의 말씀이 생각난다.

우리는 지금 대내외적으로 참 어렵다. 이제껏 우리보다 한수 아래라고 생각한 중국은 인적, 저가의 물량공세에서 질적 성장으로 하루가 다르게 변하고 세계를 향해 구미각국과 어깨를 겨루면서 맞서고 있다. 수출의 주력품으로 생각해 온 자동차, 조선, 철강, 반도체 등에서도 인적 자원이 풍부한 인도, 중국, 동남아 각국의 도전을 거세게 받고 있다. 세계에서 유일하게 남북으로 대치하고 있는 우리는 북한의 핵개발에 대한 끊임없는 위협에 대처해 나가야 할 처지이고, 소련과 중국, 일본과 미국의 사이에서 무역과 공업의 수급문제와 인적 교류를 자립적 기반에 바탕을 두고 독자적으로 세워 나가기가 어려운 상황이다.

국내적으로도 청년실업 문제, 눈덩이처럼 불어나는 가계부채 문제, 주택난, 매일같이 일어나는 끔찍한 사건들, 사상과 이념의 갈등으로 사분오열되어 있는데다가 정치력 부재에서 오는 사회적 통합이 갈수록 어려워지고 있다. 우리는 절체절명의 위기의 순간에도 결코 포기하지 말고 언제나 희망적이 되어야 한다. 나에게서 걱정의 무거운 굴레를 벗어놓아야 한다. 우리가 걱정하는 것의 96%는 이미 지나갔거나, 오지 않은 것이나, 쓸데없는 것이라고 한다. 걱정되면 바로 해결하기 위해서 팔을 걷어붙이고 시작하면 되는 것이다. 우리가 언제나 귀를 쫑긋 세우고 노력해 나가야 하는 것은 변화에 민감한 대처를 하면서 살아가야 하기 때문이다. 고여 있는 물은 썩게 마련이다. 깊은 산속을 흐르는 물은 맑고 세차게 흘러간다. 이 흘러가는 물에 두 번 목욕을 할 수 없는 것처럼 세상의 빠른 변화 속에 앞을 내다보면서 준비를 차근차근히 해 나가야 한다. 변화를 가져다주는 것에 기적적인 요소가 잠재되는 것이지, 아무런 노력 없이 주어지는 것은 아무것도 없다.

우리는 어떻게 해서든지 오늘 내가 하는 일 속에서 '자유와 평화, 공존'을 지향해서 살아가야 한다. 내 잇속, 우리 편의 이익, 지나친 국수주의는 나쁠뿐만 아니라, 언젠가는 우리 모두를 깊은 나락으로 빠뜨려 망하게 한다. 역사의 도도한 흐름 속에는 '악이 선을 능가할 수 없다'는 가장 기본적인 천륜이 내재되어 있다.

우리는 이 세상에 태어났다가 흔적도 없이 사라지는 것일까? 물론 내가 없어져도 내가 살고 있는 거창, 우리나라는 잘 돌아간다. 저 아프리카에 있는 사람이 내가 죽었는지 살았는지 알지도 못하고, 언제 그런 일이 일어났느냐는 듯이 역사는 조용히 흘러간다. 그러나 나와 얼굴을 마주하면서 함께 생활했던 사람들에게는 어떤 형태로든지 추억과 흔적을 남긴다. 이렇게 보면 이 세상에서 존재 이유, 역사의식을 가지고 살아가야 할 중심축은 바로 나 자신이다.

어느 누구도 나 대신으로 나의 삶을 살아 줄 수 없다. '나'라는 존재는 분명 잘하는 것도 있지만, 잘못하는 일이 더 많다. 나이가 들수록 나의 손을 펴고, 마음을 비워야 다른 사람들이 잘 보이고, 내 집착과 욕심을 버려야 내가 바로 서는데 그렇지 못할 때가 많다.

지나친 주인의식, 자기중심적 사고는 많은 일들을 뒤틀리게 하고 퇴보시킨다. '나는 나라를 아끼고, 사랑하는데 너는 글러먹었어! 나는 진실한데, 너는 거짓으로 가득 찼어! 나는 좋은 사람, 너는 나쁜 사람!'이라는 이분법으로 사람을 나누어버리면, 이 사회는 살벌해지고, 도무지 앞으로 나아갈 수가 없게 된다. 여러 사람이 지혜를 모아서 함께 가야 건강하게 발전한다. 바닷물이 자연스럽게 밀려왔다가 밀려가는 것처럼, 이 순리 앞에 겸손해야 한다. 다 가지려 하되 아무것도 가질 수 없고, 다 이루려 하되 아무것도 이룰 수 없는 무위의 존재임을 깊이 깨달아야 한다. 다 바꾸려 하되 자기 자신마저도 바꿀 수 없는 모순적인 존재를 보면서 내면 깊숙한 곳에서부터 다른 사람들과 동화되어 가는 사랑의 마음이 없으면 아무것도 할 수 없는 존재이다. 100세도 채 살기 어려운 내가 무슨 자격으로 "당신의 정신을 바로 세워야 미래가 있다"라고 목에 핏대를 세우려 하는가? '많은 사람들이 다양한 자기의 목소리를 내는 것이 얼마나 아름다운데 어찌하여 나와 너를 분리하려고 하는가?' 참으로 한심스러운 일이다.

역사의 주인이 되려면, 사람들 앞에 부끄럽지 않은 인격자가 되어야 한다. 목적을 이루기 위해서 수단을 가리지 않는 것은 죄이다. 끊임없이 자신을 반추하면서 다른 사람이 아닌 자신을 바로 세워 나가야 한다. 나는 갈지(之)자로 걸어가면서 다른 사람을 향해서 입에 거품을 물면서 소리를 쳐 봐야 그 소리는 허공을 치는 공허함 뿐이다. 역사의 주인은 나의 시간과 정성, 노력을 바치지 않는 한 결코 이루어질 수 없는 것이 철칙이다.

나는 지금 70의 나이에 홀로서기를 해야 하는 새로운 전환점에 서 있다. 아침 햇살을 받으며 호흡을 하면서, 음식을 먹고 힘을 얻어서 팔다리를 움직여서 사람들을 만나고, 해야 하는 일을 한다는 것 자체가 얼마나 감사한 일이고 기적적인 일인지 모른다. 아무리 어렵고 힘든 일이 닥쳐와도, 내가 도무지 어찌할 수 없는 상황이 오더라도, 그 깊은 어둠에서 하늘의 별을 바라보면서 나의 길을 걸어가는 것이 필요하다.

대마도 조선통신사 기념비 앞에서(2015)

아름다운 동행

1판 1쇄 인쇄 _ 2016년 9월 20일
1판 1쇄 발행 _ 2016년 9월 30일

지은이 _ 이형원
펴낸이 _ 이형규
펴낸곳 _ 쿰란출판사

주소 _ 서울특별시 종로구 이화장길 6
편집부 _ 745-1007, 745-1301~2, 747-1212, 743-1300
영업부 _ 747-1004, FAX 745-8490
본사평생전화번호 _ 0502-756-1004
홈페이지 _ http://www.qumran.co.kr
E-mail _ qrbooks@gmail.com / qrbooks@daum.net
한글인터넷주소 _ 쿰란, 쿰란출판사
등록 _ 제1-670호(1988.2.27)
책임교열 _ 박신영, 최진희

ⓒ 이형원 2016 ISBN 978-89-6562-932-0 03230

책값은 뒤표지에 있습니다.
이 출판물은 저작권법에 의해 보호를 받는 저작물이므로 무단 복제할 수 없습니다.
파본(破本)은 구입처에서 교환해 드립니다.